Practising
FRENCH
Grammar

second edition

Practising
FRENCH
Grammar

second edition

Roger Hawkins, Richard Towell
and Marie-Noëlle Lamy

HODDER
EDUCATION
AN HACHETTE UK COMPANY

First published in Great Britain in 1997 by
Hodder Education, An Hachette UK Company,
338 Euston Road, London NW1 3BH

Hachette UK's policy is to use papers that are natural, renewable and
recyclable products made from wood grown in sustainable forests.
The logging and manufacturing processes are expected to conform to the
environmental regulations of the country of origin.

The advice and information in this book are believed to be true and
accurate at the date of going to press, but neither the author[s] nor the publisher
can accept any legal responsibility or liability for any errors or omissions.

British Library Cataloguing in Publication Data
A catalogue record for this book is available from the British Library

Library of Congress Cataloging-in-Publication Data
A catalog record for this book is available from the Library of Congress

ISBN: 978 0 340 99125 1

1 2 3 4 5 6 7 8 9 10

Typeset by Phoenix Photosetting, Chatham, Kent
Printed and bound in Malta

What do you think about this book? Or any other Hodder
Education title? Please send your comments to
educationenquiries@hodder.com

http://www.hoddereducation.com

Contents

Acknowledgements ix
Guide for the user xi

1 Nouns
1–3 Types of noun 1
4–9 Gender of nouns 6
10 Compound nouns 15
11 Plural forms of nouns 16
12 *matin/matinée*, etc. 19
13 How good is your memory? 20

2 Determiners
1–2 Definite article 21
3–5 Determiners with parts of the body 23
6–9 Indefinite and partitive articles 28
10 Omission of articles 32
11 Demonstratives and possessives 33
12 How good is your memory? 35

3 Personal and impersonal pronouns
1–3 Personal subject pronouns 36
4–6 Impersonal subject pronouns 41
7 *on* and *l'on* 44
8–9 Object pronouns 45
10–11 Pronominal and non-pronominal verbs 48
12 Pronouns with parts of the body 49
13 *y* and *en* 50
14 Combinations of object pronouns 51
15 Stressed pronouns 52
16 How good is your memory? 53

4 Adjectives
1–4 Position of adjectives 55
5 Adjectives used as nouns and adverbs 60
6–7 Masculine, feminine and plural forms of adjectives 62
8–10 Agreement, comparative and superlative forms of adjectives 64
11 Creative writing 67

5   Adverbs

1–4	Types of adverb	68
5	Comparative and superlative forms of adverbs	70
6	*tout*	71
7–9	Time, place and sentence-modifying adverbs	72
10	Location of adverbs	75
11	How good is your memory?	76

6   Numbers

1–3	Cardinal numbers	77
4	*nombre, chiffre, numéro*	80
5	*en* with numbers and quantifiers	80
6	Simple arithmetic	81
7–8	Ordinal numbers	81
9	Hundreds, thousands, etc.	83
10–12	Measurements, comparisons, dates	84
13	Quantifiers	87
14	How good is your memory?	88

7   Verb forms

1–3	Present, imperfect, simple past	89
4	Future and conditional	93
5–6	Subjunctive	94
7	Imperative	96
8–11	Irregular verbs	97

8   Verb constructions

1–3	Intransitive and transitive verbs	101
4–8	Passives and pronominal verbs	103
9	Impersonal verbs	111
10	How good is your memory?	112

9   Agreement

1	Subject–verb agreement	113
2	Agreement of the past participle with *être*	114
3–6	Agreement of the past participle with preceding direct objects	115
7	Agreement of the past participle with pronominal verbs	121
8	Putting it all together	123

10   Tense

1	The present tense	126
2	Past tenses	127
3–6	The future and conditional	132
7	The past anterior	137

| | 8 | *si* and the sequence of tenses | 138 |
| | 9 | Putting it all together | 139 |

11 The subjunctive, modal verbs and exclamatives
	1–6	The subjunctive	141
	7	Modal verbs	147
	8	Exclamatives	148
	9	How good is your memory?	148

12 Infinitives
	1	Infinitive complements to other verbs	150
	2	Infinitive complements to adjectives	153
	3	Infinitive complements to nouns	154
	4	Infinitives in instructions and commands	155
	5	How good is your memory?	157

13 Prepositions
	1	Prepositions with multiple meanings	159
	2	Other prepositions	162
	3	Working with prepositions from English into French	164
	4	Prepositions in context	171

14 Questions
	1–2	Yes/no questions	172
	3–7	Information questions	173
	8	Indirect questions	179
	9	Putting it all together	179

15 Relative clauses
	1–3	*qui, que* and *lequel*	181
	4	*dont* and *duquel*	184
	5	*où*	186
	6–7	*ce qui, ce que*	187
	8	Translating 'whoever', 'whatever', etc.	189
	9	Putting it all together	190

16 Negation
	1–3	*ne ... pas*	191
	4–6	*ne ... que, ne ... aucun* and *ne ... jamais*	193
	7	*ne ... plus* and *ne ... guère*	194
	8	*ne ... rien, ne ... personne* and *ne ... ni ... ni*	195
	9	Combining negators	196
	10	How good is your memory?	197

17 Conjunctions and other linking constructions
1	Coordinating conjunctions	198
2–8	Subordinating conjunctions	199
9–10	Past participles as linking devices	209
11–12	Present participles and gerunds	210

| **Answers to the exercises** | 213 |
| **Glossary of grammatical terms** | 259 |

Acknowledgements

The authors and publisher would like to thank the following for permission to use copyright material in this book:

Libération for the extract from the article '1,8 million de dollars' (6 March 2009, accessed via the internet) in Chapter 1; *Femme Actuelle* for the recipe 'Tarte sucrée aux blettes' (No. 620, 12–18 août 1996: 68) in Chapter 1; Editions Gallimard for extracts from Patrick Modiano, *Rue des boutiques obscures* (Collection Folio pp. 40–1, 55–6 © Editions Gallimard, Paris, 1978) in Chapters 1 and 2, Raymond Queneau, *Exercices de style* (Collection Folio pp. 7, 22, 32, 49–50, 116, © Editions Gallimard, Paris, 1947) in Chapters 1, 4, 6 and 10, Alexandre Jardin, *Le Petit Sauvage* (Collection Folio pp. 68–9, © Editions Gallimard, Paris, 1992) in Chapter 3, Jacques Prévert, *Paroles* (the poem 'Pour faire le portrait d'un oiseau', Collection Folio p. 155, © Editions Gallimard, Paris, 1949) in Chapter 4; *Le Nouvel Observateur* for the extract 'Le travail noir' (© *Le Nouvel Observateur*) in Chapter 1; United Feature Syndicate, Inc. for cartoons from *Ça ne va pas, Charlie Brown* (Copyright © 1970 United Feature Syndicate, Inc.) in Chapters 1, 5 and 14; Editions La Découverte for the extract from A. Le Diberder and N. Coste-Cerdan, *La Télévision* (Collection Repères pp. 5–6, © Editions La Découverte, Paris, 1986) in Chapter 1; *Maison-Bricolages* for the extract from *Le Guide pratique* (p. 31, 1988) in Chapter 1; Larousse-Bordas for the extract from Gérard Mermet *Francoscopie 1987* (p. 7, © Larousse, Paris, 1986) in Chapter 2; the Estate of Georges Simenon for extracts from *Maigret se trompe* (pp. 7–9, 111–113, © 1953, Estate of Georges Simenon, all rights reserved. First published by Presses de la Cité, Paris, 1953) in Chapters 3 and 14, and *L'Ecluse* (pp. 49–59, © 1977, Estate of Georges Simenon, all rights reserved. First published by Presses-Pocket, Paris, 1977) in Chapter 13; *Le Monde*, for the article 'Lille poursuit son entreprise culturelle et urbaine' by Geoffrey Deffrennes (13 March 2009) in Chapter 4 ; *Télérama* for the extracts 'Les Brouches', 'Police fédérale de Los Angeles' and 'Le voyage de Joachim' (pp. 56, 95, 97, No. 2428, 27 July to 2 August 1996) in Chapter 4; Plantu, for the cartoon 'Le fou' in Chapter 4; Société Ouest-France for the extract from the article 'Parlons français' (July 1996) in Chapter 8, and for the recipe 'Tarte aux abricots' (25 July 1996) in Chapter 11; Librairie des Champs-Elysées for extracts from the French translation of Ruth Rendell, *To Fear a Painted Devil* (*La Danse de Salomé*, pp. 5, 7–8, Librairie des Champs-Elysées, Paris, 1983) in Chapter 10 (reprinted by permission of the Peters Fraser & Dunlop Group Ltd); *TV Magazine* for the extracts 'Terreur à bord – film TV américain de Douglas Heyes' and 'L'Etincelle – film de Michel Lang'

(27 July to 9 August 1992) in Chapters 2 and 10); Météo France for a weather map in Chapter 10; Editions de Minuit for the extract from Alain Robbe-Grillet, *Le Voyeur* (pp. 68–9, © Editions de Minuit, Paris, 1955) in Chapter 10; King Features Syndicate, Inc., for the French versions of cartoons from the series 'Hagar the Horrible' in Chapters 1, 4, 6, 12, 14, 16; Editions Denoël for the cartoons from Sempé, *Vaguement compétitif* (© Editions Denoël, Paris, 1985) in Chapter 2, and *Rien n'est simple* (© Editions Denoël, Paris, 1962) in Chapter 14; Editions Flammarion for the extracts from Frison-Roche, *Premier de cordée* (p. 124, © Editions Flammarion, Paris, 1963) and Flora Groult, *Le Passé infini* (pp. 62–3, © Editions Flammarion, Paris, 1984), both in Chapter 9; M.J. Gourmelin and J.F. Guédon, *Les 100 clés du succès aux examens et concours* (p. 5, © Marabout, Verviers, 1989) in Chapter 11.

It has not been possible to identify the sources of all the material used, and in such cases the publishers would welcome information from copyright holders.

Guide for the user

Why write a book of exercises which focus on French grammar?

Grammatical knowledge is one of several types of knowledge/skill which a person needs to acquire in order to use a foreign language effectively. Others are: knowledge of vocabulary; a sensitivity to the appropriate use, in different contexts, of grammar and vocabulary; the ability to understand spontaneous, normal-speed speech; and the ability to produce spontaneous, normal-speed speech.

While these types of knowledge/skill interact fairly seamlessly in the use of a foreign language by a competent speaker, observation tells us that they do not *develop* seamlessly. Each component in foreign language learning appears to develop in response to different types of stimuli. To acquire grammatical knowledge, foreign language learners seem to need to work with grammatical properties; to acquire knowledge of vocabulary they need to work with vocabulary; to acquire the ability to understand spontaneous, normal-speed speech, they need to work with spontaneous, normal-speed speech, and so on.

Practising French Grammar

This Workbook aims to help you focus on the grammatical properties of French. The knowledge you develop as a result should complement your performance in the other areas of French language learning and should help to develop your knowledge of vocabulary, your ability to understand and produce fast French spontaneously, and so on.

The Workbook is designed to accompany *French Grammar and Usage* by Roger Hawkins and Richard Towell (London: Hodder Education, 2010), which provides the relevant background information required to complete the exercises successfully. The order of chapters in the Workbook follows the order of chapters in *French Grammar and Usage*, and each section heading gives a relevant reference to *French Grammar and Usage*. However, the Workbook has also been written as a relatively free-standing set of exercises, so that it can be used on its own. Many of the exercises are preceded by a brief summary of the grammatical point under discussion.

Most of the exercises are guided tests on specific topics, and answers will be either right or wrong; e.g. if you are asked to complete a blank like *m__ crâne* to test your knowledge of gender, there is only one solution: *mon crâne*. But some exercises are more open-ended, requiring you to respond to a given stimulus. For example, write a story on the basis of a set of parts of speech (Chapter 1, Section 8), or advise a rail traveller about the times of trains to Paris (Chapter 6, Section 12). There are usually no 'right answers' to these exercises, although we do provide one possibility in the answers section. These exercises are indicated in the text by ∞ ∞ ∞.

There is no particular recommended way to use this Workbook. You could work through it systematically section by section, or pick and choose exercises from different sections as you go along. Any use of the exercises should increase your awareness of the grammatical properties of French, and that is the essential function of the book. At the end of most chapters, though, there is an exercise which presupposes that you are familiar with the whole chapter. Answers are provided to each exercise, but only look at these after you have done the exercise!

Finally, practising French grammar is not an end in itself, but a means to improving your ability to understand and use French effectively. Nevertheless, we hope that you will find the tasks we have devised varied and interesting.

Conventions used in the text

FGU = *French Grammar and Usage*
∞ ∞ ∞ = an open-ended exercise

1

Nouns

Les aventures de Hagar Dunor

1. Abstract, concrete and proper nouns
(FGU sections 1.1.1 and 1.1.4)

The aim of the exercises in this section is to ensure that you know what nouns are, and that you are able to recognise different types of noun.

(a) Fill in the blanks and find the nouns

Read the passage on page 2 right through once and then:

- complete the incomplete concrete nouns (e.g. *atta___ de presse* → *attaché de presse*);
- find two examples each of proper nouns (e.g. *Pierre, Paris*) and abstract nouns (e.g. *le savoir, la beauté*);
- find one example of a collective noun (e.g. *le comité*);
- find one example of a title used with a definite article (e.g. *le Professeur Bodin, le Docteur Gleizes*);
- find an example of a mass noun which is singular in English but normally plural in French (e.g. *des recherches* 'research').

Keywords

la vente aux enchères	auction
rocambolesque	incredible, very unusual
annuler	to call off
les rebondissements (mpl)	developments (of an affair)
enchérir	to bid
la montre de gousset	fob watch

la lanière	strap
au comble de	at the height of
le patrimoine	heritage
le tollé	outcry

1,8 millions de dollars pour les effets de Gandhi

Enchères rocambolesques à New York. Le propriétaire des ob___ appartenant au Mahatma a d'abord voulu annuler la vente. Finalement, c'est un milliard___ indien qui a remporté les lun___ du grand homme.

Un milliardaire indien a remporté jeudi à New York pour 1,8 millions de dollars les lunettes et d'autres objets ayant appartenu au Mahatma Gandhi, au cours d'une ve___ aux enchères controversée et à rebondissements multiples. Les enchères se sont déroulées alors que le militant pacifiste, James Otis, propriét___ des objets, venait juste de déclarer à la presse qu'il avait demandé à la sal___ des ventes de les retirer et de les lui rendre. Présent chez le march___ Antiquorum Auctioneers, un interméd___ coiffé d'un turban blanc, a enchéri pour le compte de l'hom___ d'affaires indien Vijay Mallya, et a emporté le lot composé des célèbres lunettes rondes, d'une montre de gousset, de sand___ en cuir à lanières, d'un bol et d'un plat, pour 1,8 millions de dollars.

Antiquorum avait estimé le prod___ de la vente entre 20 000 et 30 000 dollars. Mais les enchérissements, au télé___ et surtout dans la salle, ont très vite fait monter les prix bien au dessus des estimations initiales, atteignant 500 000 dollars en quelques inst___ pour continuer jusqu'à 1,8 millions. Accueilli par des applaudissements dans la sa___ au comble de l'effervescence, l'enchéri___ a assuré que la collection retournerait en Inde. « Les prix sont montés pour le bien du pays » a-t-il dit. New Delhi, qui considère que ces objets font partie du patrimoine indien, avait protesté avec véhémence contre cette vente etl'anno___ avait soulevé un véritable tollé dans le pays.

Mohandas Karamchand Gandhi fut l'artis___ du mouvement de désobéissance civile qui a abouti à la partit___ sanglante de l'Empire britannique des Indes et à l'indépendance de l'Inde et du Pakistan les 14 et 15 août 1947. Il fut assassiné en 1948.

© *Libération*

(b) What do you remember?

Translate the following into French.

a crazy auction	_____
an auction room	_____
an initial estimate	_____
Indian heritage	_____
a real outcry	_____
a civil disobedience movement	_____
Indian independence	_____

2. Use of articles with nouns describing a general class, unique phenomenon or abstract quality
(FGU sections 1.1.1, 2.2 and 2.3)

Nouns describing a general class, unique phenomenon or abstract quality are usually accompanied by a definite article (*le, la, les*), unless they refer to a specific example of the quality in question, when an indefinite article (*un, une, des*) is used: *Le silence est d'or* 'Silence is golden', but *Il s'est produit un silence absolu* 'Absolute silence ensued'.

Translate the English phrases in the following sentences into French, making any other adjustments that might be necessary (e.g. changing *de* to *d'*).

e.g. Dès la fin de la guerre, la diffusion de _____ (television) démarre de façon foudroyante
Dès la fin de la guerre, la diffusion de <u>la télévision</u> démarre de façon foudroyante

Keywords

l'enseignement (m) supérieur	Higher Education
l'enseignement	teaching
les messageries (fpl) électroniques	e-mail
les réseaux sociaux	social networking
l'agitation (f)	(in this context) the level of activity
à la pointe	at the leading edge
l'aéronautique (f)	aeronautical engineering
l'au-delà (m)	the after-life
le sens de l'existence (f)	the meaning of life
le classement des livres sur la liste des meilleures ventes	the list of best-sellers

1. _____ (times) changent, _____ (universities) aussi.
2. La bataille de _____ (Higher Education) n'est pas encore gagnée.
3. _____ (people) ne se rendent pas compte du travail que _____(teaching) exige.
4. Ce livre est le résultat de _____ (detailed research).
5. Leurs publications jouissent de _____ (international renown).
6. _____ (television), comme _____ (radio), est une invention de l'entre-deux-guerres.
7. Les réseaux sociaux ont _____ (increasing importance) dans le monde d'aujourd'hui.
8. _____ (temperature) mesure l'agitation des atomes et des molécules qui constituent _____ (matter).
9. _____ (France) n'est pas seulement _____ (the country of fine wines, of fashion and of perfumes). Elle est aussi à la pointe dans _____ (telecommunications, aeronautical engineering, water treatment and transport).
10. _____ (death, the after-life, the meaning of life ...) telles ont été les préoccupations des lecteurs français ces temps derniers, à en juger par le classement des livres sur la liste des meilleures ventes.

3. Mass and count nouns (FGU sections 1.1.2 and 2.4)

Mass nouns are usually accompanied by the partitive article (*du, de l', de la, des*) where English has 'some' or there is no article at all.

Below is a recipe adapted from the women's magazine *Femme Actuelle*. Read the recipe right through once and then fill in the blanks with the appropriate articles. Be careful, though, some of the gaps require definite articles (*le, la, les*) and some require indefinite articles (*un, une, des*).

e.g. Préparez la pâte: versez ___ farine (200 g) dans ___ saladier. Formez ___ puits au centre. Placez-y ___ beurre ramolli (100 g) ...
Préparez la pâte: versez <u>de la</u> farine (200 g) dans <u>un</u> saladier. Formez <u>un</u> puits au centre. Placez-y <u>du</u> beurre ramolli (100 g) ...

Keywords

les blettes (fpl)	Swiss chard
la pâte	pastry
le beurre ramolli	soft butter
le sucre glace	icing sugar
lisse	smooth
étaler	to roll out

le papier sulfurisé	greaseproof paper
trier	to select, sort
une lanière	a strip
égoutter	to drain
une amande	an almond
le papier absorbant	kitchen paper
un linge	a cloth
le ricotta	ricotta (Italian soft white cheese)
la dorure	the glaze
les chutes (fpl) de pâte	strips of pastry
parsemer	to sprinkle
en quadrillage	in a criss-cross pattern

Tarte sucrée aux blettes

1ère étape Préparez la pâte: versez ____ farine (200 g) dans ____ saladier. Formez ____ puits au centre. Placez-y ____ beurre ramolli (100 g), ____ sucre glace (80 g), ____sel (une pincée), et deux œufs, battus en omelette. Incorporez-les à ____ farine, en travaillant rapidement. Dès que ____ pâte est lisse, étalez-la avec ____ rouleau à pâtisserie, en forme de cercle. Placez-la sur ____ papier sulfurisé (une feuille), roulez-la sur elle-même en même temps que __ papier et placez ce rouleau 1 h au frais.

2e étape Préparez la garniture: triez ____ feuilles de blettes (300 g). Retirez ____ plus grosses côtes. Coupez-les en lanières. Rincez-les plusieurs fois. Laissez-les égoutter. Faites griller ____ amandes (75 g) dans ____ poêle antiadhésive, sans corps gras, jusqu'à ce qu'elles soient légèrement dorées. Laissez-les tiédir et hachez-les. Hachez grossièrement un zeste de citron (la moitié). Séchez ____ lanières de blettes dans ____ papier absorbant ou un linge. Hachez-les finement.

3e étape Versez ____ ricotta (250 g) dans ____ bol. A l'aide d' ____ cuillère en bois, travaillez-le jusqu'à ce qu'il soit en crème. Ajoutez ____ blettes hachées, ____ amandes, ____ zeste de citron et deux œufs entiers, ____ sucre roux (150 g) et ____ rhum (3 cuillerées à soupe). Mélangez pour obtenir une crème homogène. Préchauffez le four sur thermostat 6 (180°C). Beurrez et farinez ____ moule à tarte. Préparez la dorure: mélangez ____ jaune d'un œuf et ____ lait (une cuillerée à soupe).

4ᵉ étape   Retirez ___ pâte du réfrigérateur. En déroulant ___ papier sulfurisé, tapissez-en ___ moule. Recoupez les bords. Réservez ___ chutes de pâte. Piquez ___ fond avec ___ fourchette et versez-y ___ préparation aux blettes. Parsemez de parmesan râpé. Etalez ___ chutes de pâte. Avec ___ roulette à pâtisserie, découpez-y ___ bandelettes. Décorez-en ___ tarte, en quadrillage. Collez-les, dorez-les avec ___ jaune d'œuf. Faites cuire au four 50 min. Démoulez la tarte refroidie.

© Femme Actuelle

4. Gender of nouns (FGU section 1.2.1)

─────────── • ───────────

– Chéri, dit une dame à son mari, veux-tu emmener Jean-François au zoo, cet après-midi?
– Ah! non, s'écrie le père. S'ils le veulent, ils n'ont qu'à venir le chercher.

─────────── • ───────────

For details of how to predict the gender of a noun on the basis of its ending see FGU section 1.2.1.

The aim of the exercises in this section is to practise the gender of nouns by making you select appropriate masculine or feminine determiners.

(a) Fill in the blanks

Read the following passage right through once, and then fill in the blanks with one of *le, la, un, une, ce, cette, mon, ma,* etc., as appropriate, making any other adjustments necessary (e.g. changing *à __* to *au*, making the correct agreements on adjectives or participles, etc.).

e.g.   Il habitait à _ cinquième étage _ appartement composé de ...
Il habitait au cinquième étage un appartement composé de ...

Keywords

franchir	to cross, go through
l'embrasure (f)	frame (of door, window)
l'abat-jour (m)	lampshade
le foyer	centre, focus

Il habitait à __ cinquième étage __ appartement composé__ de deux petit__ pièces. Il me reçut dans s__ chambre et s'allongea sur __ lit.

– Excusez-moi, me dit-il. Mais __ plafond est trop bas__. On étouffe quand on est debout.

En effet, il n'y avait que quelques centimètres entre c__ plafond et __ haut de m__ crâne et j'étais obligé de me baisser. D'ailleurs, lui et moi, nous avions __ tête de trop pour franchir l'embrasure de __ porte de communication et j'ai imaginé qu'il s'y était souvent blessé __ front.

– Vous aussi, allongez-vous, si vous voulez ...

Je m'allongeai.

Il avait allumé __ lampe à abat-jour rose saumon qui se trouvait sur s__ table de chevet et cela faisait __ foyer de lumière dou__ et des ombres à __ plafond.

Il y eut __ moment de silence. Allongés tous deux de chaque côté de __ pièce, nous ressemblions à des fumeurs d'opium.

– Je reviens d' __ service funèbre, me dit-il.

Patrick Modiano, *Rue des boutiques obscures*
© Editions Gallimard

(b) Determiner–noun matching

Match the determiners in the right-hand column of the table below to the blanks in the sentences in the left-hand column. Note that you will need to use some determiners more than once.

e.g.

J'aime manger ___ pâté, mais c'est mauvais pour ___ santé	ma du
J'aime manger <u>du</u> pâté, mais c'est mauvais pour <u>ma</u> santé	

<table>
<tr><td>

1. Elle avait __ courage de tout laisser tomber et d'aller faire __ stage à __ plage.

2. N'oublie pas __ clé quand tu vas __ marché acheter __ thé et __ café.

3. __ couteau et __ marteau, voilà ce qu'il te faut pour faire __ camping.

4. __ façade __ manoir a été détruite par __ bombe.

5. C'est inattendu: __ sujet __ poème, c'est __ système moderne de production de __ crème.

6. Malgré __ dépense, je prends un taxi tous les jours pour aller __ musée – j'aime __ silence.

</td><td>

une

ta

au (twice)

un (three times)

le (four times)

la (four times)

du (five times)

</td></tr>
</table>

(c) Fill in the blanks

Read the following passage right through once, and then fill in the blanks with one of *le, la, un, une, ce, cette, mon, ma*, etc., as appropriate, making any other adjustments necessary (e.g. changing *à* __ to *au*, *de* __ to *du*, making the correct agreements on adjectives or participles, etc.).

Careful! Not all the blanks need to be filled.

e.g. En France, l'image de __ passé est généralement associé_ à __ monde rural_
*En France, l'image du passé est généralement associée au monde rural_*

Keywords

le patrimoine	heritage
attachant	captivating
la filature	mill
le fourneau	furnace
révolu	bygone

Le Patrimoine industriel_

En France, l'image de __ passé est généralement associé_ à ___ monde rural__ , et c'est avec beaucoup de retard sur les pays voisin_ que nous commençons à nous intéresser à __ patrimoine industriel__ , complément naturel__ d__ patrimoine artistique et culturel. U____ autre culture. U__ autre beauté, inattendu__ , mais d'autant plus attachant__ . Témoins d'u__ époque, d'u__ économie, d'u__ mode de vie, u__ filature ou u__ haut fourneau peuvent être aussi intéressant__ qu'u__ château ou u__ abbaye, et parfois aussi beaux. L__ notion même de monument s'est élargi__ et l'usine elle aussi est devenue monument historique. Les grand__ monuments du XIXe siècle ne sont-ils pas d'ailleurs ceux de __ monde industriel_ ou de __ vie quotidien_, alors que les bâtiments officiel__ ne sont plus que des pastiches d'u__ monde révolu_?

5. Gender of nouns referring to males and females
(FGU sections 1.2.2–1.2.3 and 1.2.9)

- Some nouns can refer either to males or females simply by changing the gender of the determiner: *un adulte/une adulte.*
- Others change their gender and their form: *un romancier/une romancière.*
- A third group have just one gender and one form, but can refer either to males or females: *un témoin* 'a (male or female) witness'; *une vedette* 'a (male or female) star'. Where the gender of the noun is masculine, *femme* can be added to make the reference to a woman explicit: *une femme médecin/un médecin femme.*

Read the text below right through once, and then change the nouns in bold to make them refer specifically to women. Be sure to make any consequential agreements which are necessary.

e.g.   Des **chômeurs**
          Des chômeuses

Keywords

le travail noir	undeclared work/earnings
un chômeur	an unemployed person
un fonctionnaire	a civil servant
la confection	the clothing industry
la saison de pointe	the peak period of the year
un comptable	an accountant

Note: *une chauffeuse* is an armless chair, so a woman driver has to be *une femme chauffeur.*

Le Travail noir

Qui se livre au travail noir? Des **chômeurs**, des **immigrés** clandestins, des **retraités**, des **travailleurs** à domicile, des **enfants** même. Mais aussi des **fonctionnaires**, des **boulangers**, des **policiers**, des

médecins, des **directeurs** de banque. Des **professeurs** donnent des leçons à domicile non déclarées. Les **chauffeurs** de **ministres** ont souvent des « deuxièmes métiers ».

Impossible, en bref, de généraliser sur le travail noir. Quoi de commun entre les **immigrés** pressurés de la confection qui, en saison de pointe, acceptent des semaines de travail de soixante-dix heures, au **coiffeur** ou au **photographe** qui opère à domicile? Entre le **comptable** qui met en ordre les factures de la ferme et le **peintre décorateur**?

© *Le Nouvel Observateur*

6. Nouns with different meanings when they are masculine and feminine (FGU section 1.2.4)

Fill in the blanks in the following sentences with an appropriate form of determiner, adjective or participle, making any other adjustments necessary (e.g. changing *à _* to *au*, *de _* to *du*).

e.g.   C'est un_ chèvre fabriqu_ à la ferme
C'est un chèvre fabriqué à la ferme

Keyword

le chèvre   goat's cheese

1. – Vous désirez?
   – Une glace vanille-cassis, une eau minérale gazeuse et deux petit_ crèmes, s'il vous plaît.
2. – Vous désirez des desserts?
   – Oui, une glace vanille-cassis, deux nougats glacés et un_ crème brûlé_, s'il vous plaît.
3. Ça vous ferait un_ livre cinquante en Grande-Bretagne.
4. Il était le seul à connaître l_ manœuvre de la pompe.
5. A l'usine on n'embauche que des manœuvres saisonnier_.
6. Dites-lui un_ grand_ merci.
7. Il était à ___ merci d'une volonté plus puissante que la sienne.
8. Qu__ mode de paiement préférez-vous?
9. Ce n'était plus l_ mode cet été de porter du cuir.
10. Mieux vaudrait utiliser c_ gros_ moule à gâteau pour la tarte.
11. Sers-toi de ces gros_ moules que j'ai achetées au marché aux poissons.
12. Ce que j'aime trouver en arrivant dans les locations de vacances: une bouteille d'eau fraîche dans un frigo propre; un ouvre-boîtes qui marche; et deux poêles neu__.
13. L'hiver mon père transportait le feu de ___ poêle de la classe dans la cheminée de notre salle à manger.
14. Elle a u_ poste très élevé_ à ___ poste.
15. L_ Tour de France
    L_ Tour penché_ de Pise
16. Il y est parvenu sans aucun_ aide.
17. Accompagné d'un_ aide, il a visité la région sinistrée.
18. Elle a cassé l_ manche de sa meilleure casserole.
19. Elle m'a tiré par l_ manche pour attirer mon attention.
20. Après le dîner, il s'est plongé dans u_ livre.

7. Gender of countries, islands, regions
(FGU sections 1.2.6, 2.2.2, 13.2.3 and 13.26.1)

● Most countries, islands and regions ending in *-e* are feminine. Those not ending in *-e* are masculine. But there are exceptions.
● The names of countries and regions are usually preceded by the definite article (*la France* 'France', *la Normandie* 'Normandy') except when they are used with *en* (*en France* 'in/to France', *en Normandie* 'in/to Normandy').
● Islands are different, however; some are used with articles and some without (*la Crète*, 'Crete', *en Crète* 'in/to Crete'; *Malte* 'Malta', *à Malte* 'in/to Malta').

(a) Write out and read aloud

Below is a list of the countries which make up the European Union. Can you name all the countries in French? Write out the names and then read them aloud. Most are feminine (see how many end in -*e* in French) but watch out for the odd masculine and even plural ones. (Note that they will be in alphabetical order once you have translated them into French.)

Germany	Latvia
Austria	Lithuania
Belgium	Luxembourg
Bulgaria	Malta
Cyprus	The Netherlands
Denmark	Poland
Spain	Portugal
Estonia	The Czech Republic
Finland	Romania
France	United Kingdom
Greece	Slovakia
Hungary	Slovenia
Ireland	Sweden
Italy	

The following countries have asked to join and are at different stages of negotiation:

Albania	Montenegro
Bosnia-Herzegovina	Serbia
Croatia	Turkey
Macedonia	

(b) Fill in the blanks

Read the text opposite right through once and then fill in the blanks with an appropriate form (*le, la, l', les, en, au, aux*), if necessary. Careful! Not all blanks require an article.

e.g.   __ France, l'image du passé est généralement associée au monde rural
     En France, ...

Keywords

démarrer	to take off, develop
le taux d'équipement des ménages	the number of households with TV sets

Dès la fin de la guerre, la diffusion de la télévision démarre de façon foudroyante, __ Etats-Unis dès le courant de l'année 1947, et avec un an et demi de retard __ Grande-Bretagne. En 1951 la télévision commence à fonctionner jusque dans des pays pauvres comme __ Cuba, __ Brésil ou __ Mexique.

   Les pays les plus urbanisés de __ Europe du Nord vont démarrer plus vite que les pays encore très ruraux de __ Europe du Sud. On retrouve ces différences à l'intérieur des régions françaises. En 1962, le taux d'équipement des ménages était de l'ordre de 35% dans __ Nord et __ Pas-de-Calais, et de 25% dans __ Rhône et __ Région parisienne, mais il ne dépassait pas 12% dans tout __ Sud-Ouest, voire 5% __ Bretagne.

A. Le Diberder and N. Coste-Cerdan, *La Télévision*

© Editions La Découverte

8. Nouns used in narratives ∞ ∞ ∞

How many ways can a story be told? Raymond Queneau, in a famous literary experiment – *Exercices de style* – took a simple set of events and retold them in 99 different ways: from different points of view, as a set of questions, as a set of negative statements, in the simple past, in the imperfect, and so on. We shall use some of these texts at various points in this Workbook as the basis of an exercise. Below is his basic story *Notations*, followed by one of the variants, *Parties du discours*, in which the story is broken down into its grammatical constituents. First, compare *Notations* and *Parties du discours*. Then we will supply you with our own set of *parties du discours*, and you will be encouraged to **write your own story**.

Keywords

l'S	a bus taking a particular route
les heures (fpl) d'affluence	the rush hour
bousculer	to jostle
pleurnichard	whingeing
l'échancrure (f)	the neck, opening of a garment

(a) Notations

Dans l'S, à une heure d'affluence. Un type dans les vingt-six ans, chapeau mou avec cordon remplaçant le ruban, cou trop long comme si on lui avait tiré dessus. Les gens descendent. Le type en question s'irrite contre un voisin. Il lui reproche de le bousculer chaque fois qu'il passe quelqu'un. Ton pleurnichard qui se veut méchant. Comme il voit une place libre, se précipite dessus.

Deux heures plus tard, je le rencontre Cour de Rome, devant la gare Saint-Lazare. Il est avec un camarade qui lui dit: « Tu devrais faire mettre un bouton supplémentaire à ton pardessus.» Il lui montre où (à l'échancrure) et pourquoi.

Keywords

le substantif	noun
un galon	braid

(b) Parties du discours

ARTICLES: le, la, les, une, des, du, au.
SUBSTANTIFS: jour, midi, plate-forme, autobus, ligne S, côté, parc, Monceau, homme, cou, chapeau, galon, lieu, ruban, voisin, pied, fois, voyageur, discussion, place, heure, gare, saint, Lazare, conversation, camarade, échancrure, pardessus, tailleur, bouton.
ADJECTIFS: arrière, complet, entouré, grand, libre, long, tressé.
VERBES: apercevoir, porter, interpeller, prétendre, faire, marcher, monter, descendre, abandonner, jeter, revoir, dire, diminuer, faire, remonter.
PRONOMS: en, je, il, se, le, lui, son, qui, celui-ci, que, chaque, tout, quelque.
ADVERBES: peu, près, fort, exprès, ailleurs, rapidement, plus, tard.
PREPOSITIONS: vers, sur, de, en, devant, avec, par, à, avec, par, à.
CONJONCTIONS: que, ou.

Raymond Queneau, Exercices de style © Editions Gallimard

Now read right through the list of items below and **write your own story**. Try to use as many of the items as you can; you may use each item as many times as you like. The topic is up to you.

e.g.   Une voiture américaine s'arrête devant l'hôtel. Trois hommes mal rasés en descendent ...

ARTICLES: une, l', la, les, un, le, du
SUBSTANTIFS: voiture, hôtel, paix, carrosserie, boue, homme, femme, entrée, bras, hall, mal, passage, réception, chambre, ville

ADJECTIFS: américain, maculé, deux, rasé, grand, trois, seul, libre
VERBES: s'arrêter, être, descendre, marcher, soutenir, avoir, se frayer, y avoir
PRONOMS: sa, en, il
ADVERBES: mal, plus, tout, non, ne ... plus
PREPOSITIONS: devant, de, vers, par, dans, à, jusqu'à, d'
CONJONCTIONS: et, ou

9. Gender of nouns which English speakers often get wrong
(FGU section 1.2.10)

Complete the gaps in the following sentences as appropriate.

1. Ce n'est pas dans s___ caractère de s'excuser.
2. Ce serait u___ menace pour l'ordre public.
3. L___ choix d'un cadeau est souvent difficile.
4. Comme il franchissait la grille d___ cimetière, quelqu'un l'appela.
5. Je n'ai pas l___ patience de l'attendre.
6. «Cela pourrait à la rigueur passer pour u___ suicide, mais je suis persuadé que c'est u___ crime.»
7. Il a agi de mauvais___ foi.
8. Il a signé d'u___ croix.
9. Ce serait u___ manque de respect.
10. Sa déclaration a au moins l___ mérite d'être brève.

10. Compound nouns: gender and number
(FGU sections 1.2.11 and 1.3.9)

Indicate the appropriate gender, and form the plurals of the following compound nouns.

u___ chef-lieu	des _____
u___ camion-citerne	des _____
u___ auto-école	des _____
u___ porte-fenêtre	des _____
u___ porte-savon	des _____
u___ contre-exemple	des _____
u___ demi-mesure	des _____
u___ langue-de-chat	des _____
u___ arc-en-ciel	des _____
u___ faire-part	des _____
u___ soutien-gorge	des _____

11. **Plural forms of nouns** (FGU section 1.3)

—————————————— • ——————————————

– Maman, s'écrie une petite fille, en battant des mains, regarde: trois **chevals**.
– Voyons, ma chérie, rectifie la mère, ce sont des *chevaux*.
– Ah! s'étonne la gamine. Pourtant, on aurait bien dit des **chevals**.

—————————————— • ——————————————

(a) Change the nouns

The following text is taken from a Do-It-Yourself guide to home improvements. Read the passage right through once before you start, and then make the nouns in bold plural. Be sure to make all consequential changes to determiners, adjectives, verbs and so on.

e.g.   Le **bruit** se propage dans l'air et par vibration dans le **matériau**
  *Les bruits se **propagent** dans l'air et par vibration dans **les matériaux***

Keywords

une cloison	a dividing wall, partition
le doublage	lining
une plinthe	a skirting board
la moulure	coving
éventuel	potential
un cadre	a frame
un bâti	another word for 'a frame'
une semelle	a sole plate (base)
de la mousse synthétique	foam
un tasseau support	a supporting strut
un montant	an upright
un châssis	another word for 'a frame'
visser	to screw
le revêtement	coating, facing

*Insonoriser une **cloison***

Le **bruit** se propage dans l'air et par vibration dans le **matériau**. Vous pouvez cependant améliorer la **qualité** acoustique d'une **pièce** par le doublage d'une **cloison**.

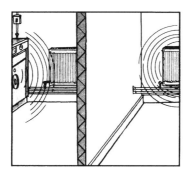

Le premier **propagateur** des sons et vibrations est le **métal**. Un **tuyau** d'eau, de chauffage central, répercute tous les bruits dont il peut être la source au travers d'un **mur**, d'un **plafond** et d'un **plancher**, quel qu'en soit le **matériau**.

Enlevez plinthes et moulures. Détectez la présence éventuelle de câblages électriques dans la **cloison** existante.

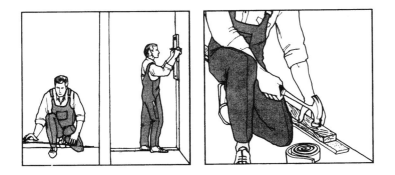

Prenez les dimensions du futur **cadre** support. Posez la **partie** basse du **bâti** sur une **semelle** de mousse synthétique de 1 à 1,5 cm d'épaisseur collée au sol. Collez-clouez ensuite le **tasseau** support sur cette **semelle**.

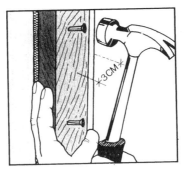

Clouez les montants dans l'ancienne **cloison**.

Les montants du **châssis** sont espacés les uns des autres de 60 cm.

Vissez les plaques de plâtre sur le **châssis**. Avant d'appliquer le **revête-ment** final, garnissez le **joint** latéral d'un mastic souple qui améliorera la **propriété** antivibratoire de la **cloison**.

Le Guide pratique – adapted © Maison-Bricolages

(b) Creative writing ∞ ∞ ∞

In a recent letter to a television station, a viewer complains that in a children's programme about animals, the spelling 'crapeaux' appears, and that this is setting children a bad example. First, can you explain the reason for her complaint? Second, imagine that you work for the television station in question, and that you have been given the task of writing an apology to the viewer. In about 150 words, expand the ideas below, bringing in any other factors you wish.

Apologise for the error, but explain that the programme in question was a live broadcast (*une retransmission en direct*). The error was made by a trainee (*un(e) stagiaire*). The station makes every effort to meet the highest standards in its programmes, and you hope that this particular incident won't spoil the enjoyment of future programmes by the viewer and her children.

12. *matin/matinée, soir/soirée, jour/journée, an/année*
(FGU section 1.1.5)

Translate the following into French, choosing between *matin* and *matinée*, *jour* and *journée*, etc.

1. I wish you a Happy New Year.
2. I meet her twice a year.
3. They have a five-year-old child.
4. It started on New Year's Day 1964.
5. She works in the mornings.
6. She worked all morning.
7. I'll see you during the course of tomorrow morning.
8. She is a first-year student.
9. I still have two more years to do before I retire.
10. She is having a lie-in today.
11. They left early in the morning.
12. We came back on a beautiful summer's day.
13. This week we have had three days of rain.
14. The day of his birthday, he was ill!
15. Have a nice day! Have a nice evening!

13. How good is your memory?

Translate the following sentences into French. Identical or similar sentences have occurred somewhere in this chapter.

1. India has protested vigorously against the auction of the property of Mahatma Gandhi.
2. As soon as the pastry is smooth, roll it out in the form of a circle with a rolling-pin, and put it on greaseproof paper.
3. He had switched on the lamp with the salmon-pink shade on his bedside table, and this created a pool of soft light and shadows on the ceiling.
4. He broke the handle of her best saucepan.
5. From the end of the war, the spread of television took off in spectacular fashion [*use the present tense*].
6. The guy blames the person next to him for jostling him every time someone goes by.

2

Determiners

1. Form of determiners and pronouns with nouns beginning with the letter *h* (FGU sections 2.1.1, 2.7 and 2.9)

Nouns, verbs and adjectives beginning with the letter *h* fall into two classes:

- those which behave as if *h* were a vowel: *l'héroïsme, j'hésite, cet héroïsme, son hésitation,* etc.
- those which behave as if *h* were a consonant: *le héros, la haine, je hais, ce hibou, sa hardiesse,* etc.

Add the form *le, la,* or *l'* to the following nouns.

e.g.   _ hôtel   _ honte
      L' hôtel   *la honte*

_ hérisson	_ habitude
_ habitant	_ héroïne
_ homard	_ héron
_ haddock	_ hiver
_ hélicoptère	_ habillement
_ hôpital	_ hachis
_ haut fonctionnaire	_ haie
_ humidité	_ hameau

2. Typical use of the definite article (FGU section 2.2)

The definite article in French (*le, la, les*) is used where 'the' is used in English; it is also used in the following circumstances:

- to refer to a general class, unique phenomenon or abstract quality where English often has no article: *la peur de prendre l'avion* 'fear of flying';
- with countries, regions, *départements*, states, etc.: *la France, la Normandie, le Finistère,* but not with some small European islands: *Chypre, Jersey, Malte;*
- with languages: *le français, l'espagnol* – except in the expression *parler français, parler espagnol,* etc.
- with seasons: *l'hiver, le printemps* – except in the expressions *en hiver, en été, en automne;*

- with titles: *Monsieur* **le** *Maire, Madame* **le** *Président*, etc. – but not in the names of kings and queens: *François premier;*
- in expressions quoting prices for goods where English uses 'a': *5 euros* **la** *pièce.*

See also the exercises in Chapter 1.2, 1.3 and 1.7.

(a) Fill in the blanks

Read the sentences below through once and then fill in the blanks with the expressions that are given in the box that follows; there is one expression to each blank.

Keywords

un phoque	a seal
une espèce	a species
l'inquiétude (f)	anxiety
le blé	wheat
un volet	a shutter
le papier peint	wallpaper

1. _____ disent que _____ sont une espèce en danger.
2. _____ est le troisième facteur de mortalité en Europe après le cancer et _____ .
3. Certains psychologues pensent que _____ suscite de _____ chez les enfants.
4. En 2004 _____ ont rejoint l'Union européenne.
5. _____ et surtout les Etats-Unis peuvent s'adapter aux fluctuations de la demande mondiale en blé.
6. On trouve des maisons avec des volets dans chaque région de _____, depuis _____ dans le nord au Finistère dans _____, et depuis _____ dans l'est jusqu'à _____ dans le sud.
7. _____ ordonna la construction de la Sorbonne, et Napoléon premier créa _____ .
8. Au cœur de _____ cet appareil procure une température ambiante agréable, mais il peut aussi fournir de la chaleur quand _____ revient.
9. Ce tissu coûte 10 euros _____ .
10. Papier peint: 16 euros _____ .

l'angoisse	l'été
la télévision	les lycées
les maladies cardio-vasculaires	Louis treize
l'alcool	la France
les phoques gris	la Picardie
les écologistes	l'ouest
le rouleau	la Haute-Savoie
le mètre carré	la Provence
l'hiver	Chypre et Malte
l'Argentine, l'Australie, le Canada	

(b) Sentence completion

Complete the following sentences with the name of the appropriate language(s). (You may need to look some of the answers up in an encyclopaedia if you don't know them.)

e.g.   La langue officielle du Ghana est _____   Les Français parlent _____
   La langue officielle du Ghana est l'anglais   Les Français parlent français

1. Les langues officielles du Canada sont _____ et _____.
2. Les Grecs parlent _____.
3. Les langues officielles de la Belgique sont _____, _____ et _____.
4. Dans l'ouest du pays de Galles on entend et _____ et _____.
5. Les Iraniens parlent _____.
6. Ils parlent _____ en Chine.
7. Au Brésil on parle _____.
8. Si on va au Japon, il vaut mieux savoir parler un peu _____.
9. En Bulgarie on parle _____.
10. Au Maroc, on se sert de quatre langues: _____, _____, _____ et _____.

3. Use of the definite article with parts of the body
(FGU sections 2.2.8, 3.2.20 and 8.7.2)

———————————— • ————————————

Deux Martiens, en visite sur la Terre, tombent en admiration devant un distributeur automatique d'essence.
   – C'est curieux, s'écrie le premier, les Terriens ont **le** tuyau génital beaucoup plus long que le nôtre.
   – Oui, approuve l'autre, mais le plus bizarre, c'est qu'ils se le mettent dans l'oreille pour dormir!

———————————— • ————————————

The definite article is normally used with parts of the body in French:

- in describing a person's characteristics: *Il a* **les** *yeux bleus;*
- when people do things to their own or others' bodies: *Il a plissé* **les** *yeux, Il s'est fracturé* **la** *jambe, On lui a coupé* **la** *tête;*
- when the part of the body is used in an adverbial expression: *Elle est partie,* **les** *mains dans les poches.*

Possessive determiners (*mon, ta, ses*, etc.) are normally used:

- when the part of the body is the subject of the sentence: **Ma** *tête me fait mal;*
- as an alternative to the definite article when people do things to other people's bodies: *Je lui serre* **la** *main*, or *Je serre* **sa** *main.*

(a) Fill in the blanks

Read the following passage right through once, and then fill in the blanks with the appropriate article (and personal pronoun, where relevant) or possessive determiner. Make any other changes necessary (e.g. changing *de __* to *du*).

e.g.   Elle a __ cheveux coupés court
         Elle a <u>les</u> *cheveux coupés court*

Keywords

picoter	to sting
un petit crème	a small white coffee
congestionné	flushed
délavé	faded, watery
planter quelqu'un là	to abandon someone, to turn one's back on someone
sans ménagement	unceremoniously

Je suis entré dans un café du port. Une dizaine de personnes se pressaient au comptoir. Je me suis assis à l'une des tables vides.
    La fumée venant de la cuisine __ picotait __ yeux et me faisait tousser. Il flottait une odeur de frites.
    – Vous désirez?
    Je ne l'avais pas vu s'approcher de moi.
    – Un petit crème.
    C'était un homme de petite taille, la cinquantaine, __ cheveux blancs, __ visage rouge déjà congestionné sans doute par divers apéritifs. __ yeux d'un bleu clair paraissaient encore plus délavés sur ce teint rouge vif.

Il me plantait là et se dirigeait vers le comptoir. De __ bras, il écartait sans ménagement les clients qui gênaient son passage.

Il revint avec la tasse de café qu'il tenait de __ deux mains, __ bras tendus devant lui, comme s'il faisait un gros effort pour éviter que cette tasse ne tombât.

– Voilà.

(b) Creative writing ∞ ∞ ∞

Now describe, in 50–80 words, the same scene from the point of view of the waiter. Imagine in as much detail as you can the physical characteristics of the stranger who enters.

Il y avait du monde ce soir-là. Je sortais de la cuisine quand je l'ai vu entrer ...

(c) Read aloud

In the passage below, sections of text containing parts of the body and other material are missing. Read the passage right through once to yourself, and then read it aloud, reconstructing the missing sections.

Keywords

bondé	packed
cerclé d'or	gold-rimmed
s'interpeller	to call to one another
grassouillet	podgy
dégarni	balding
le clavier	the keyboard
un accord	a chord

Sur la porte vitrée, une affiche annonçait que le « Pianiste Waldo Blunt jouait chaque jour de dix-huit heures à vingt et une heures au bar de l'hôtel Hilton ».

Le bar étai bondé et il n avait aucune p ace sauf un faut il vi à la table d Japonais qui ortait des lu ttes cerclées d'or. Il me comprit pa lorsque je me penchai ver ui pour lui ander la permi sion de m'asseoir et quand je fis, il n'y êta aucune attention.

Des clients ricains ou ja ais entraient, s'interpellaient et parlaient plus en plus rt. Ils stationnaient entre les tables. Quel s-uns avaient verre à la main et prenaient appui sur le ossiers ou le ras des fauteuils.

Waldo Blunt arriva avec un quart d'heure de retard et se mit au piano. Un petit homme grassouillet au front dégarni et à la moustache fine. Il était vêtu d'un costume gris. D'abord il tourna la tête et jeta un regard circulaire sur les tables autour desquelles les gens se pressaient. Il caressa de la main droite le clavier de son piano et commença ça à plaquer quelques accords au hasard. J'avais la chance de me trouver à l'une des tables les plus proches de lui.

Patrick Modiano, *Rue des boutiques obscures* © Editions
Gallimard – adapted

(d) Fill in the blanks

Read the following passage right through once and then fill in the blanks with the appropriate determiner. Use 'fused forms' (i.e. *au, aux*, etc.) where necessary.

e.g.   Un petit homme à __ front dégarni
Un petit homme <u>*au*</u> *front dégarni*

Keywords

le maquillage	make-up
ressortir de quelque chose	to emerge from something, to be the upshot of something
le teint	one's complexion
cela ne saurait être	that could only be

Les nouveaux canons de la beauté

Envolé le mythe de la grande blonde à ____ poitrine imposante et à ____ maquillage sophistiqué. La Française idéale, telle qu'elle ressort d'une enquête, ne ressemble ni à____ modèle scandinave ni à ____ héroïnes de Fellini. Pour la majorité des hommes, elle est de taille moyenne, mince et brune. ____ visage est ovale, ____ teint clair, ____ yeux bleu-vert, ____ lèvres pulpeuses et ____ poitrine moyenne. Il faut ajouter encore que ____ mains sont fines, ____ jambes longues, ____ dents petites et régulières.

Interrogées sur les hommes, les femmes ont décrit de leur côté un homme plus traditionnel: grand, mince, sportif, rasé, à ____ yeux bleus: il ne porte pas de lunettes, a ____ bouche petite et sensuelle, ____ cheveux bruns, courts et ondulés.

Toute ressemblance avec des Français existant ou ayant existé ne saurait être (espérons-le) une pure coïncidence!

d'après Gérard Mermet, *Francoscopie 1987* © Larousse

4. Creative writing ∞ ∞ ∞

Describe, in French and in about 50 words, the physical features of the two characters in the cartoon below.

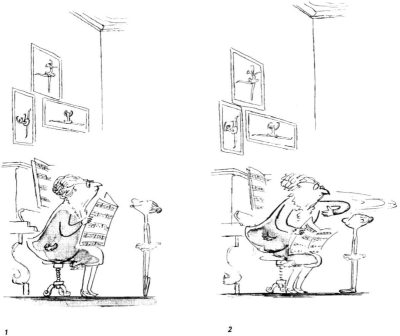

1   2

Sempé, *Vaguement compétitif* © Editions Denoël, Paris, 1985

5. Singular parts of the body, items of clothing, etc., in French where English uses a plural (FGU section 2.2.9)

When reference is made to a singular part of the body, item of clothing, personal possession or a personal attribute (like one's family) in the context of more than one person, in French the singular is normally used: *Ils ont levé **la main** droite* 'They raised their right **hands**'.

Translate the English expressions in the following sentences. Be careful, not all the expressions will be singular in French.

e.g. En entrant, les invités ont enlevé _____ (their hats)
     En entrant, les invités ont enlevé <u>leur chapeau</u>

     En partant, les invités ont fait _____ (their goodbyes)
     En partant, les invités ont fait <u>leurs adieux</u>

Keywords

un pistolet	a pistol
les CRS (mpl)	French riot police
un car	a coach
une lettre de réclamation	a letter of complaint
le bord d'un chapeau	the brim of a hat

1. Des ouvriers rentraient à midi leur pain _____ (under their arms).
2. Des ouvriers rentraient à midi leur pain sur le porte-bagages _____ (of their bicycles).
3. Les gendarmes ont tiré avec _____ (their pistols).
4. Ils passaient la soirée au dortoir à écrire à _____ (their families) à l'étranger.
5. Les CRS se tenaient prêts _____ (in their coaches).
6. Ils passaient la soirée au dortoir à écrire _____ (their letters of complaint).
7. Certains clients retiraient _____ (their hats) en entrant, d'autres en touchaient _____ (the brims), d'autres enfin tendaient _____ (their hands) au patron.

6. Omission of *des, du, de la, de l'* after the preposition *de*
(FGU sections 2.3.2, 2.3.3 and 2.4)

● When they follow the preposition *de*, expressions like *des amis, du bois, de l'argent* (indefinite and partitive expressions) lose their determiners:
  avec l'aide de + des amis → avec l'aide d'amis
  J'ai besoin de + de l'argent → J'ai besoin d'argent
● When they follow the preposition *de*, expressions like *les amis de Marie, l'argent que j'ai économisé* (definite expressions) keep their determiners:
  avec l'aide de + les amis de Marie → avec l'aide des amis de Marie
  J'ai besoin de + l'argent que j'ai économisé → J'ai besoin de l'argent que j'ai économisé

Insert *de* or *des* as appropriate in the blanks in the following sentences.

e.g.   Elle a rempli son dossier __ notes
       Elle a rempli son dossier de notes

Keywords

travaillé	(in this context) tormented, plagued
un pinceau	a paintbrush
des contrôles (mpl)	(at school, university) tests

une émission de radio   a radio broadcast
une fiche   (index, information) card

1. J'ai été assailli ___ doutes.
2. J'étais travaillé par ___ doutes affreux.
3. Je me suis armé ___ pinceaux et, en quelques jours, j'avais repeint toute la maison.
4. Pour un séjour ___ études en France, il importe de pouvoir prendre ___ notes, faire ___ exposés, rédiger ___ travaux, lire de la documentation et passer ___ contrôles et ___ examens.
5. Les étudiants disposent ___ réseaux d'information pour trouver un logement.
6. Pour améliorer son niveau de français, il faut suivre une année de cours, participer à ___ conversations en français, écouter ___ émissions de radio, lire ___ journaux et ___ livres.
7. Ce sont ___ fiches pratiques qui traitent ___ cas concrets.
8. Dans nos pages « Noël », découvrez de nouvelles robes dignes ___ soirs de fête.

7. *d'autres*, *des autres* and *de grandes terres*
(FGU sections 2.3.4 and 2.3.5)

- In written French, usually *d'autres* means 'others', *les autres* means 'the others' and *des autres* means 'of the others'.
- In written French, indefinite and partitive *des* often becomes *de* when it precedes an adjective (less so in spoken French): *des terres* 'estates, property' – *de grandes terres* 'large estates'. But if the adjective + noun phrase is seen as a single unit, i.e. a kind of compound noun, *des* is used: *des petits pois* 'peas', *des grands magasins* 'department stores'.

The exercises in this section assume a careful written style in which *de* and *des* are differentiated, as described above.

(a) Fill in the blanks

Fill in the blanks in the following text with one of *d'autres*, *des autres* or *les autres*, as appropriate. Read the passage right through once before you start.

e.g. Je lui avais fait quelques suggestions, mais dans son article elle a présenté ___ idées
  ... dans son article elle a présenté d'autres idées

Quand _____ sont entrés dans la bibliothèque, j'étais en train de remettre dans l'alignement _____ le livre que je venais de déplacer. Mais ils n'y ont pas prêté attention. Ils avaient _____ chats à fouetter. Ils avaient considéré de près le plan de la campagne publicitaire que j'avais dressé pour «Voyages de Rêve». Cela tournait autour du slogan «_____ univers, _____ gens». Ils étaient pour, mais on ne prévoyait pas de lancer la campagne avant la fin du mois. En attendant, ils comptaient sur ma discrétion auprès _____ collègues de l'agence. Si l'opération réussissait, cela m'ouvrirait _____ portes.

(b) Fill in the blanks

Insert one of *le, la, de, des* in the following sentences, as appropriate.

e.g. _ gros nuages roulaient dans _ ciel
De gros nuages roulaient dans le ciel

Keywords

défraîchi	past its best
cité (f)	(in this context) housing estate
marguerite (f)	daisy
capucine (f)	nasturtium
rosier (m)	rose-bush

1. __ nombreux astronomes amateurs essaient de voir __ croissant de lune le plus rapidement possible après __ nouvelle lune.
2. __ très beaux météores ont traversé __ ciel cet été.
3. Ils ont créé __ nouveaux procédés très simples et peu coûteux pour améliorer __ irrigation de vos jardins.
4. J'emprunte __ rues où __ vieux magasins s'ennuient derrière leurs vitrines défraîchies.
5. __ petites cités bordent __ route.
6. Les maisons ont belle apparence et __ grands garages pour deux voitures.
7. __ jeunes couples et __ petits enfants attendent en silence.
8. __ marguerites, __ capucines et __ vieux rosiers grimpent aux façades.

8. Use of the partitive article (FGU section 2.4)

The partitive article is *du, de la, de l', des*. It is used:

- with mass nouns where English uses 'some' or no article at all: *du* bois '(some) wood', *de l'ail* '(some) garlic';

- with abstract nouns which attribute qualities to people or things: *Elle a **de l'**intelligence* 'She is intelligent';
- in many constructions with *faire*: *faire **du** sport, faire **de la** politique* 'to take part in sport, politics'.

Translate the following sentences into French.

Keywords

accueilli par	greeted by
un saladier	a salad bowl
un puits	a well
la vaisselle	the washing-up, the dishes
une guitare basse	a bass guitar

1. They were exceptional people.
2. The sale of the objects was greeted by applause.
3. Pour flour into a salad bowl, make a well in the centre, and put butter, sugar and salt into it.
4. They had left dirty dishes in the sink.
5. She was making coffee.
6. It would do you good to do some sport.
7. You must be patient.
8. He played bass guitar in the 70s.

9. Indefinite and partitive articles following negation
(FGU sections 2.5, 16.6.1, and 16.9–16.11)

With three exceptions, the forms *un, une, du, de la, de l', des* become *de* when they accompany a direct object and follow *ne ... pas, ne ... jamais, ne ... plus, ne ... guère*.

e.g.   Elle porte **un** casque
    *Elle ne porte jamais **de** casque*

The exceptions are:

- when the verb is *être*: *Ce n'est pas **un** ami*;
- when the meaning is 'not a single one': *On n'entendait pas **un** bruit dehors*;
- when the direct object is contrasted with something else: *Je ne cherche pas **un** tournevis mais une perceuse* 'I'm not looking for a screwdriver but a drill'.

Make the following sentences into the corresponding negatives by using the negative particles indicated. Change any indefinite or partitive article to *de* where appropriate.

e.g. J'ai pris (ne ... pas) une douche
*Je n'ai **pas** pris **de** douche*

1. Il a trouvé (ne ... pas) une place pour se garer devant l'église.
2. J'achète (ne ... jamais) du chocolat dans les supermarchés.
3. Elle a fumé (ne ... pas) une seule cigarette de toute la journée.
4. Sa voix était (ne ... que) un souffle, comme si elle avait peur de réveiller quelqu'un.
5. Il a perdu (ne ... plus) du temps.
6. C'était (ne ... pas) une question facile.
7. Cela avait (ne ... plus) de l'importance pour lui.
8. J'ai cédé (ne ... jamais) une seule fois.
9. Ce sont (ne ... pas) des professeurs.
10. Tu trouveras (ne ... guère) un restaurant le long de cette route.

10. Omission of articles (FGU section 2.6)

Articles are often omitted:

- in noun + noun constructions linked by *de*: *une carte de France* – unless the second noun is modified: *une carte de **la** France métropolitaine* 'a map of mainland France';
- in participle + noun constructions: *couvert de boue*;
- with nouns in apposition: *Versailles, palais de Louis XIV* – unless the second noun is modified: *Versailles, **le** célèbre palais de Louis XIV*;
- with nouns following verbs like *être, devenir, demeurer, élire, nommer, rester*: *Il est devenu architecte* – unless the noun is modified: *Il est devenu **un** architecte innovateur.*

In lists of nouns, either all the articles are omitted, or none are: *J'ai acheté pommes de terre, tomates et navets* or *J'ai acheté **des** pommes de terre, **des** tomates et **des** navets.*

(a) Fill in the blanks

Read the following passage right through once and then insert articles (*un, une, le, la, les*) where appropriate. Some consequential adjustments may be necessary (e.g. *de* → *d'*). Be careful: not all the blanks will require a determiner.

e.g. Pierre Dupont, ___ propriétaire et ___ fondateur d'une entreprise sidérurgique

Pierre Dupont, propriétaire et fondateur d'une entreprise sidérurgique

Keywords

quinquagénaire	fifty-year-old
s'éprendre de quelqu'un	to fall in love with someone
paléontologue (m/f)	paleontologist
des fouilles (fpl)	an archeological dig
jour (m) de son accouchement	the day her baby was born

Quinquagénaire, ___ père d'un adolescent issu de son premier mariage, Maurice est _ restaurateur français établi à Londres. Il s'éprend de _ jeune disc-jockey, Dale, mariée à _____ paléontologue renommé dont elle attend _ enfant. Mais son époux est plus intéressé par ses fouilles et ses fossiles que par sa femme qu'il néglige, même ___ jour de son accouchement. Indigné, Maurice n'a plus aucun scrupule à devenir _ amant de la jeune femme. Puis il décide de l'épouser.

© *TV Magazine*

(b) Translation

Translate the following sentences into French.

Keywords

picoter	to sting
cerclé d'or	gold-rimmed
une émission	a broadcast
un(e) client(e)	a customer

1. There was a smell of roses in the air.
2. Cigarette smoke stings my eyes.
3. He wore gold-rimmed glasses.
4. She listened to radio broadcasts.
5. Her address book contained the names of the firm's customers.

II. Demonstrative and possessive determiners and pronouns (FGU sections 2.6)

(a) Fill in the blanks

Fill in the blanks in the following sentences with an appropriate determiner. Where indicated, translate the English determiner in brackets.

e.g.   Comment saurez-vous si vous avez atteint ___ objectifs? [your]
Comment saurez-vous si vous avez atteint vos objectifs?

Keywords

une ébauche	a sketch
farouchement	fiercely
l'allégresse (f)	light-heartedness, joy
la maisonnée	the household

1. Il a insulté le maire. ____ écart ne lui a pas été pardonné. [that]
2. Elle est partie hier. ____ absence me pèse déjà.
3. J'ai toujours envié ____ intelligence, mais là, tu as vraiment commis un acte stupide!
4. On lui présenta un type bizarre. ____ inconnu se révéla être son père! [this]
5. Depuis ____ accident, je dors mal. [my]
6. Je leur ai montré le portrait de leur fille, que je prépare depuis plusieurs semaines. ____ ébauche leur a plu. [this]
7. Elle protège farouchement ____ indépendance. [her]
8. Je n'ai rien compris de ce qu'il m'a dit au téléphone. ___ accent est atroce.
9. Elle n'a pas à te parler d'argent, ce n'est pas ____ affaire. [her]
10. Dans ____ allégresse, elles avaient oublié de garder le silence dans l'escalier, et elles ont réveillé toute la maisonnée.
11. C'est moi qui les avais mal conseillés: je me sens responsable de ____ échec.
12. Le chat peut sortir dans le jardin. Une ouverture a été pratiquée dans la porte à ____effet. [that]

(b) Translate into French

Keyword

une arme	a weapon

1. These briefcases are theirs.
2. She was wearing shoes which were not hers.
3. 'You have made a mistake,' said the detective. 'Your weapon is empty, which isn't true of mine.'
4. My car is parked next to yours.
5. Your children are the same age as ours.

12. How good is your memory?

Translate the following passage into French. Many of the constructions and much of the vocabulary has already occurred somewhere in this chapter. Read the passage right through once before you start.

I had arranged to meet him at the Happy Hedgehog, a popular bar in the district they called 'The Hamlet'. He was a diplomat's son, but he didn't want to follow his father into the civil service. He wanted to become a gardener or a restaurant owner. I had promised to help him find a job.

It was the middle of winter and it was cold. When I arrived, a crowd was pressing around the entrance to the bar. A fat little man with white hair and a red face was inside the door greeting the newcomers. As they entered, some customers took off their hats, others touched the brims, yet others held out their hands to him.

The bar was packed. I heard people speaking French, Flemish, German and other languages. A smell of french fries floated in the air. To get to the counter, I had unceremoniously to push aside with my arm the people who were in my way.

The young man whom I had arranged to meet wasn't there. I couldn't wait. I had other fish to fry.

3

Personal and impersonal pronouns

I. *vous* and *tu* used as pronouns of address
(FGU sections 3.1.2–3.1.3)

vous tends to be used to address another person in the following contexts: adult strangers meeting for the first time (except students who usually *tutoient* each other); interactions between professional superiors and inferiors (but in some rigidly hierarchical organisations superiors may use *tu* to inferiors, who use *vous* back); schoolchildren over 10 or so talking to their teachers; teachers talking to pupils who are over 14 or so.

tu tends to be used between family members, by professional equals (although *vous* is also used), between students, between friends.

(a) Matching exercise

The five examples of personal interactions which follow are from *Maigret se trompe* by Georges Simenon. Read each extract carefully, and on the basis of the use of *vous* and *tu*, decide the likely status of the people involved:

---

family members – adult strangers – professional superior and professional inferior – professional equals

---

1. – Assieds-toi. Raconte.
    Janvier raconta ce qu'il avait fait et ce qu'il avait appris.
    – Tu as bien fait, dit Maigret. Il existe quelque part un homme qui a installé Lulu dans l'appartement de l'avenue Carnot. Tu as la liste des locataires?
    – Lucas me l'a téléphonée tout à l'heure. Qu'est-ce que vous allez faire?
    – D'abord, avoir une conversation avec la concierge.
    – Qu'est ce que je fais moi?
    – Tu restes ici.

2. *On the telephone:*
    Moers est là? Oui, appelez-le à l'appareil ... Allô! C'est toi, Moers?
    Veux-tu te rendre avec tes hommes avenue Carnot? ... Un crime ... Je
    serai là-bas.

3. – Il me semble que nous nous connaissons, dit Maigret. Elle répondit
    sans broncher.
    – C'est fort possible.
    – Comment vous appelle-t-on?
    – Désirée Brault.
    – Vous n'avez pas été arrêtée, jadis, pour vol dans les grands
    magasins?

4. Tu ferais mieux de mettre ton gros pardessus. Je vais te le
    chercher.

5. *On the telephone:*
    Allô! Le Commissaire Maigret? ... Ici, Dupeu, du Quartier des Terres. Je
    m'excuse de vous déranger chez vous. J'ai pensé que vous n'étiez pas
    encore parti.

Georges Simenon, *Maigret se trompe*
© Estate of Georges Simenon

(b) Fill in the blanks

The following is an extract from *Le Petit Sauvage* by Alexandre Jardin.
The main character, Alexandre Eiffel, now in middle age, has just
bought back the house in which he grew up (it is called 'La
Mandragore', and the garden backs onto the beach). While on the
beach he meets Manon, the girl next door from his childhood, who
still lives next door, and is now also in middle age.

Read the passage right through once and decide whether the speakers would use *vous* or *tu*:

> – C'est ___ (vous *or* toi?)?
> – Oui, je suis ___ ancien et ___ nouveau voisin. Je viens de racheter la Mandragore. Bonjour Manon.
>   Je lui tendis une main en m'asseyant. Elle la serra. Il faisait très beau.
> – Alexandre ... chuchota-t-elle. Alexandre Eiffel. Je suis désolée, _____
> (tu as *or* vous avez?) un peu changé. Et je ne m'attendais vraiment pas à _____ croiser aujourd'hui, sur cette plage ...
>   Elle partit dans un éclat de rire.
> – Ce que j'ai pu être amoureuse de ___ ... enfin de toi. _____ (Tu sais *or* Vous savez?) ce que c'est, une passion de petite fille.
>   Elle ajouta, comme pour se rassurer:
> – Mais tout ça, c'est du passé! Qu'est-ce que vous, tu ... qu'est-ce que _____ (devenir)?
> – Ça ne ___ dérange pas si je continue à ___ vouvoyer?
> – Non, non ... répondit-elle étonnée.

Alexandre Jardin, *Le Petit Sauvage*
© Editions Gallimard, Paris – adapted

2. *il/ils* and *elle/elles* (FGU sections 3.1.4-3.1.9)

il/ils and *elle/elles* identify nouns or noun phrases referred to or implied elsewhere in the discourse. They can identify both concrete and abstract nouns. Normally the gender and number of the pronoun are determined by the gender and number of the noun or noun phrase; but where the sex of a person conflicts with the grammatical gender of the noun, the pronoun may agree with the person's sex: *Elle est médecin* – *médecin* is masculine, but if it refers to a woman doctor it is impossible to use *il*. Collective nouns (like *gouvernement, groupe*) are normally referred to by singular *il* or *elle*, and take singular verbs: *Le groupe a décidé*.

There are a number of errors in the following sentences concerning the choice of pronoun or subject–verb agreement. How many can you spot and correct?

Keywords

hanté	haunted
une malédiction	a curse
pétillant	sparkling, fizzy
médiatique	relating to the media

1. Le jeune couple qui ont acheté la maison hantée sont devenus la proie d'une malédiction qui remonte à 1796.
2. Les cidres de Normandie sont obtenus par l'assemblage de plusieurs variétés de pommes. Cela ont tous un caractère différent, mais ils sont tous légers et pétillants.
3. Jean-Pierre est devenu une star médiatique depuis nos années d'école. Malheureusement, j'ai perdu le contact avec elle.
4. Charlotte est un brillant reporter. Il couvre tous les principaux développements politiques internationaux.
5. Demain la famille partent en vacances.
6. Ce que Juliette aime le plus dans son métier d'écrivain, c'est qu'il peut travailler chez lui.
7. Le comité de quartier ont proposé d'organiser la fête en juin.
8. L'équipe s'entraînent tous les mardis et jeudis soirs.
9. Le peuple français ont fait son choix.
10. Il n'y avait qu'une seule sentinelle à l'entrée de la caserne. Il avait l'air d'avoir très froid.

3. *il/ils, elle/elles* versus the neutral pronouns *ce, cela, ça*

(FGU sections 3.1.4–3.1.9)

- *il/ils, elle/elles* refer to people and things (which may be concrete or abstract);
- *ce, cela, ça* refer to events, actions, states or general classes of phenomena;
- *ce* is normally used with *être*; *cela* and *ça* are used with other verbs (including those which take auxiliary *être* in compound tenses: *Cela était resté sans effet*);
- *cela* is used in written French, or for emphasis in spoken French; *ça* is used widely in spoken French.

(a) Fill in the blanks

Fill in the blanks in the following sentences with a pronoun referring to the item given in brackets. Assume that these are all examples of written French, and use *cela* (rather than *ça*) where appropriate. Make any required adjustments to agreement.

e.g.   ___ est à deux pas (ma maison)
            Elle est à deux pas

            ___ est restée dans l'obscurité jusqu'ici (sa vie avant la guerre)
            Elle est restée or *Cela est res**té** dans l'obscurité jusqu'ici*

Keywords

un surnom	a nickname
tomber en désuétude	to go out of use
tremper dans	(in this context) to be involved in
se plier à	to adapt to, accept
inassouvi	unfulfilled
l'épouvante (f)	terror, dread
provenir de	to come from

1. ___ avait cessé de chanter en moi (mon enfance).
2. ___ était tombé en désuétude depuis longtemps (ce surnom).
3. ___ était probablement survenue une vingtaine d'années auparavant (la vente de la maison à la mort du propriétaire).
4. ___ domine toujours la rive gauche de la Seine (la Tour Eiffel).
5. ___ m'a appris certaines vérités (tremper dans le monde des affaires).
6. ___ est désormais ma passion (mon métier).
7. ___ ne satisfaisaient pas toujours tous mes caprices (ma mère et mon père).
8. ___ m'écoutaient avec attention (ma mère, mon père et ma grand-mère paternelle).
9. ___ se pliera tôt ou tard à mes vues (le monde).
10. ___ était restée inassouvie (mon envie de les revoir).
11. ___ était aussi parfaite qu'inexpressive (sa beauté).
12. ___ l'avait poussé très jeune dans le monde des affaires (sa réussite dans l'industrie automobile).
13. ___ ne lui permettaient pas de conserver cette maison opulente (ses petits moyens).
14. ___ passèrent devant mes yeux pendant quelques secondes (mon adolescence et ma jeunesse).
15. ___ m'avait toujours inspiré de l'épouvante (la cave voûtée remplie d'ombres).
16. ___ me tira brusquement de mon rêve éveillé (des cris provenant du jardin).
17. ___ appartenait à son ancien patron (cette maison).
18. ___ n'a pas d'importance (ma vie antérieure).

(b) Fill in the blanks

Fill in the blanks in the following sentences with an appropriate pronoun. Assume that these are all examples of spoken French, and use *ça* (rather than *cela*) where appropriate.

e.g.   Dans cette région la pluie prend un tour géostratégique: __ divise le
monde en deux
... elle divise le monde en deux

Keyword

faire une croix sur quelque chose   to kiss goodbye to something

1. Je n'ai pas vu ce film à l'époque. ___ était interdit aux moins de 16 ans.
2. Le titre m'intriguait, je ne savais pas ce que ___ voulait dire.
3. Il y avait aussi mon père qui m'emmenait voir des films de guerre. ___
me terrorisait.
4. Quand un garçon de 12 ans part vivre à 800 km de chez lui, ___ change
totalement sa vie.
5. Ses cheveux n'avaient pas blanchi, mais ___ étaient devenus rares.
6. Vers 16 ans, je suis entré aux Beaux-Arts. ___ était à Lyon.
7. A cette époque-là, j'avais fait une croix sur le cinéma; ___ ne m'intéressait pas du tout.
8. Mon rejet de Hollywood, ___ était un refus du cinéma commercial.
9. – Le docteur est là?
   – ___ n'est pas chez lui.
10. ___ était court et large, avec le nez et les oreilles d'un ancien boxeur.
11. ___ Les supermarchés dominant complètement la vente des fruits et
légumes: selon les agricultueurs ___ ne devrait pas être permis.

4. Impersonal *il* versus impersonal *cela/ça*
(FGU sections 3.1.7–3.1.20)

- Some impersonal verbs always have *il* as subject: *il est midi, il
s'agit de refaire les fondations.*
- Others have *il* in formal French, but allow *ça* in informal
spoken French: *il/ça pleut, il/ça convient à ma mère que ma sœur
habite à côté.*
- Impersonal verbs with direct objects and infinitive or clausal
complements always have *cela* (or *ça* in informal French) as subject: *cela/ça ennuie Pierre de devoir recommencer, cela/ça l'amuse
qu'elle soit venue.*

Translate the English expressions in the following sentences into
French. Assume that they are examples of formal French, and use *cela*
(rather than *ça*) or *il* as appropriate.

1. _____ (it was) bon dans cette vaste salle.
2. En France aujourd'hui _____ (there are) 4 millions de blogs sur le web.

3. _____ (it worries me – use *ennuyer*) de les laisser seuls dans la maison.
4. _____ (it is) dix heures et quart du soir.
5. _____ (it is) de mon devoir de vous poser une question.
6. _____ (that doesn't stop) Charles de racheter la maison.
7. _____ (the film is about – use *s'agir de*) un jockey assassiné après une course catastrophique qui se termine par la mort de son cheval.
8. _____ (it surprises me) qu'elle ne vous ait pas appelé.
9. _____ (it is necessary to) remonter toutes les chaises de la cave.
10. _____ (it pleased me) de croire que ces coïncidences n'étaient pas les signes du destin.
11. _____ (it was time) de rompre avec ma routine quotidienne.
12. _____ (it frightens John) de penser à ce qui aurait pu arriver.
13. _____ (it is better) que le gérant vienne me parler.
14. _____ (it turns out – use *s'avérer*) que rien n'était prévu pour les invités.

5. *il/elle est* versus *c'est* (FGU sections 3.1.22–3.1.23)

- When *être* is followed by an adjective alone, *il/elle* will normally mean 'he/she' or personal 'it' (*Il est stupide* 'He's stupid', *Il est bon (ce vin)* 'It's good'); *ce* will mean 'that' or impersonal 'it' (*C'est stupide* 'That's silly/It's silly').
- When *être* is followed by an adjective and *de* + an infinitive, or by a clause, *il* and *ce* are interchangeable as subjects (*Il est/C'est impossible de décider; Il est/C'est dommage que tu doives partir*).
- When *être* is followed by anything other than an adjective, use *ce* (*C'est un plaisir, C'est vous, Ce sera pour elle*).
- When nouns indicating profession, nationality or social status are used with *être* like adjectives, the subject is *il* or *elle* (*Elle est médecin, Elle est française*). But when they are used in noun phrases, the subject is *ce* (*C'est un médecin, C'est une Française*).

Fill in the blanks in the following sentences with the appropriate subject pronoun (making any other adjustments required, e.g. changing *que* to *qu'*).

e.g. __ est un ami
C'est un ami

Keyword

un réalisateur/une réalisatrice (de cinéma)   a (film) director

1. «___ est incroyable, dit le marchand d'oiseaux, je croyais ce perroquet muet.»
2. Alexandre est aussi dissemblable de son frère que ___ est possible de l'être.
3. ___ était en octobre, et ___ pleuvait cette nuit-là.
4. N'était-___ pas extraordinaire qu'à six mois d'intervalle ce même fait, ou à peu près, se reproduise?
5. ___ est dommage que Jim soit à Paris.
6. ___ était jour de marché et la place de l'église était animée.
7. ___ aurait été plus simple que vous veniez vivre avec nous.
8. ___ était un énorme bâtiment en bordure du lac.
9. ___ aurait été impensable d'empêcher son voisin de paraître à la fête.
10. ___ est devenue réalisatrice de cinéma.
11. Est-___ romancier ou metteur en scène?
12. ___ est un appel direct.
13. ___ est vous, Charles?
14. ___ est tellement inattentif!
15. ___ est tellement inattendu!
16. ___ n'est qu'après avoir reçu le rapport de la police qu'on décidera si c'est une affaire pour le magistrat.
17. ___ sont presque tous des gens importants dans cet immeuble.
18. Comment savez-vous que ___ est un musicien?

6. *il/ils, elle/elles* and *ce, cela, ça* – general exercise
(FGU sections 3.1.15–3.1.23)

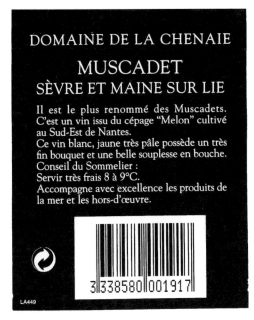

Fill in the blanks in the following sentences with an appropriate pronoun (making any other adjustments required, e.g. changing *que* to *qu'*).

Keywords

un(e) fonctionnaire	a civil servant
déceler	to detect

1. ___ était huit heures vingt-cinq du matin.
2. ___ est en observant les gens dans la rue qu'elle se rendait compte du temps que ___ faisait dehors.
3. ___ était curieux que ___ soit justement lui qui ait téléphoné, car ___ était probablement le témoin qui en savait le plus.
4. ___ était un fonctionnaire consciencieux.
5. ___ était la meilleure joueuse de football de l'école.
6. Eté comme hiver ___ était habituellement enrhumé.
7. ___ pourrait passer pour un suicide, mais je suis persuadé que ___ est un crime.
8. ___ ne fut qu'au coin du boulevard Voltaire que ___ trouva un taxi.
9. – ___ me semble que nous nous connaissons.
   – ___ est fort possible.
10. Je travaille dans d'autres bâtiments. ___ dépend des semaines.
11. Elle disait cela d'une voix où ___ était difficile de déceler de l'ironie.
12. Dans leur appartement ___ était rare que ___ y ait de la vaisselle sale.
13. ___ fut Pierre qui s'en occupa.
14. Je sais seulement que cet homme s'appelle Fernand, que ___ est musicien, et que ___ doit habiter dans les environs.
15. – Puis-je parler à l'inspecteur?
    – ___ est au bureau, par chance.
16. Dans le temps, ___ était une habituée au club. ___ était ici presque tous les soirs.

7. *on* and *l'on* (FGU sections 3.1.10–3.1.14)

- *on* can be used to refer to a person or people whose identity is not known;
- *on* can be used instead of a passive;
- *on* is frequently used as a synonym for *nous* or *tu/vous* in spoken French;
- *l'on* may be used in written French when *on* follows a word ending in a vowel sound.

Match the phrases given in the box below to the blanks in the following sentences.

Keyword

on appelle	on allait
on avait préparé	on attend toujours
on distinguait à peine	on a
l'on louait	on en a parlé

1. C'était un garage où _____ des voitures.
2. Chez son cousin, _____ un dîner somptueux en son honneur.
3. Dans la pénombre, _____ les formes des voitures.
4. _____ au cinéma à Valence tous les jeudis.
5. _____ pendant très longtemps.
6. Dans ses films, _____ qu'il se passe quelque chose, mais en vain.
7. _____ à peu près les mêmes goûts.
8. _____ «blog» un site personnel qui offre à chacun la possibilité de s'exprimer sur n'importe quel sujet et, à tous les lecteurs, de réagir à celui-ci.

8. Direct and indirect object pronouns (FGU sections 3.2.1–3.2.7)

● A number of common French verbs have indirect objects where the English equivalent verbs have direct objects. These require special attention from the English speaker because they give rise to indirect object pronouns: *Luc **lui** a conseillé de partir* 'Luc advised **him** to leave'.

● When a verb is followed by an infinitive, object pronouns normally precede the verb with which they are most closely associated: *Je désirais **la** voir*. However, with *faire, laisser, envoyer* and perception verbs (like *voir*) + infinitive, the object pronouns normally precede the first verb: *Je **la** voyais venir*.

(a) Sentence manipulation

Turn the phrases in brackets in the following sentences into pronouns.

e.g. Le gendarme m'a demandé mon passeport. Mais j'avais déjà donné à son collègue (mon passeport).
*Le gendarme m'a demandé mon passeport. Mais je **l'**avais déjà donné à son collègue.*

1. Je lui avais servi une tasse de café. Il se levait de table tout en finissant (la tasse de café).

2. Les gens se hâtaient vers les bouches de métro. Elle s'efforçait de distinguer, à travers le brouillard (les gens).
3. Je venais de lui verser un apéritif. Il avait encore à la main quand la sonnerie du téléphone retentit (l'apéritif).
4. Elle a demandé à sa secrétaire de contacter M. Bernard. Elle a donné son numéro de téléphone (à sa secrétaire).
5. Le patient du Docteur Dufeu était complètement guéri. En quittant le cabinet, il serra la main (au docteur).
6. Thomas a lu la lettre de son cousin, et puis il a passé à sa mère (la lettre).
7. Le frère de Martine ne lui a pas rendu visite depuis plusieurs années. Elle reproche son attitude (à son frère).
8. Tu as vu le chien que Joseph s'est acheté? Il ressemble (à Joseph).
9. Sur la route isolée, j'ai croisé un automobiliste en panne. J'ai aidé à changer une roue (l'automobiliste).
10. Pendant ses vacances en Ecosse, Miriam s'est procuré une bouteille de whisky très spécial. Elle a offert à son oncle (le whisky).
11. Une des fenêtres en haut claquait dans le vent. Pierre est monté fermer (la fenêtre).
12. J'ai déjà tout raconté à Marie-Claude. Ça m'énerve d'avoir à répéter cette histoire (à Marie-Claude).
13. Françoise a emprunté la voiture de Michèle. Elle espère rendre à Michèle avant le week-end (la voiture).
14. Paul ne savait pas que la fête qu'on organise est une surprise. J'ai dû empêcher d'en parler à Josette (Paul).
15. Robert était si préoccupé que le bruit soudain a fait tressaillir (Robert).
16. Les élèves ont tous réussi aux examens parce que le professeur a fait subir un dur entraînement (aux élèves).

(b) Translation

Translate the following into French.

Keywords

breton(ne)	Breton
une crêpe	a pancake
s'inscrire à l'université	to enrol at the university
avouer	to own up

1. Her Breton cousin taught her to make pancakes.
2. Richard advised them to take the night ferry.
3. I miss them a lot.
4. The Baxters telephoned him at the hotel.

5. His dog looks like him.
6. I offered him an aperitif.
7. Her parents helped her to repaint the house.
8. I persuaded them to sell the boat.
9. The bad weather stopped her from going for a walk.
10. I thanked her for her invitation.
11. They encouraged her to enrol at the university.
12. We forced him to own up.

9. The neutral pronoun *le* (FGU sections 3.2.8–3.2.11)

—————————————— • ——————————————

Un auteur dramatique supplie un critique:
– Donnez-moi votre opinion sur ma dernière pièce.
– Elle est absolument sans valeur, répond le critique.
– Je **le** sais, fait l'auteur, mais je serais curieux de la connaître quand
   même.

—————————————— • ——————————————

The neutral object pronoun *le* may be used:

- to refer to states, general ideas or whole propositions: *Vous n'êtes plus président, je **le** sais;*
- to refer to adjectives: *– Est-elle prête?*
                                    *– Elle **le** sera dans un instant.*

le is NOT used in French in expressions like *je trouve difficile de ...*, *elle estime prudent de ...*, where English does use 'it': 'I find **it** difficult to ...', 'She reckons **it** is wise to ... '.

Some of the blanks in the following sentences require the insertion of the neutral pronoun *le*, and some do not. Insert *le* where appropriate.

e.g. Elle avait l'air content, et je suis sûr qu'elle __ était vraiment
         ... et je suis sûr qu'elle l'était vraiment

         Je __ trouve difficile de me faire des amis
         Je trouve difficile de me faire des amis

Keyword

censurer   to criticise

1. L'Eglise anglicane a censuré son ouvrage; elle __ juge blasphématoire.
2. L'éditeur __ a jugé prudent de retirer le livre de la vente.

3. Le capitaine __ considère important d'avertir tous les passagers du danger.
4. Son nouveau livre vient de paraître. Mon professeur de linguistique __ considère essentiel pour ses étudiants.
5. J'arriverai avant midi, si je __ peux.
6. Elle m'a demandé de m'asseoir, et j' __ ai fait.
7. La maison était comme j' __ imaginais.
8. Chaque matin avant le petit déjeuner, le médecin faisait du jogging, comme il __ recommandait à ses patients.

10. Inherently pronominal verbs
(FGU sections 3.2.15–3.2.16, 8.7.3 and 8.7.6)

- Some verbs are accompanied by *me, te, se, nous, vous* without any reflexive, reciprocal or benefactive meaning. These are inherently pronominal verbs: *Elle s'est évanouie* 'She fainted'.
- Verbs like *se laver, se boire, se vendre* can be used as inherently pronominal verbs as an alternative to the passive (but in restricted circumstances: see FGU sections 3.2.15 and 8.7.6 for details): *Ce collant se lave en 3 minutes* 'These tights can be washed in 3 minutes'.

The words in the sentences below have been divided in the wrong places. Unscramble the sentences, and find the pronominal verb. Then give an English translation for the verb which is appropriate to its use in that context.

e.g.   Il nes etrom pait pas
    Il ne se trompait pas

Hint: try reading them quickly aloud, and the meaning of the sentence should become clear.

1. Ils etrou vait dans sonbur eau.
2. El les ennuyaitt out eseule.
3. Léqui pee stprête àsél ancer.
4. Celase pas sait dansunp etithô tel.
5. Jemes uis rétabliap rèscinqse maines dhô pital.
6. Ledoc teurse red ressa.
7. Ellese starrêt éedevan tunemai son rouge.
8. Ilsson nèrent et lapor tesouv rit.
9. Un jourjema perçu squejé taisdev enuvieux.
10. El leécou taittout cequise dis aitaut ourdelle.

II. Verbs which do not allow indirect object pronouns
(FGU section 3.2.19)

Some verbs have complements introduced by *à* which are not indirect objects and cannot be turned into preceding indirect object pronouns. With such verbs a stressed pronoun is used for people, and *y* is used for non-human complements: *Elle pense à Jean* → *Elle pense **à lui**, Elle pense à l'avenir* → *Elle **y** pense*.

Which of the following sentences are grammatical, and which ungrammatical? Put a star next to a sentence if you think it is ungrammatical, and change it to make it a grammatical sentence.

e.g.   1. Elle me pense
      2. Ce sac est à moi
      1. *Elle me pense → Elle pense à moi
      2. Ce sac est à moi → OK

1. Ils m'ont désobéi.
2. Je lui ai fait allusion dans le livre.
3. Le jean qu'elle portait ne lui était pas.
4. Je lui ai survécu.
5. Elle lui succédera.
6. Je me lui suis habitué.
7. Simone ne lui fait pas assez attention.
8. Tu lui ressembles.
9. Nous leur aurons affaire.
10. Elle leur a téléphoné.

12. Indirect objects with parts of the body
(FGU sections 3.2.20, 2.2.8 and 8.7.2)

When people do things to their own or others' bodies, the normal construction is a definite article and a reflexive or indirect object pronoun: *Je me suis coupé les ongles, On lui a coupé la tête.* But this is only possible with verbs which describe actions (*J'aime son visage* NOT **Je lui aime le visage*).

Complete the following sentences in one of the ways shown in the example, as appropriate.

e.g.   Est-ce que tu __ brossé __ dents? (brushed your teeth)
    Est-ce que tu t'es brossé les dents?

Est-ce que tu __ lavé __ voiture? (washed your car)
Est-ce que tu <u>as</u> lavé <u>ta</u> voiture?

1. Elle __ cassé __ jambe. (broke her leg)
2. Elle __ cassé __ raquette de tennis. (broke his tennis racket)
3. Elle __ touché __ bras. (touched his arm)
4. Je __ fait mal __ dos. (hurt my back)
5. Il __ tailladé __ pouce. (gashed his thumb)
6. Il __ tordu __ cheville. (twisted his ankle)
7. Nous __ pansé __ main. (bandaged his hand)
8. Le médecin __ fait un scanner de __ poumon droit. (scanned his right lung)
9. Elle __ tordu nerveusement __ mouchoir. (twisted her handkerchief)

13. Use of y and en (FGU sections 3.2.21–3.2.28)

- *y* is the pronoun which replaces complements to verbs introduced by prepositions like *à, en, dans, sur, sous,* etc. It is usually restricted to non-animate complements: *Je vais à Paris demain →* *J'**y** vais demain.*
- *en* replaces complements to verbs introduced by *de*. It can refer both to human and non-human complements: *Il **en** a déjà parlé* 'He has already spoken about him/it'. With human complements it is probably more usual, though, to use a stressed pronoun: *Il a déjà parlé **de lui**.*
- One case where *en* does not replace a complement introduced by *de* is where the verb has the complement *à quelqu'un de faire quelque chose*. Here the infinitive phrase becomes *le*: *J'ai permis à Jean de partir →* *Je **le** lui ai permis.*
- Some verbs have *en* as an inherent part of their form: *Tu m'en veux?* 'Do you hold it against me?'

Make the underlined phrases in the following sentences into pronouns.

e.g. Elle s'est cachée <u>dans le placard</u>
    Elle s'y est cachée

1. Je m'efforçais de distinguer <u>dans son visage</u> un signe d'encouragement.
2. Ils se rencontraient <u>au Café du Commerce</u>.
3. En observant les gens <u>dans la rue</u>, elle se rendait compte <u>de la distance qui séparait leur mode de vie du sien.</u>

4. C'est moi qui ai écrit la plupart <u>des chapitres du livre</u>.
5. <u>Dans le bureau</u>, le pharmacien de garde prenait son petit déjeuner.
6. Une femme était assise <u>près du fourneau à gaz</u> et buvait une tasse de café.
7. Il passe son temps <u>dans l'escalier</u>.
8. Elle m'a envoyé <u>à l'épicerie du coin</u> acheter <u>du lait</u>.
9. Vous n'avez aucune idée <u>de la façon dont il emploie ses après-midi</u>?
10. Je l'ai empêché <u>de signer le contrat</u>.
11. Le beau temps avait permis <u>à l'équipage</u> <u>de visiter l'île</u>.
12. Elle s'occupe <u>de ses vieux parents</u>.
13. Il dépend trop <u>de ses amies</u>.
14. Elle était fière <u>de ses élèves</u>.

14. Combinations of object pronouns
(for details see FGU sections 3.2.29–3.2.34)

(a) Sentence manipulation

The aim of this exercise is to practise the ordering of two object pronouns. Make the underlined phrases in the following sentences into pronouns. Don't forget that past participles agree with preceding direct objects (see Chapter 9.3 for exercises on agreement).

e.g. J'ai donné <u>mon adresse</u> <u>au gendarme</u>
        *Je **la lui** ai donnée*

Keyword

   des échauffements (mpl)   warm-up exercises

1. Elle s'efforçait de distinguer, <u>dans la salle bondée</u>, <u>ses enfants</u>.
2. Il venait de mettre <u>la vaisselle sale</u> <u>dans l'évier</u> quand la sonnerie du téléphone retentit.
3. Il donna <u>le numéro de l'immeuble</u> <u>à sa secrétaire</u>.
4. Le médecin serra <u>la main</u> <u>au malade</u>.
5. Il a passé <u>la cuillère</u> <u>à sa mère</u>.
6. Elle a reproché <u>à son frère</u> <u>son attitude</u>.
7. J'ai empêché <u>Pierre</u> d'en parler <u>à Marie</u>.
8. J'ai empêché <u>Pierre</u> d'en parler à Marie.
9. Elle a offert <u>le whisky</u> <u>à son oncle</u>.
10. Ça m'énerve d'avoir à répéter <u>cette histoire</u> <u>à Pierre</u>.
11. Elle espère rendre <u>la clef</u> <u>à Pierre</u> avant le week-end.

12. Elle se leva pour se verser <u>la tasse de thé que je venais de lui préparer</u>.
13. Le professeur a fait faire <u>des échauffements</u> <u>à ses élèves</u>.
14. Il avait fait construire <u>le court de tennis</u> <u>dans le jardin</u>.

(b) More sentence manipulation

Turn the following sentences into imperatives (for the formation of imperatives see FGU section 11.5).

e.g.   Vous me le donnez
Donnez-le-moi!

1. Vous l'observez de près.
2. Tu lui adresses quelques paroles.
3. Tu me racontes une histoire amusante.
4. Vous ne le démolissez pas.
5. Tu la lui caches.
6. Vous me le réservez.
7. Tu me les dis.
8. Vous ne le lui rendez pas.
9. Vous y pensez.
10. Tu me l'apprends.
11. Vous le lui permettez.
12. Tu le lui écris.
13. Vous vous le promettez.
14. Tu le leur commandes.

15. Stressed pronouns (FGU section 3.3)

- Stressed pronouns can add emphasis to an unstressed pronoun: *Moi, je veux travailler ce soir.*
- Only *lui, eux* may stand alone as subjects: **Lui** *veut travailler ce soir*, but NOT **Moi veux travailler ce soir.*
- Stressed indirect object pronouns are not preceded by *à* if they are at the beginning of a clause: **Nous**, *elle nous a souvent écrit; Elle nous a souvent écrit* **à nous**.
- Stressed pronouns are normally used after all prepositions with the exception of *de* and indirect object-introducing *à*: *Je suis venu malgré lui.* But they occur even with *de* and *à* if these are complements to nouns rather than verbs: *J'ai une grande peur d'elle.*

In the following sentences there are English phrases. Translate them into French using pronouns.

e.g. Je me suis assis _____ (next to him)
Je me suis assis près de lui

1. Il ne sera pas _____ (home, at his house) avant huit heures.
2. Vous n'aurez pas beaucoup l'occasion de la voir et cela vaudra mieux _____ (for you).
3. Ne vous dérangez pas _____ (for me).
4. (Jean and he) _____ étaient dans une étroite rue sombre.
5. (I) _____, j'espère que vous n'aurez jamais à travailler _____ (with her).
6. (Her) _____, il lui a appris à nager.
7. Ils lui ont promis une glace, _____ (her).
8. Avec les années, nous avions perdu toute trace _____ (of him).
9. Sa valise était _____ (beside her).
10. Ils marchaient le long du quai, _____ (he and his aunt).

16. How good is your memory?

Spot and correct the errors in the following sentences. The sentences (or similar ones) have all appeared somewhere in this chapter.

1. Le médecin qui a pratiqué la liposuccion de Michèle l'avait été recommandé par une diététicienne.
2. Un jeune couple ont acheté notre maison.
3. Méditez sur la vie de Jules César. Il n'est pas un mauvais exemple.
4. Ce l'avait poussé très jeune dans le monde des affaires.
5. C'était court et large, avec le nez et les oreilles d'un ancien boxeur.
6. Il m'inquiète de les laisser seuls à la maison.
7. Cela lui est arrivé un accident.
8. Il était en octobre, et ce pleuvait cette nuit-là.
9. Il fut Pierre qui s'en occupa.
10. Je lui l'ai donné.
11. Pierre l'est monté fermer (la fenêtre).
12. Elle la lui espère rendre avant le week-end.
13. Il avait fait le construire dans son jardin.
14. L'Eglise a censuré son ouvrage; elle juge blasphématoire.
15. Mon professeur le considère essentiel de lire ce livre.
16. Sa cousine bretonne l'a appris de faire des crêpes.
17. Ses parents lui ont aidé à repeindre sa maison.
18. Cela passait dans un petit hôtel de campagne.

19. Le jean qu'elle portait ne lui était pas.
20. Une femme en était assise et y buvait une tasse.
21. Elle s'efforçait d'y les distinguer.
22. J'ai empêché de le lui en parler.
23. Donnez-lui-la!
24. Je vous lui recommande.

4

Adjectives

I. Adjectives preceding and following nouns
(FGU sections 4.1.1–4.1.4)

Translate the adjectives in brackets into French, and place them in an appropriate position in the noun phrase. Make sure the adjective agrees with the noun.

e.g. un ____ nuage ____ (black)
   un nuage noir
   une ____ odeur ____ (bad)
   une mauvaise odeur

Keywords

| *un gîte* | holiday cottage |
| *gallois* | Welsh |

les	_____	îles	_____	(Greek)
des	_____	pommes	_____	(green)
en	_____	chiffres	_____	(round)
des	_____	chansons	_____	(Welsh)
un	_____	pays	_____	(Muslim)
des	_____	gîtes	_____	(rural)
une	_____	fête	_____	(country)
des	_____	vagues	_____	(powerful)
un	_____	voyage	_____	(tiring)
des	_____	arguments	_____	(convincing)
de	_____	rang	_____	(high)
un	_____	collègue	_____	(former)
un	_____	ami	_____	(old)
la	_____	histoire	_____	(ancient)
un	_____	type	_____	(nice)
des	_____	passants	_____	(inquisitive)
une	_____	réponse	_____	(curious)
une	_____	récompense	_____	(big)
la	_____	idée	_____	(same)
un	_____	homme	_____	(on his own)
le	_____	problème	_____	(only)
mon	_____	chapeau	_____	(new)
ma	_____	copine	_____	(new)
un	_____	obstacle	_____	(real)
le	_____	cuir	_____	(real)

2. Combinations of adjectives (FGU section 4.1.5)

——————————— • ———————————

Par un après-midi pluvieux, les enfants découvrent l'album de photos familial.
– Oh! maman, s'écrie l'aîné, ça date de quand, celle-ci, au bord de l'eau?
– D'une vingtaine d'années, dit la mère avec mélancolie.
– Et qui est ce **beau jeune** homme **brun** qui te serre dans ses bras?
– Votre papa, mes chéris.
– Mais alors, font les gamins, interdits, qui est ce **gros** bonhomme **chauve** qui vit avec nous?

——————————— • ———————————

(a) Translation

Translate the adjectives in brackets into French, and place them in appropriate positions in the noun phrase. Make sure the adjectives agree with the noun.

e.g.   les _____ heures _____ (first, three)
　　　　les trois premières heures

Keywords

un coureur cycliste	a racing cyclist
des exigences (fpl)	demands, requirements
inexpliqué	unexplained

une	_____	baisse	_____ (large, unexpected)
les	_____	gagnants	_____ (first, three)
les	_____	coureurs cyclistes	_____ (last, twenty)
ce	_____	homme	_____ (poor, dear, old)
les	_____	exigences	_____ (American, diplomatic)
la	_____	conférence	_____ (international, ministerial)
les	_____	puissances	_____ (western, industrial)
les	_____	services	_____ (Russian, secret)
des	_____	mesures	_____ (common, concrete)
des	_____	actes	_____ (unexplained, terrorist)

(b) Placing adjectives

Read the two passages on the following pages (**'Lille …'** and **'Les Brouches'**) right through once, and then put the adjectives in brackets in appropriate positions in the sentences. (To help you we have indicated where adjectives should go in the first passage by the symbol __.) Make sure the adjectives agree with the noun they modify and don't forget that sometimes you have to add an *et*.

e.g. Les responsables de la lutte __ ont, comme on pouvait l'espérer, arrêté un __ nombre de mesures __ [**antiterroriste; certain; concret**].
*Les responsables de la **lutte antiterroriste** ont, comme on pouvait l'espérer, arrêté **un certain nombre** de **mesures concrètes**.*

Keywords

en taille XXL	extra large
une biennale	biennial arts festival
voué	devoted to
un maître d'œuvre	project manager
une maison folie	(architectural) folly
une friche	a piece of wasteland
une intervention	a subsidy

Lille poursuit son entreprise __ [culturel; urbain]

Après Lille 2004, l'année où la métropole du Nord fut capitale __, Lille revient à l'Europe, mais en taille XXL [**culturel; européen**]. Du 14 mars au 12 juillet 2009, voici 'Lille 3000, Europe XXL', une biennale vouée aux arts __, un voyage à travers l'Union __ mais très élargie [**contemporain; européen**].

La __ secrétaire du Parti __ , Martine Aubry, maire de Lille, a souhaité entretenir l'élan de Lille 2004 afin de créer du lien __ [**premier; Socialiste; social**]. «La culture est essentielle en ce qu'elle relie les hommes», affirme-t-elle. __ argument __ : parmi les 500 événements prévus dans 56 communes, __ nombre seront gratuits [**autre; social; bon**]....«Lille 3000 n'est pas une __ fête ou un carnaval, ce sont des visions __ offertes au plus grand nombre» [**simple; artistique**], s'enflamme Didier Fusillier, le maître d'œuvre.

«Une marmite»
Symbole __ de la dynamique __ , l' __ gare Saint-Sauveur, entre le centre-ville et le quartier __ Moulins [**puissant; lillois; ancien; populaire**]. Prolongement des Maisons folies, bâtiments __ pour Lille 2004, cette friche est au cœur d'un projet __ [**réhabilité; urbain**]. Mᵐᵉ Aubry ne voulait pas du __ stade de football à cet endroit, car elle voulait recréer un quartier, avec habitat et commerces [**grand**]. «C'est une marmite», s'amuse M. Fusillier. «On commence par sauver un bâtiment __ ; on place ainsi la culture au centre et on étend [**industriel**] ... Entre l'avant et l'après-2004, dans Lille ville, nous sommes passés de 900 à 1 400 interventions __ dans l'espace public, et de 2 000 à 4 000 festivités [**culturel, annuel**],» compte Laurent Dreano, directeur des services culturels de Lille.

Geoffroy Deffrennes © *Le Monde* (adapted)

Les Brouches

Keywords

un berger	a shepherd
un gaillard	a strapping lad
une exploitation	a farm
l'élevage (m)	animal rearing

1. Quelque part dans une vallée de la Drôme, il est une ferme, les Brouches. Là vivent Fernand, un berger, et ses gaillards de fils. **[vieux, veuf; deux, beau]**
2. Pierre, l'aîné, à qui reviendra l'exploitation, et Philippe, le cadet, contraint de travailler comme ouvrier dans une entreprise de la région. **[petit, familial; petit]**
3. Depuis la mort de sa femme, Fernand refuse tous les plaisirs de l'existence. Il se réfugie dans son labeur sans même goûter la beauté du paysage qui l'entoure. **[dur]**
4. Ses fils, eux, ne demanderaient qu'à prendre femme afin de partager avec elle leur amour pour la vallée. Mais rares sont celles qui se sentent par une vie à la ferme. **[attiré; isolé]**
5. Pourtant, un jour, débarque aux Brouches Sandrine, une lycéenne. **[naïf, idéaliste, parisien]**
6. Venue étudier l'élevage de montagne pendant l'été, elle tombe amoureuse de Pierre et lui demande de l'épouser. **[haut]**

Télérama

3. Anagrams

Below is a text called 'Anagrammes' from Raymond Queneau's *Exercices de style*. It contains a number of adjectives. Read the original story in Chapter 1.8 on page 13, and then try to unpick the anagrams.

Note: In the original, three of the anagrams do not quite turn into grammatical French: *nulripecher* should become *pleurniché*, *plusplémentiare* should become *supplémentaire*, and *tromnai* should become *montrait*.

e.g. une rhuee d'effluenca
  une heure d'affluence

Dans l'S à une rhuee d'effluenca un pety dans les stingvix nas, qui tavia un drang ouc miagre et un peaucha nigar d'un drocon au lieu ed nubar, se pistaduit avec un treau guervayo qu'il cacusait de le suboculer neovalotriment. Ayant ainsi nulripecher, il se ciréppite sur une cepal rilbe.

Une huree plus drat, je le contreme à la Cuor ed More, devant la rage Tsian-Zalare. Il étiat avec un dacamare qui lui sidait: « Tu verdais fiare temter un toubon plusplémentiare à ton sessudrap. » Il lui tromnai où (à l'échancrure).

Raymond Queneau, *Exercices de style* © Editions Gallimard

4. Adjectives modified by adverbs, modifying verbs and as complements to noun phrases (FGU sections 4.1.6, 4.2 and 4.4)

Below is a poem by Jacques Prévert. Some of the lines, involving adjectives in various constructions, have been translated into English. Read the poem right through once, and then translate the English back into French.

Pour faire le portrait d'un oiseau

A Elsa Henriques

Peindre d'abord une cage
with an open door
peindre ensuite
something pretty
something simple
something beautiful
something useful
pour l'oiseau
placer ensuite la toile contre un arbre
dans un jardin
dans un bois
ou dans une forêt
hide behind the tree
sans rien dire
sans bouger ...
Parfois l'oiseau arrive vite
but it may also take long years
before it decides
Ne pas se décourager
attendre
attendre s'il le faut pendant des années
la vitesse ou la lenteur de l'arrivée de l'oiseau
n'ayant aucun rapport
avec la réussite du tableau

Quand l'oiseau arrive
s'il arrive
observe the deepest silence
attendre que l'oiseau entre dans la cage
et quand il est entré
fermer doucement la porte avec le pinceau
puis
remove all the bars one by one
en ayant soin de ne toucher aucune des plumes de
    l'oiseau
Faire ensuite le portrait de l'arbre
choosing the finest of its branches
pour l'oiseau
also paint the green foliage and the cool of the
    wind
la poussière du soleil
et le bruit des bêtes de l'herbe dans la chaleur de
    l'été
et puis attendre que l'oiseau se décide à chanter
Si l'oiseau ne chante pas
it's a bad sign
signe que le tableau est mauvais
but if it sings it's a good sign
signe que vous pouvez signer
Alors vous arrachez tout doucement
one of the bird's feathers
et vous écrivez votre nom dans un coin du tableau.

Jacques Prévert, Paroles © Editions Gallimard

5. Adjectives used as nouns and adverbs
(FGU sections 4.5, 3.2.25, 6.1.7)

- When adjectives are used as nouns in direct object position they do not require the insertion of *en* before the verb (*Vous me donnez les gros œufs, s'il vous plaît* → *Vous me donnez **les gros**, s'il vous plaît*). This contrasts with numbers and quantifiers which do give rise to the insertion of *en* (*Vous me donnez une douzaine d'œufs, s'il vous plaît* → *Vous m'**en** donnez **une douzaine**, s'il vous plaît*).
- Adjectives used as adverbs remain invariable (*Elle parle **bas***).

(a) Translation

Translate the English parts of the following dialogues into French.

Keywords

se débarrasser de quelque chose	to get rid of something
un herbicide sélectif	a selective weedkiller
un treillage	a trellis

1. – Le pied du mur est couvert de feuillages verts et argentés.
   – *Get rid of the silver (foliage) with a selective weedkiller.*
2. – J'ai acheté deux grosses jarres provençales et une petite.
   – *Will you put the two big ones in the garden?*
3. – Les fleurs rouges des rhododendrons s'accordent parfaitement à la couleur des pots.
   – *Wouldn't the white ones go better?*
4. – Pour le jardinier, les nouveaux treillages proposent des dizaines de motifs différents.
   – *The old ones are fine as far as I'm concerned!*

(b) Translation

Translate the following sentences into French.

Keywords

un(e) marginal(e)	a drop-out
assistance (f) dépannage	breakdown assistance
se diriger vers quelqu'un	to head for someone

1. She has spent her life with the only ones who interest her: drop-outs.
2. Her success has never made her forget the main thing: to work hard.

3. With our Club Card, a full tank entitles you to 15 days of free breakdown assistance.
4. The cream smells bad.
5. They were heading straight for me.

6. Masculine, feminine and plural forms of adjectives
(FGU sections 4.7–4.8)

(a) Fill in the blanks

Below is a summary of the plot of a film in which adjective endings have been removed. Read the passage right through once, and then restore the adjectives to their appropriate forms.

e.g. les pays les plus industrial__
les pays les plus industrialisés

Keywords

un flic	a cop
cru	(in this context) crude
rater	to fail
la mise en scène	direction (of a film)
les bruitages (mpl)	sound effects

Police fédérale Los Angeles (Film amér____ de William Friedkin. Titre origin____: *To live and die in LA*)

Richard Chance, flic à Los Angeles, est prêt à tout pour arrêter Eric Masters, fabricant de fau____ monnaie qui a tué son co-équipier.

Curi____ film, aux dialogues cru____, où les policiers sont toujours à la limite de la légalité, sans que l'on sache vraiment s'il faut les en blâmer ou le tolérer; curi____ personnage princip____, qui rate avec constance tout ce qu'il entreprend. William Friedkin a sans doute voulu montrer l'absurdité et la violence quotid____ des affaires crimi____dans la Cité des anges. Faute d'un vr____ point de vue – psychol____ ou mor____ – sur ses personnages, il n'a signé, une fois de plus, qu'un exercice de style virtu____. La mise en scène joue sur l'urgence, comme le montre une séquence de poursuite automo____ (aux bruitages origin____) qui évoque celle, mythique, de *French Connection*.

Télérama

(b) Making agreements

Read the following text right through once and then ensure that the adjectives in bold agree with the nouns they modify. Be careful, some of them do not need to be changed.

e.g.   une **petit** église **russe**
    une petite église russe

Keywords

une ethnie	an ethnic group
à la lisière de	on the edge of
exquis	delightful
décortiquer	to dissect, analyse

Le voyage de Joachim *Les vacances en Floride d'un Indien d'Amazonie (documentaire de Frédéric Labourasse)*

Joachim et Monique, Français de Guyane, appartiennent à la **petit** ethnie **indien** des Emerillons. Ils vivent sur les berges du fleuve de l'Oyapock, à la lisière de la forêt **amazonien**. Lorsqu'un ami **américain** leur propose de venir passer Noël en Floride, c'est un rêve qui devient réalité.

On les suit pas à pas, **curieux** de connaître leurs réactions et leurs impressions. Elles sont parfois **exquis**, **déconcertant** et **plein** de **bon** sens. Frédéric Labourasse recueille ces instants **précieux** avec précaution. D'habitude, c'est nous les **Occidental** qui prenons un **malin** plaisir à scruter et décortiquer le mode de vie des peuples les plus **reculé** du monde. Ici, la vapeur est **inversé**. Cela donne un documentaire **drôle**, **insolite**, **émouvant**. Et cela fait le plus **grand** bien à notre ethnocentrisme.

Télérama

7. Creative writing ∞ ∞ ∞

The following is the text of a letter of complaint from a television viewer to a television company.

Keywords

veiller	to stay up
les pubs (fpl)	adverts
le journal du soir	the evening news

Monsieur,

J'avais programmé l'enregistrement du chef-d'œuvre d'Orson Welles « La Dame de Shanghai » (avec Rita Hayworth) qui était annoncé pour 23 h 45 par le Ciné club de votre chaîne. Travaillant le samedi, il m'était impossible de veiller aussi tard. Malgré un quart d'heure supplémentaire, ma mon enregis trement est incomplet. Et pour cause: les pubs et le journal du soir ont été diffusés avant le film! L'irrespect des horaires continue de plus belle! **Je suis furieuse.**

Mme L.

Write a letter of response to Mme L, in about 100 words. Try to include 10 adjectives in your letter. Explain that the film started late because of some major international incident (you decide what) which required extended news coverage. Offer your apologies, but say that the company's view is that the reporting of events of international significance takes precedence over other programmes. Say, finally, that as compensation, the Orson Welles film will be shown again in the autumn.

8. Adjective agreement with nouns (FGU sections 4.9–4.11)

Translate the following sentences into French, paying particular attention to the way the adjectives agree with nouns.

Keywords

comparé	comparative
la sciure	sawdust
une boîte de haricots	a tin of beans
le frigo	the fridge
sympa	great
la lessive	the washing

1. They drank cold beer and water.
2. They served me a cup of cold coffee.
3. She is doing a comparative study of the British, French and German parliaments.
4. There are piles of fresh sawdust everywhere.
5. I found half-opened tins of beans in the fridge.
6. She doesn't like pop music; in fact, she is rather snobbish.
7. It was a great evening.
8. She was wearing an apple-green jacket.
9. She has blue-green eyes.
10. They were walking barefoot on the sand.

9. Comparative forms of adjectives (FGU section 4.12.1)

Les aventures de Hagar Dunor

Make the adjectives underlined in the following sentences into the kind of comparative indicated by the English expressions in brackets.

e.g. A présent il était <u>calme</u> [more]
A présent il était <u>plus calme</u>

Keywords

gestionnaire (m/f)   administrator
être difficile à vivre   to be difficult to live with

1. C'est un des moments <u>passionnants</u> de l'émission. [more]
2. Une belle chanson devrait avoir une <u>jolie</u> mélodie, des paroles <u>subtiles</u> et poétiques. [more]
3. Je ne suis pas un <u>grand</u> gestionnaire. [such a]
4. On leur a servi un dîner <u>délicieux</u> le lendemain. [less]
5. J'étais <u>difficile</u> à vivre dans le temps. [as]
6. Il ne faisait pas <u>chaud</u> dans la cuisine. [as]
7. La table était <u>basse</u> et il se fit mal au genou. [lower than he imagined]
8. Elle est propriétaire d'une <u>grande</u> jardinerie à Poitiers. [as big]
9. Les hôteliers ont fait une <u>bonne</u> saison cette année. [better]
10. Elle parle un <u>bon</u> espagnol. [better than me]
11. La ligne est <u>mauvaise</u>, je ne t'entends pas. [worse]
12. Les chiffres du chômage sont <u>mauvais</u>. [worse than last month]

10. Superlative forms of adjectives (FGU sections 4.12.2 and 4.14)

——————————— • ———————————

La diplomatie, c'est l'art de découper un gâteau de telle façon que chacun s'imagine avoir reçu **la plus grosse** part.

——————————— • ———————————

Make the adjectives underlined in the following sentences into the kind of superlative indicated by the English expressions in brackets.

e.g.   A présent il était <u>calme</u> [as calm as you can get]
A présent il était <u>on ne peut plus calme</u>

Keywords

un(e) réalisateur/réalisatrice	(film) director
tourner un film	to make a film
tourner un rôle	to play a role
un prestidigitateur	magician, conjuror

1.   C'est un des moments <u>passionnants</u> de l'émission. [the most exciting]
2.   Il est propriétaire d'une <u>vieille</u> librairie. [the oldest in France]
3.   Il a emmené sa femme passer un week-end dans un hôtel <u>luxueux</u> à Paris. [the most luxurious hotel in Paris]
4.   On leur a servi un dîner <u>délicieux</u> dans l'avion. [the most delicious]
5.   C'est ce réalisateur-là qui lui a fait tourner quelques-uns de ses rôles <u>remarqués</u>. [most talked-about]
6.   Les chiffres du chômage sont <u>mauvais</u>. [the worst]
7.   Les chiffres du chômage sont <u>mauvais</u>. [the worst imaginable]
8.   Le prestidigitateur faisait des miracles avec de <u>petits</u> objets. [the smallest of objects]

11. Creative writing ∞ ∞ ∞

Below is the text of an advert for a notebook computer. Note the use of hyperbole (the underlined expressions), including comparatives and superlatives, in promoting the product. Read the advert, and then do the exercise which follows it.

Le PC Portable Micro Noir

Vous désirez un ordinateur portable <u>plus performant</u> mais <u>peu encombrant</u> avec un design <u>très moderne</u>. Alors nous sommes heureux de vous présenter le PC Portable Micro Noir.

En effet, le PC Portable Micro Noir prouve qu'il est possible d'allier ergonomie et performance. Le netbook, <u>très en vogue</u> actuellement, est vraiment commode pour se connecter à Internet partout.

Sa petite taille, sa légèreté et son autonomie vous raviront.

<u>Excellent rapport qualité/prix,</u> le PC Portable Micro Noir vous fait découvrir un <u>nouveau</u> concept de PC portable, le 'Netbook' à prix <u>très abordable</u> et avec des performances qui ne sont pas <u>des moindres.</u>

Write an advert in French, in about 150 words, for an imaginary car – la Fornault 312 – using the same kind of hyperbolic tone. Aim the advert at women buyers, and promote the qualities listed below.

- A car which has a better performance and is up to date for the twenty-first century.
- It must be suitable for you, your children and your husband.
- It must be the most comfortable in its class.
- It must be economical and ergonomic.
- It must not be expensive and be good value for money.
- It must have the highest security norms and guarantees.

5

Adverbs

1. Add an adverb ∞ ∞ ∞ (FGU sections 5.1–5.6.16)

Read the following text right through once, and then add an adverb of your own choosing to modify the meaning of every verb in bold. An adverb can be a form ending in *-ment* (e.g. *énormément*) or a prepositional phrase or other expression which functions as an adverb (e.g. *par hasard, tout de suite*). For advice on the location of adverbs see FGU section 5.7.2.

e.g.   Nous **sortions** d'une conférence ...
   *Nous sortions **côte à côte** d'une conférence ...*

Keywords

l'hypertension (f)	high blood pressure
s'écrouler	to collapse
un saignement de nez	a nose bleed
un régime	a diet
claquer	(in this context) to conk out

Hypertension: le tueur clandestin

Nous **sortions** d'une conférence de presse. Il **s'est immobilisé**, **a porté** la main à son cœur, **a murmuré** « merde ». Et il **s'est écroulé**. H., mon confrère, mon ami de longue date, **était mort**. C'**était** le 12 mai 1963. Il **avait** 44 ans.

Nous – ton petit groupe d'amis – ne **savions** pas, H., que tu avais 24 de tension, comme on dit. Nous **avons appris** par Y., ta femme, comment votre médecin l'**avait découvert** le jour où tu **avais eu** un très violent saignement de nez. Mais tu **étais resté** H. le fataliste. **Maigrir** comme on te l'**avait conseillé** (tu avais grossi énormément les dernières années)? Zut au régime. Le médicament que l'on t'**avait prescrit**? Tu le **prenais**, quand tu y **songeais**. A l'hôpital où Police Secours **avait transporté** le corps, on **a prononcé** des mots savants: dissection aortique - l'aorte thoracique **avait claqué**.

2. Translating '-ly' adverbs (FGU sections 5.2 and 5.5)

Some English adverbs ending in '-ly' can be translated by French adverbs ending in *-ment*: e.g. 'clearly' – *clairement*; others may be more usually translated into French by a phrase: e.g. 'immediately' – *tout de suite*.

Translate the English adverbs in the following sentences into French. Check FGU sections 5.2, 5.4 and 5.5, or your dictionary, to see if the English adverb in -*ly* has a French equivalent in -*ment*.

e.g.   Elle poursuivait sa lecture _____ (stubbornly)
           Elle poursuivait sa lecture avec entêtement

1. Je le connais _____ (professionally).
2. _____ (Surprisingly), elle a été reçue à l'examen.
3. Il a claqué la porte _____ (angrily).
4. Il s'est confessé _____ (publicly).
5. La voiture a _____ (violently) percuté l'arbre.
6. Elle a été _____ (deeply) atteinte par la nouvelle.
7. Elle parle _____ (fluently) le français.
8. Vous devez exprimer votre idée _____ (more concisely).
9. Il a souri _____ (immediately).
10. Je ne m'attends pas _____ (necessarily) à la revoir.

3. Adjectives functioning as adverbs (FGU sections 5.3 and 4.6)

Some adjectives can function as adverbs in certain contexts without any change of form: e.g. *parler **bas** *'to talk quietly'. They are invariable when used in this way.

Choose an appropriate adverb from the list given on page 70 to fill the blank in each sentence. Note that there are more adverbs than blanks, and that not all the blanks can be filled by adjectives functioning as adverbs.

e.g.   Elle avait travaillé _____ toute l'année
           Elle avait travaillé dur toute l'année

1. C'est un vin qu'il faut servir _____.
2. Ça sent _____, la tarte.
3. Au bout du village, la route tourne _____.
4. Toute la semaine la pluie est tombée _____.
5. Ils ont dû travailler _____ pour achever le projet.
6. La proximité d'un centre omnisports a pesé _____ dans mon choix d'université.
7. C'est un vin qui se trouve _____ en supermarché.
8. Il s'est _____ défendu.
9. Ils ont _____ pesé la caisse.
10. L'avion tournait _____ au-dessus de la piste.

> *bon, bonnement, couramment, court, dru, dûment, dur, facilement, frais, franchement, lentement, lugubrement, lourd, somptueusement, soigneusement, vaillamment, vilain*

4. Degree adverbs (FGU section 5.6.2)

——————————————— • ———————————————

L'adolescence est une période de changements rapides. Entre douze et dix-sept ans, par exemple, les parents vieillissent d'**au moins** vingt ans.

——————————————— • ———————————————

Translate the English adverbs in the following sentences into French, and locate them in the positions indicated, by using one of the following:

> *autant, au moins, du moins, davantage* (or *plus* – there are two sentences where both are possible), *même* (use it twice), *tellement*

e.g.   Elle a dressé _____ (too) brusquement la tête
     Elle a dressé <u>trop</u> brusquement la tête

1.   Il n'est pas _____ (so) facile de perdre ses mauvaises habitudes.
2.   Je ne m'étais jamais reposé _____ (as much).
3.   Le calme régnait _____ (even) ici.
4.   Elle avait un rendez-vous dans ce café _____ (very – i.e. 'in this very café').
5.   Tu devrais dormir _____ (more).
6.   Elle a annoncé qu'elle ne serait pas rentrée avant _____ (at least) onze heures.
7.   Il regardait la mer, _____ (at least) en apparence.
8.   Etait-il possible d'être _____ (more) à son aise qu'ici?

5. Comparative and superlative forms of adverbs
(FGU sections 5.6.3–5.6.6)

Make the adverbs in bold in the following sentences comparative or superlative, as indicated by the English.

e.g. Cela se passait **vite** (more quickly)
   *Cela se passait **plus vite***

1. Il notait **lentement** les renseignements qu'on lui transmettait (more slowly).
2. Le soir il lisait **souvent** un gros traité de médecine (most often).
3. Elle attendait **patiemment** son mari (less patiently).
4. Ses chaussures lui faisaient **mal** (hurt him more than ever).
5. Elle repassait **soigneusement** sa jupe verte (as carefully as she could).
6. On mange **bien** à l'Hôtel de la Mer (best).
7. La voiture marche **bien** (less well).
8. Elle sera **bien** dans ce rôle (better).
9. Généralement, j'écris **beaucoup** après le dîner et avant de me coucher (the most).

6. Forms of *tout* (FGU section 5.6.7)

- When *tout* modifies a noun or an adjective it normally agrees with that noun or adjective: *toutes les chansons, toutes taxes comprises, Je les ai vus tous, Elles étaient toutes désemparées.*
- However, when *tout* precedes a feminine adjective beginning with a vowel or silent *h*, agreement is optional: *Ta sœur sera tout(e) heureuse de te revoir.*
- When *tout* is an adverb it is normally invariable: *Elle chantait tout bas.*

Put an appropriate form of *tout* in the blanks in the following sentences.

e.g. Les autres sont ____ le contraire de ce que je suis
   Les autres sont tout le contraire de ce que je suis

1. ____ au fond du couloir le concierge était assis à une petite table.
2. Leur maison était ____ entourée de fleurs.
3. Elles parlaient ____ à la fois.
4. Depuis que ses enfants sont ____ partis en vacances, elle n'a pas dû se faire un seul véritable repas.
5. J'ai des amis qui habitent ____ près.
6. Je me suis acheté un vélo ____ terrain: on appelle ça un VTT.
7. Ils ont été ____ étonnés de la revoir.
8. Nous étions ____ seuls.
9. Les deux passagères ont failli passer ____ les deux à travers le pare-brise.
10. Elle a passé ____ une journée à rechercher le document perdu.

7. Time adverbs (FGU sections 5.6.8–5.6.15)

(a) Fill in the blanks

Read all the sentences below right through once, and then fill in the blanks with one of the time adverbs listed. Use each adverb only once. (As some of the blanks can potentially be filled by two adverbs, you may need to use a process of elimination. Provisionally fill all the blanks with all possibilities. Then eliminate those adverbs required for other sentences.)

---

actuellement, alors, aussitôt, bientôt, dernièrement, désormais, tantôt, tard

---

e.g.   Il n'accordait aucune importance à ce que je pourrais raconter _____
          Il n'accordait aucune importance à ce que je pourrais raconter <u>ensuite</u>

1.   J'ai un rendez-vous _____.
2.   A cette époque-là il louait un appartement en ville, mais _____ il a acheté une maison individuelle à la campagne.
3.   Jusqu'ici tout a été facile, mais _____ cela devient plus difficile.
4.   _____ rentré chez lui, il s'est couché.
5.   Elle a essayé plusieurs métiers, mais elle travaille _____ dans une banque.
6.   Le magasin va _____ fermer.
7.   Elle habitait _____ avec sa mère.
8.   Il se couche _____ et se lève tôt.

(b) More blank-filling

——————————— • ———————————

Un homme est réveillé par un bruit suspect dans son appartement.
– Qui est-ce? demande-t-il.
– Miaou, fait une petite voix.
Rassuré, l'homme va se rendormir quand un nouveau craquement se produit. Il sursaute et crie:
– Qui est-ce?
Et une voix répond:
– C'est **encore** le chat.

——————————— • ———————————

Fill in the blanks in the following sentences with one of the time adverbs below to convey the meaning indicated by the English. Use each adverb as many times as necessary.

---
alors, encore, toujours

---

e.g. Il a _____ réfléchi (again)
    Il a encore réfléchi

1. Il était _____ directeur d'une petite agence immobilière (at that time).
2. Est-elle _____ là (still)?
3. Elle a _____ perdu sa clef (again).
4. J'ai peur de m'évanouir _____ (again).
5. _____ du pain, s'il vous plaît (more).
6. J'aime _____ mieux votre idée que la sienne (even better).
7. Elles ont _____ refusé de me parler (always).
8. Il n'est _____ pas arrivé (still).

(c) Transposition

The two texts below are different versions of the same dialogue: a police inspector is questioning the owner of a bar about the whereabouts of one of his employees: a man whose wife has been found dead. The difference is that version (ii) has been transposed into the past.

Read the texts right through once, and then fill the gaps in text (ii) with appropriate adverbs corresponding to those in text (i):

e.g. (i)   Hervé n'est pas venu aujourd'hui?
     (ii)   Hervé n'était pas venu _____?
         Hervé n'était pas venu ce jour-là?

Text (i)
— Hervé n'est pas venu aujourd'hui?
— Il ne travaille que le soir à partir de sept heures.
— Il a travaillé hier?
— Pourquoi vous demandez ça?
— Parce que sa femme a été trouvée morte hier soir.
— Que lui est-il arrivé?
— Vous la connaissez?
— Bien sûr, c'est même une habituée. Elle vient beaucoup en ce moment.
— A quelle heure Hervé s'est-il absenté hier soir?
— On l'a appelé au téléphone vers neuf heures.
— Quand pensez-vous le revoir?
— Demain ou après-demain.

Text (ii)
– Hervé n'était pas venu _____?
– Il ne travaillait que le soir à partir de sept heures.
– Il avait travaillé _____?
– Pourquoi vous demandez ça?
– Parce que sa femme avait été trouvée morte _____.
– Que lui était-il arrivé?
– Vous la connaissiez?
– Bien sûr, c'était même une habituée. Elle venait beaucoup _____.
– A quelle heure Hervé s'était-il absenté _____?
– On l'avait appelé au téléphone vers neuf heures.
– Quand pensiez-vous le revoir?
– _____ ou _____.

Copyright © 1970 United Feature Syndicate, Inc.

8. Adverbs of place (FGU section 5.6.16)

Translate the English adverbs in the following sentences into French.

e.g. Voir l'exemple ____ (below)
Voir l'exemple ci-dessous

1. J'ai un ami qui habite _____ (quite close).
2. Elle a garé sa voiture _____ (opposite).
3. J'ai regardé l'entrée _____ (from afar).
4. _____, il pleuvait (outside).
5. Vous trouverez _____ (attached) la facture. Vous pouvez envoyer votre paiement à l'adresse _____ (above).
6. On m'a frappé _____ (from behind).
7. Tu as regardé _____ (inside)?
8. Non, j'étais _____ (behind).

9. Sentence-modifying adverbs (FGU section 5.6.17)

Read all the sentences below right through once, and then fill in the blanks with one of the sentence-modifying adverbs listed. Use each adverb only once. (As some of the blanks can potentially be filled by more than one adverb, you may need to use a process of elimination. Provisionally fill all the blanks with all possibilities. Then eliminate those adverbs required for other sentences.)

> certainement, évidemment, peut-être, pourtant, probablement, raisonnablement

1. Bien qu'elle fût à l'abri, elle sentit _____ renaître son angoisse.
2. Il la trouvait drôle, cette vieille femme, mais la réciproque _____ n'était guère envisageable.
3. S'il se cachait, elle ne le remarquerait _____ même pas.
4. A cette distance, elle n'aurait _____ pas pu entendre.
5. Il commença à espérer _____ partir avec l'argent qu'il avait économisé.
6. C'est _____ ce que j'aurais fait si j'avais été lui.

10. Location of adverbs (FGU section 5.7)

Some of the following sentences involving adverbs are ungrammatical because the adverb is in the wrong position. Put an asterisk in front of those sentences which you think are ungrammatical.

e.g. 1. Elle désespérément recherchait le document perdu
    *1. *Elle désespérément recherchait le document perdu*
    2. Sans doute sa main lui faisait mal
    *2. *Sans doute sa main lui faisait mal*

Grammatical alternatives are: *1. Elle recherchait **désespérément** le document perdu; 2. Sans doute **sa main** lui **faisait-elle** mal* (a construction typical of formal written French)/*Sans doute **que** sa main lui faisait mal*.

1. Marc lentement notait les renseignements qu'on lui transmettait.
2. Le soir, je souvent regarde la télévision.
3. Elle attendait son mari patiemment.
4. J'ai hier ramassé les clefs.
5. Elle a essayé plusieurs métiers, mais elle actuellement travaille dans une banque.
6. On a laissé partout des papiers couverts de gribouillis.
7. Il m'a fallu sans doute plusieurs secondes pour m'apercevoir de sa présence.
8. Cela dépassait d'ailleurs son propre entendement.
9. Peut-être ne le remarquerait-il même pas?
10. Sans doute est-ce un ami.
11. A peine Pierre s'est assis qu'on lui a demandé de se déplacer.
12. Sans doute qu'elle vous a écrit à ce sujet.

11. How good is your memory?

Fill in the blanks in the following sentences with an appropriate adverb. Identical or similar sentences have appeared somewhere in this chapter.

1. Il a claqué la porte _____.
2. C'est un vin blanc qu'il faut servir très _____.
3. Elle a repassé _____ sa jupe verte.
4. Leur maison était _____ entourée de fleurs.
5. Le magasin va _____ fermer.
6. Elles ont _____ refusé de me parler.
7. J'ai un ami qui habite _____.
8. A cette distance elle n'aurait _____ pas pu entendre.

6

Numbers

Les aventures de Hagar Dunor

I. Cardinal numbers (*un, deux, trois*, etc.)
(FGU sections 6.1, 6.1.1–6.1.5)

- *un* agrees in gender with any noun it precedes, but is invariable in expressions like *à la page un;*
- *et* is used in cardinal numbers ending in -1 between 21 and 71 inclusive (*vingt et un*);
- hyphens link compound cardinal numbers less than 100 (excluding those linked by *et*);
- *quatre-vingts* and *cents* (in *deux cents, trois cents*, etc.) have a plural -*s* except when they precede another cardinal number (*quatre-vingt-deux, deux cent trois*), and when they follow the noun with an 'ordinal' meaning as in *à la page cinq cent*.

Write out the numbers in the following expressions in words.

e.g. 31 réponses
trente et une réponses

Keyword

    €   euro

104 €	_____
400 €	_____
450 000 licenciements	_____
80 navires	_____
85 navires	_____
2 020 mètres	_____
1721	_____
1 230 042 habitants	_____
1 501 participants	_____
101 variétés	_____
à la page 80	_____

2. Cardinal numbers (*cinq*, *six*, *huit*, etc.)
(FGU sections 6.1, 6.1.1–6.1.5)

- The final -*q* of *cinq* is always pronounced [k] except when it precedes *cent*.
- The final -*x* of *six* and *dix* is pronounced [s] at the end of a phrase (*j'en ai vu six*), [z] when it precedes a noun beginning with a vowel (*six hommes*), and is not pronounced at all when it precedes a noun beginning with a consonant (*six femmes*).
- The final -*t* of *huit* is pronounced when it is at the end of a phrase or precedes a noun beginning with a vowel (*j'en ai vu huit, huit hommes*); it is not pronounced when it precedes a noun beginning with a consonant (*huit femmes*).
- The final -*t* of *vingt* is pronounced when it precedes a noun beginning with a vowel and in the numbers 21–29 inclusive, but not elsewhere.

(a) Read aloud

The passage below is one of the variants from Raymond Queneau's *Exercices de style* (see Chapter 1.8, pages 12–14). Check that you know how to say all the figures, then read the passage aloud as fluently as you can.

Keywords

la calotte	the crown (of a hat)
interpeller	to call out to

Précisions

A 12 h 17 dans un autobus de la ligne S, long de 10 mètres, large de 2,1, haut de 3,5, à 3 km 600 de son point de départ, alors qu'il était chargé de 48 personnes, un individu du sexe masculin, âgé de 27 ans 3 mois 8 jours, taille 1 m 72 et pesant 65 kg et portant sur la tête un chapeau haut de 17 centimètres dont la calotte était entourée d'un ruban long de 35 centimètres, interpelle un homme âgé de 48 ans 4 mois 3 jours, taille 1 m 68 et pesant 77 kg, au moyen de 14 mots dont l'énonciation dura 5 secondes et qui faisaient allusion à des déplacements involontaires de 15 à 20 millimètres. Il va ensuite s'asseoir à quelque 2 m 10 de là.

118 minutes plus tard, il se trouvait à 10 mètres de la gare Saint-Lazare, entrée banlieue, et se promenait de long en large sur un trajet de 30 mètres avec un camarade âgé de 28 ans, taille 1 m 70 et pesant 71 kg qui lui conseilla en 15 mots de déplacer de 5 centimètres, dans la direction du zénith, un bouton de 3 centimètres de diamètre.

Raymond Queneau, *Exercices de style* © Editions Gallimard

(b) Read aloud

Read the following phrases aloud.

Keywords

en moyenne	on average
un(e) voyant(e)	(in this context) a clairvoyant

1. Voir aussi la section 1.
2. Le numéro 1 mondial de l'industrie automobile.
3. La vie change à 45 ans.
4. On dit qu'en fin d'école primaire les élèves font en moyenne 14 fautes dans un texte de 55 mots.
5. Elle a légué 500 livres à la bibliothèque municipale.
6. 6 000 personnes sont concernées.
7. 10 années se sont écoulées depuis.
8. Il en reste 10.
9. 8 millions de Français utiliseraient les services des voyants.
10. La population mondiale pourrait atteindre les 8 à 10 milliards d'habitants vers 2050.
11. Elle arrive le 8.
12. L'accident a fait 20 victimes.
13. Chez les 20 à 24 ans, le suicide est la seconde cause de décès après les accidents.
14. Les industries de haute technologie constituent 23% de la production industrielle au Japon.

3. More cardinal numbers (FGU sections 6.1, 6.1.1–6.1.5)

Rank the following airports from busiest (first) to least busy (last) on the basis of the information given below in words about the number of passengers they handle each year. (The numbers are expressed to two decimal places, e.g. *cinquante et un virgule zéro quatre* = 51,04, i.e. '51.04': fifty-one point zero four.)

Les principaux aéroports mondiaux en 2008

Aéroport	Passagers (en millions)	Rang
Francfort	cinquante-trois virgule quarante-six	[ ]
Atlanta	quatre-vingt-dix virgule zéro trois	[ ]
Dallas	cinquante-sept virgule zéro six	[ ]
Chicago	soixante-neuf virgule trente-cinq	[ ]
Beijing	cinquante-cinq virgule soixante-six	[ ]
Londres	soixante-sept virgule zéro cinq	[ ]
Tokyo	soixante-six virgule soixante-treize	[ ]
Paris	soixante virgule quatre-vingt-cinq	[ ]
Los Angeles	cinquante-neuf virgule cinquante-quatre	[ ]
Denver	cinquante et un virgule quarante-trois	[ ]

4. *nombre*, *chiffre* and *numéro* (FGU section 6.1.6)

Fill the blanks in the following sentences with *nombre, chiffre* or *numéro*, as appropriate.

e.g. Qui porte le _____ sept?
Qui porte le <u>numéro</u> sept?

1. Le _____ des tués sur la route pendant le week-end de Pâques a beaucoup diminué.
2. Elle a écrit la somme en _____.
3. Bien difficile de savoir maintenant qui peut prétendre être le _____ un mondial de l'automobile!
4. Les _____ du chômage sont encore pires ce mois-ci.
5. Qu'est-ce qui incite un _____ non négligeable de parents à placer leurs enfants dans des écoles privées?
6. J'ai changé de _____.
7. L'entreprise a un _____ d'affaires annuel de 300 millions de francs.
8. Le _____ que vous avez composé n'est plus attribué.

5. Using *en* when numbers and quantifiers are used alone as direct objects (FGU section 6.1.7)

When numbers (*un, deux*, etc.) or quantifiers (*beaucoup, plusieurs*, etc.) are used alone as direct objects, the pronoun *en* must be inserted before the verb: *J'en prends deux, J'en prends plusieurs.*

Rewrite the following sentences so as to omit the phrases in brackets. Insert *en* where necessary.

e.g.   Elle a acheté une douzaine (d'huîtres)
Elle en a acheté une douzaine

1.   Le salon était plein (de fleurs).
2.   Il y avait deux (corbeilles à papier) dans le bureau.
3.   Elle a lu plusieurs (noms) sur sa carte de visite.
4.   Elle avait enlevé beaucoup (des objets qui traînaient) avant notre arrivée.
5.   Il a dû faire flamber trois (allumettes) pour lire le numéro (de la maison).
6.   Elle portait bien certains (vêtements) mais pas d'autres.

6. Simple arithmetic (FGU section 6.1.9)

To practise saying numbers aloud, do the following simple sums as mental arithmetic. Read them aloud in French, and then give the answer in French.

1. $110 + 105 =$
2. $2200 - 1 =$
3. $20 + 20 + 40 =$
4. $60 + 20 - 18 =$
5. $12 \times 6 =$
6. $81 \div 9 =$
7. $120 \div 6 =$
8. $96 \div 8 =$
9. $8 + (3 \times 7) =$
10. $(4 \times 9) - 7 =$

7. Ordinal numbers and fractions (FGU sections 6.2 and 6.3.1–6.3.3)

(a) Letter square

The letters of the country *Slovaquie* 'Slovakia' are distributed across the rows (*rangées*) and columns (*colonnes*) of the letter square on page 82. Fill the gaps in the sentences which follow with the appropriate ordinal number(s) to identify their location.

e.g.   La lettre I est sur la _____ rangée et dans la _____ colonne
La lettre I est sur la __première__ rangée et dans la __septième__ colonne

1							I	
2								E
3				V				
4						U		
5			O					
6					Q			
7		L		A				
8	S							
	1	2	3	4	5	6	7	8

1. La lettre S est sur la _____ rangée.
2. Les lettres V et A sont dans la _____ colonne.
3. Les lettres L et A sont sur la _____ rangée.
4. Les lettres O et U sont sur les _____ et _____ rangées.
5. La lettre L est la _____ lettre du mot.
6. La lettre I est la _____ lettre du mot.
7. Les lettres V et I sont les _____ et _____ lettres du mot.

(b) Read aloud

Read the following fractions aloud.

(a) $\frac{1}{2}$ (b) $\frac{2}{3}$ (c) $\frac{3}{4}$ (d) $\frac{4}{5}$
(e) $\frac{7}{9}$ (f) $\frac{9}{11}$ (g) $\frac{13}{16}$ (h) $\frac{17}{19}$

(c) Translation

Translate the following into French.

Keywords

un arrondissement	a district in major French cities, which is usually left as 'arrondissement' in English texts
avoir des problèmes (mpl) de vue	to have trouble with one's eyesight
un réservoir (à essence)	(petrol) tank

1. the 16th arrondissement.
2. the first, second and third persons.
3. the thousandth customer.
4. three-hundredths of a second.
5. her seventieth birthday.

6.   A quarter of boys and a third of girls between the ages of 15 and 25 have trouble with their eyesight.
7.   Three-quarters of young people practise a sport.
8.   The tank is three-quarters full.

8. Kings and queens, order of numbers and adjectives, addresses (FGU sections 6.4.2–6.4.6)

Translate the following into French.

e.g.   Raynouard Street
        rue Raynouard

1.   Louis the fourteenth.
2.   Charles the first.
3.   Elizabeth the first.
4.   Mary the second.
5.   the first three numbers.
6.   the last twenty passengers.
7.   the next two buses.
8.   10b Prouvaires Street.
9.   151 St Germain Boulevard.
10.   12a Constantin Brancusi Square.
11.   112 Kléber Avenue.
12.   47 Jospin Close.

9. Hundreds, thousands, millions, billions, both and all
(FGU sections 6.4.7–6.4.9)

Translate the following into French.

Keywords

traverser la Manche à la nage	to swim the Channel
l'équipe (f)	squad
en forme	fit

1.   five thousand square kilometres.
2.   thousands of square kilometres.
3.   millions of pounds.
4.   a thousand years of peace.
5.   thousands of things to do.
6.   billions of litres of water.

7. I met them both once.
8. All six of them have swum the Channel twice.
9. All twenty players in (use *de*) the squad are fit.
10. Both restaurants are full.

10. **Measurements and comparisons** (FGU sections 6.5.1–6.5.2)

- Measurements are usually expressed in one of three ways:

  La longueur (hauteur, largeur) de la caisse est de 50 centimètres
  La caisse est longue (haute, large) de 50 centimètres
  La caisse fait (or *a*) *50 centimètres de long(ueur) (de haut(eur), de large(ur))*
  The box is 50 centimetres long (tall, wide)

- *profond* 'deep' and *épais* 'thick' can be used in the same way except with the *faire/avoir* construction, where only *profondeur*, *épaisseur* are possible:

  Ce puits fait (or *a*) *10 mètres de profondeur*
  (not *Ce puits fait* (or *a*) *10 mètres de profond*)
  This well is 10 metres deep

- *plus de/moins de* in comparisons introduce a benchmark against which something is compared: *Elle gagne plus de 3 500 euros par mois* (3 500 euros is the reference point, and she earns more than this). *plus que/moins que* make relative comparisons between people and things, without any reference point being specified: *Elle gagne plus que lui* (you know that she earns more than him, but you do not know how much she or he earns).

(a) Descriptions

On the basis of the information given below about Marie-Paule and Colette, translate the statements into French, replacing X, Y and Z by the appropriate person or measure.

e.g.   X has shorter hair than Y
    Marie-Paule a les cheveux plus courts que Colette

Marie-Paule: 32 ans
Cheveux: blond cendré, coupés court
Yeux: bleus
Taille: 1m 70
Poids: 50,10kg
Salaire mensuel: 4 000 euros

> **Colette**: 25 ans
> Cheveux: bruns, longs
> Yeux: verts
> Taille: 1m 45
> Poids: 44,50kg
> Salaire mensuel: 2 500 euros

 1. X earns less than Y.
 2. X is taller than Y by Z centimetres.
 3. X is younger than Y by Z years.
 4. X is Z years older than Y.
 5. X earns less than 3 000 euros a month.
 6. Y earns more than 3 000 euros a month.
 7. X is older than 30.
 8. Y is younger than 30.
 9. X has darker hair than Y.
10. X weighs less than Y.

(b) Translation

Provide up to three translations for each of the following sentences.

1. The track is 10 kilometres long.
2. The house is 25 metres high.
3. The bed is 2 metres wide.
4. The pool is 2 metres deep.
5. The wall is 31 centimetres thick.

(c) Fill in the blanks

Fill in the blanks in the following sentences with an appropriate preposition.

e.g. J'ai eu 12 __ 20
     J'ai eu 12 <u>sur</u> 20

Keyword

  une maison individuelle   a detached house

1. A sa fondation en 1330, Notre-Dame de Paris était longue __ 130 mètres, et avait des tours hautes __ 69 mètres.
2. La distance du centre de Paris à Disneyland-Paris est __ 32 kilomètres.
3. En moyenne, les enfants américains passent 45 minutes __ jour devant la télévision.

4.   Les Français ont grandi en moyenne __ 7 centimètres en un siècle.
5.   Un Français __ deux ne va jamais au cinéma.
6.   __ les 26,2 millions de logements en France, plus __ la moitié sont des maisons individuelles.
7.   Un Français __ quatre est un enfant.

11. Approximations (FGU section 6.5.3)

Translate the English expressions in the following sentences into French.

e.g.   La vie change _____ (around the age of 45)
La vie bascule aux alentours de 45 ans

1.   On dit qu'en fin d'école primaire les élèves font en moyenne _____ (around 15 mistakes) dans un texte _____ (of about 50 words).
2.   Elle a légué _____ (about £500) à la bibliothèque municipale.
3.   (About 600 000 people) _____ sont concernées.
4.   (10 years or so) _____ se sont écoulées depuis.
5.   Il en reste _____ (in the region of 60).
6.   (Over 8 million French people) _____ utiliseraient les services des voyants.
7.   Elle arrive _____ (in about a week's time).
8.   L'accident a fait _____ (twenty or so victims).

12. Dates, days, years, time (FGU sections 6.4.1, 6.6–6.7)

(a) Translation

Translate the following into French.

1.   Sunday, 4th October 1923 [*as in a letter heading*].
2.   Open on Thursday afternoons, and Sundays from May to September.
3.   No parking on Wednesdays, 6 a.m. to 2 p.m.
4.   Come and see me on Monday.
5.   It's the 15th of March today.

(b) Giving information ∞ ∞ ∞

You work for the SNCF (Société nationale des chemins de fer français). A customer has asked you for details of which train to take from Mézidon to Paris-St-Lazare. The details of her journey are as follows:

- She wants to travel on a Sunday in June.
- She can't get to the station before 7.30 a.m.
- She wants to get the earliest train she can.

Consult the timetable below, and tell the customer, in French, which train she can get, whether there is a connection (*une correspondance*), and what time she will arrive in Paris.

Horaire: Caen–Paris

Notes à consulter	1	2	3	4	3	5	6	5	7	8
Caen	06.38	06.53	07.00	07.32		08.36	08.43	08.43	08.45	10.32
Mézidon	06.54	↓	07.14	↓	07.45	↓	↓	↓	↓	↓
Lisieux	07.11	07.25	07.29	07.58	08.02	↓	09.10	09.10	09.10	11.01
Bernay	07.34	07.43	07.47	↓	08.25	↓	09.28	09.28	09.28	↓
Serquiny	07.42	↓	↓	↓	08.32	↓	↓	↓	↓	↓
Evreux		08.08	08.11	↓		↓	09.53	09.53	09.53	11.46
Paris-St-Lazare		09.07	09.07	09.36		10.30	10.49	10.49	10.49	12.48

Notes

1. Circule: tous les jours sauf les sam, dim et fêtes.

2. Circule: tous les jours sauf les lun, dim et fêtes.

3. Circule: les dim et fêtes.

4. Circule: tous les jours sauf les dim et fêtes.

5. Circule: jusqu'au 30 juin et à partir du 6 sept: tous les jours sauf les lun et dim.

6. Circule: du 1ᵉʳ juil au 3 sept: tous les jours sauf les lun, dim et fêtes.

7. Circule: les dim et fêtes.

8. Circule: du 1ᵉʳ juil au 2 sept: les ven.

13. Quantifiers (FGU sections 6.9.1–6.9.6)

When quantifiers (*beaucoup, plusieurs*, etc.) are used alone as direct objects, the pronoun *en* must be inserted before the verb: *J'en prends plusieurs*. This is not the case when they are subjects, however: *Vérifiez bien les verres à vin. Plusieurs sont sales, paraît-il.*

Translate the quantifiers in the following sentences into French.

e.g. Les meubles que sa mère lui avait laissés constituaient un bel héritage.
Il a vendu _____ (most of them), malheureusement
*... Il **en** a vendu la plupart, malheureusement*

1. (Some visitors) _____ étaient déjà partis, mais _____ (most of them)
attendaient à la gare.
2. (Many things) _____ ont changé depuis les élections.

3. On lui avait permis de garder _____ (few of his personal effects); la
    police avait emporté _____ (the rest).
4. (Each of you) _____ doit faire une déposition.
5. Si (most of the competitors) _____ étaient rentrés chez eux pendant
    l'après-midi, il restait _____ (some) qui couraient toujours.

14. How good is your memory?

Translate the following into French. Identical or similar phrases and
sentences have appeared elsewhere in this chapter.

1. See also section 1.
2. The world's population could reach 8 to 10 billion inhabitants around
    2050.
3. The unemployment figures are even worse this month.
4. A quarter of boys and a third of girls between the ages of 15 and 25 have
    trouble with their eyesight.
5. A thousand years of peace.
6. Millions of euros.
7. Marie-Paule earns more than 4,000 euros a month, but that's still less
    than her younger sister.
8. One French person in two never goes to the cinema.
9. Over 8 million French people apparently use the services of clairvoyants.

7

Verb forms

The set of exercises in this chapter focuses on the *forms* that verbs take. The exercises in Chapters 10 and 11 deal with the *use* of verb forms in context. The purpose of the exercises here is to familiarise you not only with the range of forms which French verbs can take when they are indicative, subjunctive or imperative, and when they are in different tenses (present, future, past, etc.), but also to familiarise you with some of the standard names for particular forms.

I. Present tense forms – regular
(FGU sections 7.3.1, 7.6.3–7.6.4 and 7.6.6)

Complete the table below for each verb with appropriate forms of the present tense.

je	tu	il/elle	nous	vous	ils/elles
e.g. *donne*	donnes	*donne*	*donnons*	*donnez*	*donnent*
	roules				
bondis					
		compte			
					punissent
					débouchent
prétends					
				mordez	
			tordons		
					correspondent
	perds				
confonds					
					rafraîchissent
				cadrez	
		pâlit			
					enchérissent

2. Imperfect tense forms – regular
(FGU sections 7.3.2 and 7.6.3–7.6.7)

(a) Complete the table

Complete the table below for each verb with appropriate forms of the imperfect tense.

je	tu	il/elle	nous	vous	ils/elles
e.g. *servais*	*servais*	*servait*	*servions*	*serviez*	servaient
					mentaient
				portiez	
		perdait			
concevais					
		polissait			
	amorçais				
					pataugeaient
					descendaient
voyais					
			sortions		
		charriait			
		servait			
				rendiez	
					entendaient
	recevais				
décevais					
					gémissaient
			dormions		
	pâlissais				
					tarissaient

(b) The imperfect forms in context

Put the infinitives in brackets into the imperfect tense.

e.g.   Elle _____ (respirer) avec effort
Elle respirait avec effort

Keywords

les rouages (mpl)	the workings
descendre	(in this context) to stay
descendre dans un hôtel	to stay at a hotel

1. Nous _____ (être assis) à nos places.
2. Il _____ (s'asseoir) avec tant d'énergie qu'il _____ (sembler) vouloir écraser les sièges.
3. Les uns _____ (retirer) leur chapeau; d'autres en _____ (toucher) le bord; d'autres enfin lui _____ (tendre) la main.
4. De temps en temps le téléphone _____ (faire) entendre sa sonnerie.
5. Nous _____ (connaître) les rouages de la ville.
6. Jean _____ (comprendre) tout ce qu'ils _____ (dire).
7. Il _____ (teindre) ses cheveux.
8. Nous _____ (apercevoir) confusément la silhouette du patron derrière la vitre.
9. Un courant d'air _____ (refroidir) le hall.
10. Elle _____ (partager) le sous-sol avec son voisin.
11. Alors, nous _____ (réfléchir).
12. Dans toutes les villes où elles _____ (aller), elles _____ (savoir) d'avance où descendre.

3. Simple past tense forms – regular (FGU sections 7.3.3, 7.6.3–7.6.7)

(a) Complete the table

Complete the table on page 92 for each verb with appropriate forms of the simple past (past historic) tense.

je	tu	il/elle	nous	vous	ils/elles
e.g. perdis	*perdis*	*perdit*	*perdîmes*	*perdîtes*	*perdirent*
chantai					
		rougit			
					partirent
				répondîtes	
conçus					
					reçurent
			attendîmes		
	dormis				
		grossit			
				planâtes	
					entamèrent
			bâtîmes		
					descendirent
tondis					
			vendîmes		
		servit			
	sortis				
				franchîtes	
poivrai					
					défendirent

(b) The simple past (past historic) forms in context

Put the infinitives in brackets into the simple past (past historic) tense.

e.g.   Il _____ (tirer) un peu le rideau
     Il *tira* un peu le rideau

1. Elle _____ (tendre) la main.
2. Nous _____ (se retourner).
3. On ne _____ pas (voir) le marché aux poissons, mais on _____ (renifler) l'odeur.
4. Elle _____ (sourire) de toutes ses dents.
5. Je _____ (longer) les trottoirs en mordillant mon cigare.
6. Il _____ (s'éveiller) en sursaut et _____ (s'apercevoir) qu'il faisait déjà jour.
7. Elle lui _____ (faire) boire du cognac.
8. Soudain nous _____ (comprendre).
9. Ce _____ (être) à midi qu'ils _____ (rentrer).

10. Il _____ (rougir) et ses genoux _____ (trembler).
11. « Demain ... » _____-ils (se promettre).
12. J'_____ (apprendre) que son oncle était mort quatre mois plus tôt.

4. Future and conditional forms – regular
(FGU sections 7.3.4 and 7.6.3–7.6.6)

Complete the table below for each verb with appropriate forms of the future or conditional.

je	tu	il/elle	nous	vous	ils/elles
e.g. manger → mangerai	*mangeras*	*mangera*	*mangerons*	*mangerez*	*mangeront*
étudier					
périr					
servir					
rendre					
vendre					
demander					
e.g. pâlir → pâlirais	*pâlirais*	*pâlirait*	*pâlirions*	*pâliriez*	*pâliraient*
grandir					
mentir					
tendre					
dormir					
finir					
flanquer					
changer					
maigrir					
perdre					
sortir					

5. Present subjunctive forms – regular
(FGU sections 7.3.5 and 7.6.3–7.6.7)

Complete the table below for each verb with appropriate forms of the present subjunctive.

que je	que tu	qu'il/elle	que nous	que vous	qu'ils/elles
e.g. ôte	ôtes	ôte	ôtions	ôtiez	ôtent
		monte			
bâtisse					
	serves				
		perde			
			apercevions		
				entriez	
					descendent
		périsse			
				conceviez	
déçoive					
		entende			
			partions		
				arriviez	
	coupes				
gémisse					
sorte					
		confonde			
					finissent
		dorme			

6. Imperfect subjunctive forms – regular
(FGU sections 7.3.6 and 7.6.3–7.6.7)

Complete the table below for each verb with appropriate forms of the imperfect subjunctive.

que je	que tu	qu'il/elle	que nous	que vous	qu'ils/elles
e.g. *volasse*	*volasses*	volât	*volassions*	*volassiez*	*volassent*
		portât			
finisse					
	servisses				
				perdissiez	
					aperçussent
			reçussions		
arrivasse					
		franchît			
				sortissiez	
chantasse					
					entendissent
			répondissions		
		conçût			
	grandisses				
partisse					

7. Imperative forms of verbs (FGU sections 7.3.7 and 11.5.1)

Make the verbs below imperative by following the model given.

e.g. donner	donne	donnez	donnons
commencer			
sortir			
vendre			
être			
finir			
nager			
partir			
dormir			
descendre			
aller			
avoir			
répondre			
acheter			
recevoir			
savoir			
penser			

8. Changes in the stem forms of some -*er* conjugation verbs
(FGU sections 7.4–7.5)

Some -*er* verbs change their stem forms when followed by -*e* (e.g. *rappeler* → *je rappelle*, *jeter* → *je jette*, *acheter* → *j'achète*, *espérer* → *j'espère*, etc.), some when followed by -*a*, -*o* or -*u* (*commencer* → *je commençai*, *partager* → *je partageai*, etc.).

Put the infinitives in the right-hand column of the table below in the same person, number and tense as the example given in the left-hand column.

e.g. je chanterai	*appeler* → *j'appellerai*
elle restera	rejeter
ils continueront	rappeler
il neige	geler
on termine	marteler
vous marcheriez	acheter
qu'on creuse	ciseler
elles discutaient	nager
nous mesurons	forcer
nous crûmes	décevoir
je consommerai	amener
tu notes	parsemer
nous brûlons	corriger
qu'ils racontent	espérer
vous travailleriez	révéler
nous parlions	étudier
elle fermera	employer
ils respireront	nettoyer
nous emmenions	arranger
j'ai glissé	créer
vous toussiez	scier

9. *avoir* (FGU section 7.6.1)

(a) Name the forms

Name the following forms of *avoir*.

e.g.   Aie toujours de l'argent sur toi _____   → *aie* <u>*imperative*</u>
Bien que j'aie eu une heure de libre _____   → *que j'aie eu* <u>*compound past*</u>
<u>*subjunctive*</u>

 1. *Nous eûmes* la réponse le lendemain   _____
 2. *J'aurai eu* la réponse avant jeudi   _____
 3. *J'ai eu* une heure pour me décider   _____
 4. *Vous aviez* un chat à l'époque   _____
 5. Bien que *nous ayons* de l'argent ...   _____
 6. Quoiqu'*il eût* peur ...   _____
 7. *Il eut* l'idée de vendre sa maison   _____
 8. *Vous* en *aviez eu* connaissance avant?   _____
 9. *Ils ont eu* l'idée de vendre la maison   _____
10. *Nous avons* une maison à Arcachon   _____

(b) Choose the right verb form

Write in the forms of *avoir* which correspond to the following descriptions.

e.g.   3rd person singular, future _____
3rd person singular, future <u>*il/elle aura*</u>

1.   2nd person plural, simple past (past historic)   _____
2.   1st person singular, compound past (perfect)   _____
3.   2nd person singular, present subjunctive   _____
4.   3rd person plural, conditional   _____
5.   1st person plural, pluperfect   _____

10. *être* (FGU section 7.6.2)

(a) Name the forms

Name the following forms of *être*.

e.g.   Sois gentil   → *sois* <u>*imperative*</u>
Il/Elle a été allègre ce soir-là   → *il/elle a été* <u>*compound past (perfect)*</u>

1. Bien qu'*ils fussent* heureux ...   _____
2. *Nous fûmes* soudain fatigués   _____
3. *Ils ont été* mal renseignés   _____
4. *Il fut* déconcerté   _____
5. *Vous étiez* surmenés à l'époque   _____
6. *J'aurais été* médecin si ...   _____
7. *Elles furent* à Paris en 1980   _____
8. *Vous aviez été* toujours contre cette politique   _____
9. *Nous sommes* libres aujourd'hui   _____
10. *Quoique nous fussions* en vacances ...   _____

(b) Choose the right verb form

Write in the forms of *être* which correspond to the following descriptions.

e.g.   3rd person singular, future _____
       3rd person singular, future il/elle sera

1. 2nd person plural, simple past (past historic)   _____
2. 1st person singular, compound past (perfect)   _____
3. 2nd person singular, present subjunctive   _____
4. 3rd person plural, conditional   _____
5. 1st person plural, pluperfect   _____

11. Irregular verb forms (FGU section 7.6.8)

Complete the table below for each verb with the appropriate forms.

Infinitive	Present	Future	Simple Past	Imperfect	Past Participle
e.g. abattre	*j'abats*	*j'abattrai*	*j'abattis*	*j'abattais*	*abattu*
boire					
	je veux				
					vaincu
			je tins		
				je conduisais	
	je connais				
plaire					
		je courrai			
			j'apparus		
					dû
				je disais	
			je fis		
	je joins				
lire					
				je suivais	
					su
		je rirai			
résoudre					
				je prenais	
	je mets				
					mort
naître					
	j'offre				
			je pus		
				je construisais	

8

Verb constructions

I. *avoir* or *être* with intransitive verbs (FGU sections 8.2.1–8.3.4)

- All transitive verbs take the auxiliary *avoir* in compound tenses (e.g. *J'ai rencontré un ami*). Most intransitive verbs also take *avoir* in compound tenses; however, some intransitive verbs take *être* (e.g. *Elle a disparu, Elle est descendue*).
- Some verbs are used intransitively with the auxiliary *être* in compound tenses, and transitively with the auxiliary *avoir*: *Il est rentré/Il a rentré la voiture au garage*.

Fill in the blanks in the following sentences with an appropriate translation of the English verb into a **compound** tense in French. Make any other adjustments necessary (e.g. changing *je* to *j'* before *étais*).

e.g. Il _____ (has gone) au cinéma
      Il *est allé* au cinéma

1. Je _____ (was born) dans un village dans le nord du pays.
2. Mon père _____ (worked) à la gare.
3. Il _____ (had come) d'Italie.
4. Il _____ (died) quand j'avais douze ans.
5. Avant de venir en France, il _____ (had lived) aux Etats-Unis.
6. Elle _____ (picked up) la caisse contenant les bouteilles de champagne.
7. Je _____ (went back) au village où nous habitions.
8. Ils _____ (smoked) des cigares.
9. La neige _____ (had fallen) dru.
10. Le bureau _____ (closed) à 17 heures.
11. Je _____ (spent) vingt minutes au téléphone.
12. Je _____ (went down) boire un café au bar-tabac voisin.
13. Je _____ (stayed) chez moi.
14. Je _____ (went down) à l'étage en dessous. Quand je _____ (went back up again), le patron m'attendait dans son bureau.
15. Elle _____ (had disappeared) plusieurs années auparavant.
16. Il _____ (has changed) beaucoup depuis son accident.
17. Il _____ (began) à pleuvoir.
18. Je _____ (got out) mon carnet de chèques.
19. Il _____ (left) par la fenêtre.
20. Ce matin-là elle _____ (put out) la poubelle.
21. Ils _____ (came back home) au petit matin.
22. Nous _____ (have brought in) déjà les plantes pour l'hiver.
23. Il _____ (turned) la photo contre le mur.

24. Ils _____ (went down) le fleuve en radeau.
25. Je _____ (took up) le journal à mon père.

2. Transitive verbs which differ between English and French
(FGU sections 8.3.5 and 8.4.1)

The French equivalents of some English verbs which have prepositional complements (e.g. 'to listen **to the radio**') are directly transitive
(*écouter **la radio***). In other cases, English verbs are directly transitive
(e.g. 'to resemble **one's dog**') while their French equivalents have
prepositional complements (*ressembler **à son chien***).

Translate the following passage into French, paying special attention
to whether the verbs are directly transitive or have prepositional complements. Use the compound past tense where appropriate.

Keywords:

être recalé à un examen	to fail an exam
se mettre à commettre des délits	to turn to crime
côtier, -ère	seaside
un téléphone portable	a mobile phone
une rançon	a ransom
armé jusqu'aux dents	heavily armed
environnant	surrounding
un gilet pare-balles	a flak jacket
de telles forces	such odds
marmonner	to mutter
embarquer quelqu'un	to take someone away

Philippe had always tried to obey his parents and please his teacher. But
he didn't manage it. The day he failed his baccalauréat, he turned to
crime. He waited in a small seaside station for the train from St Malo –
the one that runs along the coast. Having boarded the train, he ordered
the driver to go on for a few kilometres and stop.

He telephoned the police on his mobile phone to demand a ransom.
Of course, the police didn't give in to his request. They went to the
scene, heavily armed. The surrounding fields and woods swarmed with
men in flak jackets.

'I can't hold out against such odds,' said Philippe. Miraculously, after
dark, he managed to escape from them. But, unfortunately, he was caught
two hours later, drinking in a bar.

'I should have given up drinking,' he muttered as they took him away. He was sentenced to 20 years in prison.

3. Ditransitive verbs (FGU section 8.5)

Ditransitive verbs have two objects – one direct and the other introduced by a preposition. In some cases the preposition is *à*, in others it is *de*: *avouer un crime à la police, planter un jardin de roses*.

Translate the English phrases in the following sentences into French.

e.g. Elle cachait _____ (the truth from her parents)
   Elle cachait <u>la vérité à ses parents</u>

Keywords

un(e) inconnu(e)	a stranger
la stéréo	stereo
charger quelqu'un de quelque chose	to put someone in charge of something
verdoyant	lush
un seau	a bucket
la main-d'œuvre	the workforce

1. Elle versa _____ (the stranger a large glass of water).
2. Elle avait dit _____ (lies to her mother).
3. Un copain de collège avait prêté _____ (my sister his stereo).
4. J'avais chargé _____ (a colleague of a course in applied linguistics).
5. La région de Bény-Bocage offre _____ (tourists lush hillsides).
6. Les populations d'Afrique du Nord avaient appris _____ (the Spanish the art of cider-making).
7. Le matin il porte toujours _____ (his wife a cup of coffee) au lit.
8. Elle a rempli _____ (the bucket with water).
9. Elle exposa _____ (a plan to her team).
10. Le patron a accordé _____ (the workers two days' leave).

4. The passive (FGU section 8.6)

- Passives are formed by moving direct objects into the position of the grammatical subject and introducing *être*: *Le malfaiteur a assassiné **un passant** → **Un passant** a été assassiné.*
- The past participle agrees with the subject of a passive: *Une passante a été assassinée* (see FGU section 9.2.2).

- The prepositional object of ditransitive verbs can never become the subject of a passive in French: *On a raconté une histoire à Jean →
  Une histoire a été racontée à Jean* NOT **Jean a été raconté une histoire.*
- When the original subject is retained in a passive, it is introduced either by *par* or by *de – de* usually implies a state of affairs: *Une passante a été assassinée par un malfaiteur. Elle était aimée de tout le monde.*

(a) Sentence manipulation

Turn the following sentences into passives, omitting the original subject.

e.g.   On a assassiné un passant
            Un passant a été assassiné

1.   On n'aimait pas beaucoup Dumas.
2.   On avait diffusé le premier épisode en 2007.
3.   Quelqu'un a placé une bombe dans l'avion.
4.   Le jour de son anniversaire, quelqu'un appelle le docteur Richard chez un malade.
5.   L'entreprise a nommé Jamila Hussein Président-Directeur-Général.
6.   On ne connaît l'histoire de la ville qu'à partir du XVe siècle.
7.   Les mouvements de la Terre ont formé le granit il y a des millions d'années dans la profondeur de l'écorce terrestre.

(b) More sentence manipulation

Turn the following sentences into passives, this time retaining the original subject. (Recall that after *de*, indefinite *des* is omitted: *J'ai été assailli de + des doutes → J'ai été assailli **de** doutes* – see Chapter 2.6 of this book for an exercise practising this.)

e.g.   Le malfaiteur a assassiné un passant
            *Un passant a été assassiné **par le malfaiteur***

Keywords

une livraison	a delivery
un éditeur	a publisher
feu Monsieur le Maire	the late Mayor
la formation	training
sillonner	to streak, criss-cross

1.   Un homme a accosté Joe au cours d'une livraison de routine.
2.   L'offre de vente d'un château écossais l'a attirée.

3. Un éditeur américain a acheté les droits du roman.
4. Tout le monde n'aimait pas feu Monsieur le Maire.
5. Mon patron m'a persuadé d'aller m'inscrire à une formation supplé-
    mentaire.
6. Personne ne connaît l'histoire de la ville avant le XVe siècle.
7. Des éclairs sillonnaient le ciel.
8. Ils n'ont pas invité les Diop.

–––––––––––––––––––– • ––––––––––––––––––––

Un petit garçon n'**a** pas **été invité** au pique-nique organisé pour l'anniversaire d'un de ses camarades d'école. Celui-ci, pris de remords, lui
téléphone, au dernier moment, pour le convier à sa fête, en plein air.
– Trop tard, fait l'autre, pincé, j'ai déjà prié pour qu'il y ait un bon orage.

–––––––––––––––––––– • ––––––––––––––––––––

(c) Recreate the original

Below are some of the guidelines issued by the French Youth Hostel
Association (*la Fédération unie des Auberges de Jeunesse – FUAJ*) for
members staying in hostels. In the original text a number of the verbs
were in the passive, but they have been changed to active forms. Turn
the verbs back into a passive form, where possible. (Careful, not all
the verbs can be made into passives!)

Keywords

disponible	available
un(e) adhérent(e)	a member
les frais (mpl)	fees, cost
les services (mpl) d'entretien	housekeeping duties
être d'usage	to be customary

Quelques précisions concernant l'accueil en Auberges de Jeunesse

- On reçoit les usagers dans la limite des places disponibles.
- A l'arrivée il faut remettre sa carte d'adhérent au Directeur de l'Auberge.
  Celui-ci la rend à la fin du séjour, après paiement des frais correspon-
  dants.
- On n'admet les usagers accompagnés d'enfants que dans la limite des
  places disponibles et après accord du responsable de l'Auberge. On
  n'admet pas les enfants de moins de 6 ans à certaines périodes.
- La participation aux services d'entretien est d'usage dans la plupart des
  Auberges. Cependant, dans les grandes installations, du personnel
  spécialisé assure tout ou partie des services.

● On demande aux usagers de cesser tout bruit à partir de 22 h. On ferme les chambres et les dortoirs le matin à partir de 10 h et jusqu'à 17 h.

Fédération unie des Auberges de Jeunesse –
extrait de la carte d'adhérent

(d) Translation and sentence manipulation

Turn each of the examples below into a passive sentence by moving the direct object into the subject position, and omitting the original subject. Remember, you can't form a passive with an indirect object in French: *Ses collègues ont offert un cadeau à Marie-Claude → Un cadeau a été offert à Marie-Claude*, but not **Marie-Claude a été offert un cadeau.*

e.g. Elle donnait (money to the poor)
    De l'argent était donné aux pauvres

1. Elle versa (the stranger a large glass of water).
2. Un copain de collège avait prêté (my brother a stereo).
3. J'avais chargé (a colleague with a course in applied linguistics).
4. Les populations d'Afrique du Nord avaient enseigné (the Spanish the art of cider-making).
5. Elle a rempli (the bucket with water).
6. Elle présenta (a plan to the team).
7. Le patron a accordé (the workers two days' leave).

(e) Avoiding the passive

Translate each of the following English passive sentences into French in two ways: once using the French passive and once using one of the other methods suggested in FGU section 8.6.4. Note any changes of meaning or oddities which may result.

Keywords

une alerte à la salmonelle	a salmonella scare
une décote	a discount
la fièvre aphteuse	foot and mouth disease

1. People were frightened by the latest salmonella scare.
2. The pupil was awarded a prize.
3. The cars were sold at a discount.
4. The demonstrations were forbidden.
5. The students were allowed to leave the examination room.
6. The machine had been assembled by workers in China.
7. A lot of animals were slaughtered during the foot and mouth outbreak.
8. Susan was sold poor quality products by the supermarket.

9. The car was stolen from outside the station.
10. The football club was declared bankrupt.

5. Pronominal verbs (FGU sections 8.7 and 3.2.12–3.2.18)

———————————— • ————————————

Deux vagabonds, allongés sur une bouche de chaleur, **se partagent** un litre de rouge.
– Tu crois aux erreurs judiciaires, toi? demande le premier.
– Et comment! J'ai été acquitté trois fois.

———————————— • ————————————

- Pronominal verbs are of three types: **reflexives and benefactives**: *Je me lave* (*je lave moi-même*), *Il s'offre un cadeau* (*il offre un cadeau à lui-même*); **reciprocals**: *Ils se sont rencontrés* (*l'un a rencontré l'autre*); and **'inherently' pronominal** verbs: *Elle s'en va* (no reflexive/benefactive or reciprocal meaning).
- The pronoun in pronominal verbs may be a direct or indirect object. Past participles in compound tenses agree only with direct objects: *Elle s'est lavée/Elle s'est offert un cadeau*.
- Some pronominal verbs can be used as the equivalent of a passive: *Ce vin se boit chambré* ('This wine is best drunk at room temperature').

(a) Verb classification

In the following sentences, decide which of the verbs in italic are *reflexives*, which are *reciprocal*, and which have *neither reflexive nor reciprocal* interpretations. Sometimes the distinction is a subtle one.

Keywords

franc, franque	Frankish
aisé	well-off

1. Bizarrement, elle ne *se défend* pas.
2. A partir du Ve siècle, les Gallo-Romains, menacés par plusieurs tribus germaniques, *s'allient* aux tribus franques.
3. De 768 à 814, l'empereur Charlemagne multiplie les écoles et *s'entoure* de savants.
4. Différentes civilisations *se sont succédé* en France tout au long de la préhistoire.
5. Ils *se sont mariés* jeune.
6. Coulon, sa femme et leur fille ne *se parlent* pas.
7. Depuis son opération elle *s'interdit* le port de la jupe.
8. Une explosion *se produit*.

9. Au début du XIXe siècle, le cidre *se servait* chez les fermiers aisés.
10. Honfleur a su *s'adapter* au présent en conservant son passé.

(b) Determining direct and indirect objects

In the sentences above under (a), determine which cases of *se* are direct objects, and which are indirect objects.

e.g.   Marie se cache dans une grotte
se = direct object (Marie cache Marie dans une grotte);
Pierre s'offre des vacances aux Caraïbes
se = indirect object (Pierre offre à Pierre des vacances aux Caraïbes)

(c) Making past participle agreements

In the sentences below, the pronominal verbs are in a compound tense, but there is no indication of past participle agreement. Make the appropriate agreements where required.

e.g.   Marie **s'est caché_** dans une grotte
*Marie **s'est cachée** dans une grotte*
Louise s'est **offert_** des vacances aux Caraïbes
*Louise **s'est offert** des vacances aux Caraïbes*

1. Bizarrement, elle ne *s'est* pas *défendu_*.
2. Au Ve siècle, les Gallo-Romains, menacés par plusieurs tribus germaniques, *se sont allié_* aux tribus franques.
3. De 768 à 814, l'empereur Charlemagne a multiplié les écoles et *s'est entouré_* de savants.
4. Différents rois *se sont succédé_* sur le trône de France tout au long de l'histoire.
5. Elles *se sont adopté_* mutuellement comme mère et fille.
6. Coulon, sa femme et leur fille ne *se sont* pas *parlé_*.
7. Depuis son opération elle *s'est refusé_* le port de la jupe.
8. Une explosion *s'est produit_*.
9. Au début de la fête, les invités *se sont servi_* un verre du cidre spécial de la maison.
10. La ville *s'est adapté_* au présent en conservant son passé.

6. Pronominal verbs used as passives (FGU section 8.7.6)

Translate the following sentences into good English, and say which verbs are translated as English passives, and which are not.

e.g. Ici les huîtres se consomment crues.
Here oysters are eaten raw. 'are ... eaten': passive

Keyword

par des apports (mpl) de populations   through the contributions of wave
   successives   after wave of new peoples

1. Depuis la préhistoire, la France *s'est construite* par des apports de populations successives.
2. Le congrès *s'est terminé* par un discours du président.
3. Au début du XIXe siècle, le cidre *se servait* chez les fermiers aisés.
4. Les soupçons de la police *se portent* sur la femme de la victime.
5. Dans ce film le réalisateur *se réfère* évidemment à Hitchcock.
6. Le centre historique de la ville *s'appelle* l'Enclos.
7. La même opération *s'effectue* aujourd'hui en quelques heures.
8. Les travaux peuvent *se réaliser* en moins d'une heure.

7. Passives and pronominal verbs used as passives
(FGU sections 8.6–8.7)

Read the text on page 110 right through once, and then, where possible, turn each of the underlined expressions either into a passive or into a pronominal verb, or both, whichever seems appropriate. Be careful, though; not all the underlined expressions can be changed.

e.g. <u>On extrait le granit</u> par des méthodes traditionnelles
Le granit est extrait/Le granit s'extrait par des méthodes traditionnelles

Keywords

forer	to drill
la poudre noire	gunpowder
une saignée	(in this context) a notch
un coin d'acier	a steel wedge
un chalumeau	a blow-torch
alors que	(in this context) whereas in the past
scier	to saw
un fil	a wire
entraîner	to carry along
débiter	to cut up
une plaque	a slab
manier	to handle

Le Granit

On extrait le granit par des méthodes traditionnelles qui consistent à forer une ligne de trous où l'on placera de la poudre noire pour détacher le bloc, ou bien encore à réaliser une saignée qu'on élargira avec des coins d'acier. Plus récemment on a commencé à utiliser un chalumeau dont le jet de flamme creuse de profondes saignées dans la roche.

Au **Musée du granit de Saint-Michel-de-Montjoie** on verra de nombreux objets qu'on a fabriqués à la main dans la région au cours des siècles. Mais dernièrement on a mécanisé ce travail. Alors qu'on mettait deux à trois jours à scier un bloc à la main, on effectue la même opération maintenant en deux ou trois heures, à l'aide d'une sorte de *fil à couper le granit* qui entraîne un abrasif. On utilise également des scies circulaires à pointes de diamant. Le sciage permet de débiter les blocs en plaques et en morceaux de plus petite taille, en vue de l'utilisation définitive.

Ensuite on polira ces plaques à l'aide d'un abrasif, le carborandum. Pour éviter la dispersion des poussières, on réalise tous ces travaux sous une projection d'eau continue. Au cours du polissage, une opération particulièrement délicate, on manie les blocs à l'aide de tables à coussin d'eau. On parviendra ainsi à le polir de manière parfaite.

Extract from: *La Route du granit* (Caen: Comité Départemental du Tourisme du Calvados) – adapted

8. Use your knowledge ∞ ∞ ∞

Below is a text written by the association « Défense de la langue française » which appeared in *Ouest-France*. A number of the examples which appeared in the text to illustrate the points being made have been omitted. Read the text right through once and then add your own examples in the spaces indicated. Here is the opening section with an example given for illustration:

Parlons français

L'association « Défense de la langue française » rappelle dans nos colonnes quelques règles élémentaires du « bon langage ».

Les verbes **transitifs directs** sont ceux qui introduisent un complément d'objet sans l'intermédiaire d'une préposition. *Exemple: il aime son père (père est complément d'objet direct).*

Now put your own examples in the blanks in the rest of the text.

> Les verbes **transitifs indirects** exigent que leur complément d'objet soit introduit par une préposition. Exemple: _____ à _____ (_____ est complément d'objet indirect).
>
> En général, la distinction entre verbes transitifs directs et indirects s'opère sans difficulté. Cependant, on oublie parfois que l'on a affaire à un verbe transitif direct et on l'utilise avec une préposition. Les erreurs les plus fréquentes concernent:
>
> (a) le verbe **aider** (transitif direct). Utilisé avec un nom comme complément d'objet, ce verbe est appliqué à peu près correctement. Ainsi, tout le monde dira: «_____». Mais si on utilise comme complément d'objet un pronom personnel, le respect de la règle devient plus incertain. On entend fréquemment dire: « Je **lui** aide à faire ses devoirs », « Je lui ai aidé ».
>
> (b) le verbe **pallier** (transitif direct). Ce verbe ne doit jamais être employé avec la préposition **à.** On doit dire «_____», et non «_____»; « Les difficultés **qu'**il faut pallier », et non « Les difficultés **auxquelles** il faut pallier ».
>
> C'est la différence avec le verbe **remédier**, qui a à peu près le même sens, et qui est un verbe transitif indirect exigeant l'utilisation de la préposition **à**.
>
> (c) le verbe **se rappeler**. Ce verbe pronominal est composé du verbe **rappeler** (transitif direct) et du pronom personnel **se**. Se rappeler, c'est rappeler quelque chose (complément d'objet direct) à soi-même.
>
> Dès lors, **se rappeler** ne doit jamais être employé avec la préposition **de**. On doit dire: «_____» et non «_____»; « Je me **les** rappelle », et non « Je m'**en** rappelle ».
>
> C'est la différence avec le verbe **se souvenir**, qui exige l'utilisation de la préposition **de**. On dira: «_____».
>
> **Pour tous renseignements, s'adresser au secrétariat de l'association, 38, boulevard A.-Lacroix, 35800 Dinard.**
>
> *Ouest-France*

9. Impersonal verbs (FGU section 8.8)

Fill in the blanks in the following sentences with an appropriate impersonal verb to translate the English expressions.

e.g. _____ (It is important) de savoir le tarif à l'avance
   Il est important de savoir le tarif à l'avance

Keywords

accéder à	to gain access to
se brancher	to plug in
raccrocher	to hang up (on the phone), to log off (on the Internet)

1. _____ (There are) toutes sortes de moyens d'obtenir un accès à Internet.
2. _____ (You will need) deux choses: un ordinateur et une connexion Internet.
3. _____ (It is possible) d'accéder au réseau avec n'importe quel ordinateur.
4. _____ (It isn't sufficient) de se brancher et d'entrer dans le Net.
5. _____ (It is useful) de comparer les prix.
6. _____ (It is wiser) de consulter votre courrier après avoir raccroché.
7. De quoi _____ (is it about)?
8. _____ (It is a question of) fournir une réponse.

10. How good is your memory?

Fill in the gaps in the following sentences with a verb construction appropriate to the context. (Several may be possible, but choose one.) Use the compound past tense in examples 1–5, 7 and 9 (e.g. _La neige est tombée_) and the imperfect tense in example 10 (e.g. _La neige tombait_). Identical or similar sentences have appeared somewhere in this chapter.

e.g. La neige _____ dru
   La neige est tombée dru

1. Je _____ chez moi.
2. Je _____ vingt minutes au téléphone.
3. Ce matin-là elle _____ la poubelle.
4. Elle _____ à l'inconnu un grand verre de quelque chose de très fort.
5. Elle m'_____ d'un cours de linguistique appliquée.
6. L'histoire de la ville n'_____ qu'à partir du XVe siècle.
7. Le granit _____ dans la profondeur de l'écorce terrestre.
8. La carte d'adhérent _____ au visiteur à la fin du séjour.
9. Différentes civilisations _____ en France tout au long de la préhistoire.
10. Au début du XIXe siècle, le cidre _____ chez les fermiers aisés.

9

Agreement

I. Subject–verb agreement (FGU section 9.1)

- French verbs following grammatically singular collective noun subjects are singular: *Le comité **a décidé**.*
- When subjects are linked by *et*, the verb is 1st person plural if one of the subjects is a 1st person pronoun: *Vous et moi **sommes** ....* ; the verb is 2nd person plural if there is a combination of 2nd and 3rd person subjects *Madame Dupont et vous **êtes** ...* ; if all the subjects are 3rd person, the verb is 3rd person plural: *Jean et lui **sont** ....*
- With *c'est X qui ...* , the verb which follows agrees with X: *C'est moi qui **suis** ..., C'est elle qui **est** ....*
- With subjects like *la moitié des gens, la plupart des gens, la majorité des étudiants* the verb normally agrees with the second noun: *La moitié des gens **sont** ....*
- With percentages, agreeing verbs are normally plural: *66% **ont** voté.*

Put the verbs in the following sentences in the correct form so that they agree with their subjects.

e.g. La famille ____ (avoir) décidé de quitter la ville
La famille a̲ décidé de quitter la ville

Keywords

les frais (mpl) de déplacement	travel expenses
le conseil municipal	town council
une nouvelle grille (de programmes)	a new schedule (of programmes)
une dame de compagnie	a lady's companion
un valet de pied	a footman

1. Le gouvernement _____ (refuser: Future) d'envoyer des troupes en Afrique.
2. Pierre et Marthe _____ (être: Present) d'accord sur le principe.
3. La plupart des oiseaux migrateurs _____ (partir: Present) bien avant l'automne.
4. En général, seul le quart des électeurs _____ (avoir) donné leur soutien à la majorité parlementaire.
5. C'est vrai que ni toi ni ton frère ne _____ (venir: Future) passer Noël avec nous?

6. C'est eux qui _____ (aller: Present) devoir payer les frais de déplacement.
7. Le conseil municipal _____ (organiser: Future) la réunion pour la fin du mois.
8. La majorité des téléspectateurs _____ (être: Future) d'accord avec la nouvelle grille de programmes de la rentrée.
9. Pierre et moi _____ (penser: Present) qu'il vaudrait mieux se réunir demain.
10. Nous avons été étonnés d'apprendre que 25% des élèves ne ___ (vouloir: Present) plus manger à la cantine.
11. La dame de compagnie et les valets de pied _____ (accompagner: Future) les bagages lors du voyage au Caire.
12. C'est Jean qui _____ (aller: Future) les chercher à la gare.
13. Le comité _____ (décider: Future) tout seul de la solution à adopter.
14. Il y a une vingtaine de personnes qui _____ (avoir) manifesté leur désaccord.
15. C'est nous qui _____ (être: Present) responsables de ce qui leur arrive aujourd'hui.
16. Vous et Thomas _____ (pouvoir: Future) rejoindre la famille à Rome.

2. Agreement of the past participle with the subject of *être* in compound past (perfect) and passive constructions
(FGU section 9.2)

Past participles following *être* in the compound past (perfect) and passive agree with the subject in gender and number: *Elle est arrivée hier; Des passants ont été blessés.*

Put the correct form of the past participle in each of the following sentences.

e.g. Elle est _____ (arriver) en Angleterre
   Elle est arrivée en Angleterre

Keywords

la livraison	delivery
le déménagement	moving

1. La reine est _____ (partir) en Ecosse la semaine dernière.
2. Nous avons retrouvé les enfants qui avaient été _____ (perdre) par leurs parents dans la forêt de Fontainebleau.
3. Les deux sœurs sont _____ (mourir) le même jour, juste après Pâques.
4. La porte principale a été _____ (abîmer) par une fausse manœuvre de la part du camion de livraison.

5. Certains joueurs de hockey sont mal _____ (voir) par d'autres sportifs à cause de leur violence sur la glace.
6. Est-ce que vous avez remplacé les assiettes qui avaient été _____ (casser) lors du déménagement?
7. La chatte s'est _____ (asseoir) sur tes dossiers.
8. Cette histoire a été _____ (raconter) à tout le monde même avant sa publication par les journaux.
9. Deux cars de police étaient _____ (tomber) en panne le jour de la manifestation.
10. Ce sont les tableaux qui avaient été _____ (voler) à Paris l'année dernière.

3. Agreement of the past participle with direct objects preceding *avoir* (FGU sections 9.3.1–9.3.2)

In compound tenses created with *avoir* (*J'ai vu Martine, Ils ont appelé les gosses*), the past participle agrees with a preceding direct object: *Je l'ai vue, Ils les ont appelés*.

The first exercise below practises identifying direct objects.

(a) Identifying direct and indirect object pronouns

In the following sentences state whether the pronoun in bold is a direct or indirect object. Think about whether a corresponding noun would be preceded by *à* (indirect object) or no preposition (direct object).

e.g.   *Elle m'a vu hier → direct object (voir quelqu'un)*
     Elle m'a plu hier → indirect object (plaire à quelqu'un)

1. Mon mari **m**'a annoncé son départ pour Berlin le jour qui précédait notre anniversaire de mariage.
2. J'espère que cette pièce **t**'a plu.
3. Je promets que je **te** présenterai à ma mère avant longtemps.
4. Il **nous** informera dès qu'il aura eu des nouvelles lui-même.
5. Elle sait parfaitement que la date de cette réunion ne **me** convient pas.
6. Cela ne **m**'arrange jamais de devoir travailler à huit heures à Lyon.
7. C'est incroyable comme votre fille **vous** ressemble.
8. Quand nous proposerons ce prix-là, ils ne pourront plus **nous** opposer de résistance.
9. Nous **vous** retrouverons à la sortie de la gare du Nord.
10. Après la décision du tribunal, il ne pourra plus **me** refuser la garde de Mélanie.

11. Ils avaient juré de **nous** téléphoner avant 15 heures.
12. Maintenant il ne pourra plus **te** nuire. .
13. Il ne **nous** le dira pas si nous ne le lui demandons pas.
14. Je pense qu'elle **nous** en parlera avant la réunion prévue pour demain.
15. D'habitude, s'il vient seul il **nous** apporte des fleurs.

(b) Make the agreement

In the following sentences, make the past participle agree with the preceding direct object pronoun.

e.g.   Tes sœurs? Ils les ont ____ (croiser) rue Croizat
   Ils les ont croisées rue Croizat

Keywords

le vol à l'étalage	shoplifting
un(e) secouriste	rescuer

1. Les filles? Jean-Marc et Pierre les ont _____ (rencontrer) près du lac.
2. Maman et Papa? Nous les avons _____ (voir) au coin de la rue.
3. Marie-Jeanne? Non, cela fait plusieurs jours que je ne l'ai pas _____ (voir) en cours d'anglais.
4. Tes cousins? Nous les avons _____ (apercevoir) ce matin chez le boucher.
5. Les problèmes du vol à l'étalage? Nous les avons _____ (signaler) à la police.
6. La fin de l'histoire? C'est ça qui est triste: je ne l'ai jamais _____ (savoir).
7. Les 50 euros que tu me dois? Je les ai déjà _____ (oublier).
8. Les histoires que Marianne a eues avec ta sœur l'ont _____ (marquer) pour la vie!
9. Les histoires qu'il y a eu avec ta sœur? Je ne les ai pas _____ (oublier).
10. La nuit de noces? Elle l'a _____ (passer) sur le lieu du sinistre, à aider les secouristes.

(c) Make the agreement if possible

In this exercise some pronouns are direct objects and some are indirect objects. Only make the **direct** objects agree.

Keywords

le comité de rédaction	the editorial committee
une image de marque	a corporate (or brand) identity

1. Les sœurs Dubuc sont ici depuis hier. Je les ai _____ (rencontrer) dans le parc.
2. Son idée d'article? Le comité de rédaction l'a _____ (accueillir) à bras ouverts.
3. Ça, c'est une image de marque qui nous aurait _____ (convenir).
4. Tu n'as toujours pas de nouvelles de Jacques, ma chérie? Je supposais qu'il t'aurait _____ (téléphoner) ce matin.
5. Mon mari m'aura certainement _____ (appeler) avant ce soir.
6. Messieurs, nous vous avons _____ (résister) jusqu'à la dernière minute.
7. Comme toutes les mères, je trouve très flatteur qu'on me dise que ma fille m'a _____ (ressembler) jusqu'à l'âge de dix ans.
8. Il est très déçu parce que, ses projets de reconstruction, le comité les a _____ (rejeter) hier.
9. Les secrets de ma réussite? Est-ce que tu crois que j'aurais eu tant de succès si je ne les avais pas _____ (garder) pour moi-même?
10. Et pour les fleurs de tante Ursuline? Tu l'en as _____ (remercier)? Elles t'ont _____ (plaire)?

4. Agreement of the past participle with the head of a relative clause preceding *avoir* (FGU sections 9.3.4–9.3.5)

- A past participle (e.g. *rencontré*) accompanying *avoir* in a relative clause introduced by *que* (*La femme que j'ai rencontrée ...*) agrees with the head of the clause (i.e. *la femme*) when it is a direct object.
- Some heads of relative clauses are not direct objects, but rather noun phrases which function as adverbs, and there is no agreement: *Les vingt francs que ce livre m'a coûté* (*Ce livre m'a coûté cher/vingt euros*), *Les deux heures qu'elle a dormi* (*Elle a dormi longtemps/deux heures*).
- The past participles of impersonal verbs do not agree with the head of a relative clause: *Les problèmes qu'il y a eu*.
- A relative clause introduced by anything other than *que* is not a direct object relative clause, and there is no agreement: *La femme qui a rencontré Juliette.*

(a) Make the agreement

In the following sentences, make the past participle agree with the head of the relative clause.

e.g.   Voilà les maisons que nous avons _____ (louer)
Voilà les maisons que nous avons louées

Keywords

un défaut de conception	a design fault
des cisailles (fpl)	shears

1. Il est allé voir la cathédrale que tu avais _____ (mentionner) dans ton livre.
2. Est-ce que tu as retrouvé la bague que tu avais _____ (perdre)?
3. M. Schwarz, actuellement directeur de l'agence de publicité que nous avons ____ (fonder) ensemble il y a dix ans, m'a demandé de venir vous voir.
4. Je viens d'apprendre que les voitures de sport que nous avons _____ (vendre) pendant 25 ans souffraient d'un défaut de conception.
5. Les chaussures de ski que tu m'as _____ (prêter) sont trop petite.
6. Demain je viendrai voir les peintures que tu as _____ (terminer).
7. Les lettres que De Gaulle a _____ (écrire) pendant la guerre se vendraient très cher.
8. Maurice m'a dit qu'il n'arrivait pas à se servir des cisailles que tu lui as _____ (donner).
9. Nos amis de Lille que tu as _____ (rencontrer) lors du baptême de la petite Clémentine vont bientôt s'installer dans l'Est.
10. On ne peut qu'admirer l'œuvre qu'il a _____ (créer).

(b) Make the agreement if possible

In the previous exercise, all the head words of the relative clauses were direct objects and therefore agreed with the past participle. In this exercise some are direct objects and some are not. Make only the preceding direct objects agree.

Keyword

une imprimante à laser	a laser printer

1. Les difficultés que nous avons _____ (connaître) lors de notre entrée dans ce pays ne nous ont pas donné envie d'y retourner.
2. Nous avons visité la ville dont tu nous avais _____ (dire) tant de bien.
3. Les critères sur lesquels vous avez _____ (baser) votre jugement sont assez contestables.
4. Nous sommes allés voir la peinture que tu as tant _____ (admirer).
5. Il faut bien dire que la maison de campagne dont il a _____ (hériter) tombe en ruine.
6. Par ce temps si froid on peut dire que les soixante-dix euros que tu as _____ (payer) ta grosse écharpe en mohair n'ont pas été perdus.
7. Tu n'imagines pas les difficultés qu'il y a _____ (avoir) quand on a voulu avoir des tickets-restaurant.

8. Demain matin on saura si les candidats pour qui vous avez tous _____ (voter) ont été élus.
9. Nous gardons un très bon souvenir des voyages que nous avons _____ (faire) en Europe.
10. C'était une erreur de travailler avec cette imprimante à laser que nous avons _____ (acheter) d'occasion.

5. Agreement of the past participle of *avoir* with a preceding direct object in questions (FGU sections 9.3.7–9.3.8)

When a direct object is questioned and precedes the past participle, the past participle agrees with it in gender and number: *Quelle voiture a-t-il choisie?*

(a) Make the agreement

In the following sentences, make the past participle agree with the question phrase.

e.g.   Quels magazines as-tu ____ (acheter)?
   Quels magazines as-tu achetés?

1. Quelle voiture est-ce que tu as _____ (acheter)?
2. Parmi tous ces livres, lesquels as-tu déjà _____ (lire)?
3. Combien de tasses as-tu _____ (casser)?
4. Quelles lunettes avez-vous _____ (emporter) avec vous?
5. Laquelle de ces trois statues est-ce qu'ils auraient _____ (préférer)?
6. Quelles émotions ont-ils _____ (ressentir) quand ils ont revu leur fils?
7. Combien de chevaux ont-ils _____ (vendre) l'année dernière?
8. Quelles drogues les douaniers ont-ils _____ (saisir)?
9. Combien d'exemples ont-ils _____ (fournir) pour chaque exercice?
10. Lesquels des trois cents candidats ont-ils _____ (sélectionner)?

(b) Make the agreement if possible

In this exercise some of the question phrases are direct objects and some are not. Only make the preceding direct objects agree.

1. Quelles conséquences ont _____ (suivre) la chute du président?
2. Quels aspects de la question ont-ils _____ (examiner) le plus en détail?
3. Pendant combien de temps a-t-il _____ (parler)?
4. Laquelle des filles avez-vous _____ (trouver) la plus engageante?
5. Combien de malades ont-ils _____ (traiter) en moins de trois ans?

6. Parmi les cent exemplaires lesquels avez-vous _____ (choisir) pour l'exposition?
7. Quels stylos a-t-on _____ (juger) aptes à être utilisés dans les écoles?
8. En quelle année est-ce que vous avez _____ (rencontrer) votre femme?
9. Quels aspects de la visite vous ont _____ (donner) le plus de plaisir?

6. Agreement when an infinitive follows an *avoir* + past participle construction (FGU sections 9.3.3, 9.3.6 and 9.3.9)

- When *avoir* is preceded by a direct object and the past participle is followed by an infinitive – *Je les ai vus venir* – the past participle agrees with the direct object, providing it is also understood as the subject of the infinitive: *Je les ai vus venir = Je les vois ... ils viennent.*
- Where the direct object is not understood as the subject there is no agreement: *Je les ai vu écraser par une énorme roche = Je les ai vu ... une énorme roche les a écrasés.*
- Typical verbs found in this construction are perception verbs (*voir, entendre*), verbs of movement (*amener, emmener, envoyer*), and *laisser*.
- There is never any agreement with the past participle of *faire* in this construction: *Je les ai fait venir.*

(a) Make the agreement if possible

e.g.   Je les ai ____ (entendre) siffler
       Je les ai entendus siffler

Keywords

un(e) concurrent(e)	a competitor
un(e) comptable	an accountant
aller en justice	to go to court
planifier	to plan
des gros mots (mpl)	swear words

1. Je m'inquiète de la loyauté des sœurs Lavielle. Avant-hier je les ai _____(voir) parler avec nos concurrents.
2. Tes cousins sont sortis quelques instants. Jean-Pierre et Marie-Yvonne les ont _____ (emmener) discuter avec les voisins de palier.
3. La machine à laver? Quand on l'avait _____ (faire) réparer, on avait payé avec la carte bancaire, n'est-ce pas?
4. Gérard et moi on est pressés. Notre patron nous a _____ (envoyer) chercher des documents chez le comptable.

5. Les frères Delroy vont en justice. Le groupe Sisao les a _____ (entendre) répéter leur nouvelle chanson et l'a enregistrée sans autorisation.
6. Pierre et les jumelles et moi, on a de la chance! Mamie nous a _____ (laisser) jouer avec les jouets que vous aviez quand vous aviez notre âge.
7. En tant que délégués syndicaux, nous sommes allés voir les patrons. Nous les avons _____ (écouter) planifier la restructuration de l'entreprise et nous avons communiqué ces données au syndicat.
8. La réparation était très mal faite. Je l'ai _____ (faire) refaire par un deuxième garagiste.
9. Les gamines de la famille Turneau sont très mal élevées. Quelqu'un les a _____ (entendre) dire des gros mots.

(b) Make the agreement if possible

1. Notre voisin nous a _____ (amener) voir un feu d'artifice au bord du lac de Genève.
2. Parmi toutes les filles avec lesquelles tu es sorti, laquelle aurais-tu _____ (vouloir) épouser?
3. Quels sondages d'opinion as-tu _____ (choisir) de croire?
4. Tes sœurs? Nous les avons _____ (envoyer) chercher ton oncle qui tarde à rentrer.
5. Les voisins ne sont pas là? C'est curieux, je suis certaine de les avoir _____ (voir) monter devant moi.
6. Tu ne feras jamais apprécier ces chansons par ta grand-mère. Elle les a trop _____ (entendre) passer à la radio.
7. Finalement, Suzanne s'est _____ (laisser) convaincre: elle va accompagner Jean en Afrique.
8. La petite robe noire que je me suis _____ (faire) faire à Paris a eu beaucoup de succès pendant les fêtes de Noël.
9. Tes frères s'ennuient à mourir ici. Il faudra les avoir _____ (emmener) patiner au moins une fois avant de partir.
10. Je t'assure que c'était ta tante Marie que j'ai _____ (apercevoir) en train de conduire le tracteur dans le pré.

7. Agreement of the past participle with pronominal verbs
(FGU section 9.4)

- Where a pronoun is reflexive (e.g. *se servir* 'to serve, help oneself'), providing that it is the direct object, the past participle will agree with it: *Elles se sont servies* (direct object). This contrasts with *Elles se sont offert du gâteau* (indirect object).

- Where the pronoun *se* is an intrinsic part of the verb, without necessarily having a reflexive interpretation (e.g. *se taire* 'to keep quiet'), the past participle also agrees with the pronoun: *Elles se sont tues.*

(a) Make the agreement

In the following sentences, make the past participle agree with the pronoun.

e.g.   Elle s'est ____ (lever)
   Elle s'est <u>levée</u>

Keyword

   une foire d'empoigne   a free-for-all

1. Tu as remarqué? Elles grandissent, les gamines. Avant de sortir elles se sont longuement _____ (regarder) dans la glace.
2. Maman, viens vite! Sandrine s'est _____ (couper).
3. Je n'aime pas prendre la voiture. C'est sans doute parce mes grands-parents se sont _____ (tuer) sur l'autoroute du sud.
4. Il faisait très froid mais Eliane et Josette se sont _____ (attendre) devant la gare comme convenu.
5. C'est drôle. On leur demande souvent où ils se sont _____ (rencontrer) pour la première fois mais ils n'ont pas l'air de s'en souvenir!
6. Enfin, elle s'est _____ (taire). Franchement, je croyais qu'elle allait continuer toute la soirée.
7. Ah, chers amis! Nous nous sommes _____ (voir) la dernière fois à la Comédie Française, n'est-ce pas?
8. Ils se sont tous très bien _____ (entendre) jusqu'au moment où nous avons distribué les cadeaux. Après, ça a été une vraie foire d'empoigne!
9. Jean-Paul et Marianne se sont toujours _____ (disputer) pour la moindre chose. Ça durera sûrement jusqu'à leur dernier jour.
10. Quand elles ont appris qu'elles n'étaient pas sélectionnées pour la finale, elles se sont presque _____ (battre) parce que chacune voulait rendre l'autre responsable.

(b) Make the agreement if possible

In this exercise some of the pronouns are indirect objects. Make the participles of the verbs indicated agree only with those pronouns which are either preceding direct objects or are an intrinsic part of the verb.

Keywords

des baskets (mpl)	trainers, sneakers
les frais (mpl) de notaire	solicitor's fees
un contretemps	a mishap, setback
à l'improviste	unexpectedly
le piston	string-pulling, connections

1. Sandrine s'est _____ (couper) le doigt.
2. Elles se sont _____ (écrire) pendant vingt ans sans interruption.
3. Quand je vois toutes les lettres qu'elles se sont _____ (écrire) je me demande vraiment comment elles avaient trouvé le temps de se consacrer aussi à la musique.
4. J'ai épousé leur père il y a plus de vingt ans et pourtant hier encore leur conversation s'est _____ (interrompre) quand je me suis _____ (approcher) d'eux. M'accepteront-ils jamais?
5. Pendant assez longtemps, elle s'est _____ (cacher) la vérité, mais maintenant elle doit se rendre à l'évidence: son fils est sourd.
6. Les garçons se sont _____ (acheter) des baskets de grande marque: c'est toi qui leur as donné de l'argent?
7. Pendant cinq ans ils se sont _____ (disputer) l'héritage: le pire, c'est que maintenant il ne leur reste rien car tout est parti en frais de notaire.
8. Quand j'avais besoin d'argent, mes amis se sont _____ (priver) de beaucoup de choses pour pouvoir me venir en aide.
9. Après ce petit contretemps, les invités se sont _____ (asseoir) à table et le repas a pu commencer.
10. Les immigrés se sont _____ (réfugier) dans les camps de l'ONU.
11. Les rideaux étaient transparents, elle s'est donc _____ (déshabiller) dans le noir.
12. Anne-Marie s'est _____ (voir) offrir le poste de premier secrétaire alors qu'elle ne s'y attendait pas.
13. Alice s'est _____ (trouver) enceinte alors que son mari venait de se tuer en voiture.
14. Nos hommes se sont _____ (faire) prendre au piège quand les troupes ennemies se sont _____ (avancer) à l'improviste.
15. Mes cousins se sont _____ (servir) du piston pour faire entrer leurs fils dans cette école.

8. Putting it all together

Make the past participles agree as appropriate in the following texts.

(a) Extract from *Premier de cordée* by Roger Frison-Roche

In one of the most dramatic passages of the book, Marie Servattaz (the wife of Jean Servattaz, an experienced mountain guide) has just been told that he has been killed by lightning in the mountains.

> Après un long moment, Marie sembla s'éveiller d'un songe terrible. Elle se décida à parler, mais les mots sortaient difficilement de son gosier si resserré qu'il lui semblait étouffer. Elle parla très bas, sur un ton monotone de litanie.
>
> « J'ai _____ (avoir) le pressentiment d'un malheur dès ce matin, quand j'ai _____ (voir) la neige sur les sommets. J'ai tout de suite _____ (penser) à Pierre; je ne sais pas pourquoi, mais jamais, vous m'entendez bien, jamais je ne me serais _____ (inquiéter) de son père; il était tellement sûr de lui, celui-là, tellement confiant. Alors quand je vous ai _____ (voir) venir, j'ai _____ (avoir) une peur atroce. Mais vous ne pouvez pas comprendre, c'était à l'idée qu'il était _____ (arriver) quelque chose à ce garçon ... et ce que vous m'avez _____ (dire) est si terrible, si imprévisible ... Oh ma pauvre tête... mais alors (et le ton de sa voix s'enfla) si Jean a été _____ (tuer), c'est qu'il y a vraiment du risque; il devait le savoir, lui qui n'a jamais _____ (vouloir) faire un guide de son fils ... Moi, je m'étais _____ (habituer) à ce danger quotidien qui le menaçait ... je n'y croyais plus ... Pauvre Jean ... avoir tout _____ (faire) ... et la guerre ... et la montagne ... et les travaux du bois l'hiver dans les couloirs gelés ... et puis périr comme ça ... et au Dru ».
>
> Roger Frison-Roche, *Premier de cordée*
> © Editions Flammarion

(b) Extract from *Le Passé infini* by Flora Groult

In the passage below the heroine is thinking about how she first met Thomas, her husband.

> Les premiers temps à Glenmara, puis revenue à Paris, j'ai _____ (rêvasser) à toi. Je ne trouvais pas exactement mon type à l'époque – ça allait venir, chéri, ça allait venir – ... Nous n'avions pas _____ (échanger) d'idées inoubliables. J'avais _____ (dire) que je venais d'être _____ (reçevoir) à ma philo deux mois plus tôt et que, pour me récompenser, mes parents m'avaient _____ (emmener) en Italie avant d'aller à Glenmara. Tu m'avais _____ (raconter) ton divorce, ton petit garçon, et nous avions _____ (danser) entre les plats. Tes bras, tes bras durs qui encerclaient comme du fer ... Ta façon de respirer un peu fort en dansant, le parfum de ton eau de toilette, presque trop obsédant, et qui m'ont _____ (faire) trouver fades

jusqu'à ce jour les hommes inodores ... Les hommes! C'est cela, Thomas, tu as _____ (être) mon premier homme. Les autres, ceux que je voyais d'habitude à Paris, c'étaient des garçons. Après toi, ils m'ont _____ (sembler) très verts, sans panache et sans mœurs, inaptes à commander un liquide blanc dans un bar, ne sachant que faire de leurs abattis quand ils dansaient, sans bras durs où se lover ... Chapeau! tu avais _____ (faire) table rase du premier coup.

Je ne t'ai pas _____ (téléphoner) bien sûr en rentrant à Paris et, comme tu ne m'as pas _____ (faire) signe non plus, je t'ai _____ (oublier) doucement, sans souffrance. Tu étais une image météorique qui appartenait à une autre planète, «le jeune homme du Ritz». Bientôt est _____ (venir) le temps où je m'appliquai à tomber amoureuse d'un ami qui me le demandait instamment. J'aurais bien _____ (vouloir) lui rendre ce service, car je l'aimais beaucoup, même s'il était vert vif lui aussi. Victor avait un faible pour l'ami en question et l'emmenait dans son bureau quand il venait me voir.

J'ai été _____ (étonner) lorsque tu m'as _____ (appeler) un soir, longtemps après, et bien entendu, j'ai _____ (accepter) ton invitation. Nous avons à nouveau _____ (dîner) ensemble. C'était dans un restaurant décoré en jardin, n'est-ce pas? Je portais une robe bleue, une copie de Dior que Véra m'avait _____ (faire) avec l'aide de «ma petite couturière» comme elle persistait à nommer une hommasse à bras de gigot. Je l'aimais beaucoup, cette robe. Tu m'as _____ (dire) plus tard que tu l'avais _____ (trouver) très mal foutue sur moi. On n'y voyait pas mon corps. Tu me l'as _____ (gâcher), je ne l'ai jamais _____ (remettre). Je ne sais pas ce qu'on s'est _____ (raconter) ce soir-là. Comme cela m'ennuie, je ne sais pas du tout. J'avais des manches trois quarts. A un moment, tu m'as _____ (effleurer) le poignet en parlant, je me suis _____ (sentir) troublée par mon trouble. En me ramenant devant ma porte, tu m'as _____ (embrasser), à peine, comme on effleure. J'aurais _____ (vouloir) continuer.

Flora Groult, *Le Passé infini* © Editions Flammarion

10

Tense

I. Present tense (FGU section 10.2)

The present tense has a range of functions. It can refer to:

- an action, event or state of affairs which exists at the time of speaking: *Je suis dans mon bain*;
- timeless facts: *La terre tourne autour du soleil*;
- habitual events: *Je travaille tous les matins*;
- the future: *Je viens demain*;
- the past, when a writer or speaker wishes to render events more immediate: *Après les années noires de la guerre de Cent Ans, les années 1440–1515 apportent le renouveau.*

(a) Name the function

What kinds of function do the highlighted present tense verbs fulfil in the following? Apply an appropriate label to each from the following list.

- action, event or state of affairs which exists at the time of speaking
- timeless fact
- habitual event
- future
- past

e.g. Le requin **habite** les mers chaudes ou tempérées
timeless fact

1. Honfleur **(a) est** une ville ancienne que les documents **(b) mentionnent** dès le XIe siècle. Ville fortifiée, elle joua un rôle important pendant la guerre de Cent Ans. A l'époque des grandes découvertes, Honfleur **(c) donne** naissance à de nombreux navigateurs, marins et capitaines, dont Binot Paulmier de Gonneville qui **(d) atteint** les côtes du Brésil.
2. Le laser, **(a) c'est**, en principe, chaud, puisque cela **(b) concentre** de l'énergie comme aucune lumière n'avait su le faire.
3. Falaise **(a) offre** un ensemble hôtelier et touristique de grande qualité mais en même temps **(b) conserve** ses activités traditionnelles avec son marché du samedi, la pêche à la ligne et ses célèbres feux de la Saint-Jean.
4. Elle **(a) travaille** chez un éditeur, elle **(b) dort** bien, elle ne **(c) mange** pas de viande et elle **(d) fume** modérément.

(b) Film outline ∞ ∞ ∞

Outlines for films are for the most part written in the present tense. Here is an example.

Dans les années trente, le jeune et très rigoriste pasteur Anthony Campion *s'installe* en Australie avec son épouse, la prude Estella. Missionné par l'Eglise anglicane, le religieux *doit* convaincre le sulfureux peintre Norman Lindsay, célèbre pour ses nus, de retirer une de ses toiles, jugée blasphématoire, d'une prochaine exposition internationale. Au contact de l'artiste, qui *mène* une vie de bohème entouré de son épouse, de ses filles et de trois modèles aussi belles que libertines, les Campion *découvrent* un monde insoupçonné. Pendant que son mari *tente* d'évangéliser le peintre, Estella *s'initie* à la sensualité et au plaisir.

On the basis of the information given below, invent and write an outline for a film in about 150 words. You may develop the outline in any direction you wish, providing that you retain the basic elements given.

Keywords

une star médiatique (m/f)	a media star
criblé de dettes	up to one's eyes in debt
rigoriste	rigid
sulfureux	demonic
une toile	a canvas

un couple bourgeois sans histoires: Martine et Jacques
un dîner
les invités:
   Lorenzo, un ami perdu de vue depuis plusieurs années qui est devenu une star médiatique
   Charlotte, sa femme, et journaliste
   Fred, frère de Martine et criblé de dettes
   Marilyn, maîtresse de Fred, comédienne manquée
   Georges, ami de Jacques, écrivain raté

2. Past tenses (FGU sections 10.3 and 10.5.1)

- The imperfect can describe ongoing events in the past (*Il était tard, je somnolais*); habitual actions (*Je mangeais toujours au même restaurant*) and completed past events, where the speaker or writer wishes to make them more immediate (*Sans réfléchir, je courais à la voiture*).

- The simple past (*Il dormit tout l'après-midi*) is restricted to written French and describes completed events which have no ongoing consequences for the present, from the point of view of the speaker.
- The compound past (*Il a dormi tout l'après-midi*) can be used for all completed past events in both spoken and written French. It is sometimes used alongside the simple past in written French to describe events which have ongoing consequences for the present from the point of view of the speaker.
- The pluperfect (*Il avait dormi*) describes events completed before events described by the simple past or compound past.

(a) Tense transposition

Read the following text right through once and then transpose it into the past and into the third person.

e.g.   J'ai neuf ans. C'est mon premier matin en Angleterre
   Il avait neuf ans. C'était son premier matin en Angleterre

Keywords

en bois massif	in solid wood
un vitrail coloré	a stained-glass window
les murs sont tendus de tissu brodé	the walls are covered with embroidered fabric

J'ai neuf ans. C'est mon premier matin en Angleterre. Je me demande si toutes les maisons anglaises sont ainsi, avec des petites pièces pleines de choses inutiles, des statues sans bras, des vases à couvercle, des rideaux drapés comme les robes du soir de ma mère ...

Nous sommes arrivés dans la nuit, et je ne me rappelle que la porte d'entrée, en bois massif avec un vitrail coloré représentant un arbre. On m'a laissé dormir tard, puis quelqu'un est venu m'apporter le petit déjeuner sur un plateau.

Maintenant je suis levé et je descends l'escalier que domine un guerrier de bronze armé d'une lance. En bas, le hall est sombre, malgré le soleil qui brille au-dehors. Les murs, au lieu de papier, sont tendus de tissu brodé, et derrière les lourds rideaux il me semble que se dissimulent des choses interdites. J'hésite à poursuivre.

Ruth Rendell, *La Danse de Salomé*
© Librairie des Champs-Elysées

(b) More tense transposition

The following text is a TV magazine trailer for a film to be shown shortly on television. Read the text right through once, and then transpose the verbs into the past, using the compound past (perfect), imperfect and pluperfect tenses where appropriate.

Keywords

un paquebot	a liner
prétendre	to claim
s'implanter	to settle
un poste de radio à ondes courtes	a short-wave radio
au large des côtes américaines	off the American coast
s'emparer de	to seize
le bâtiment	(in this context) the ship

Terreur à bord – Film TV américain de Douglas Heyes

A New York, le pasteur Craig Dunleavy, chef de la secte de l'Eglise pour la paix cosmique, embarque en compagnie de plusieurs de ses disciples à bord du paquebot français « Festival » en partance pour Le Havre. Dunleavy et ses amis prétendent se rendre en France pour s'y implanter et y faire connaître leur message. Harold Columbine, un romancier à succès qui a déjà écrit un article sur Dunleavy et ses théories, les accompagne pour rendre compte de leur expédition. Il a embarqué sur le « Festival » avec son fils Billy, qui a emporté, malgré le règlement, un petit poste de radio à ondes courtes. Lorsque le navire gouverné par le capitaine Girod se trouve au large des côtes américaines, Dunleavy s'empare des commandes du bâtiment et exige la somme de soixante-dix millions de dollars contre la vie des passagers. Il menace de faire exploser le « Festival » s'il n'obtient pas satisfaction.

© TV Magazine

(c) Fill in the blanks

Read the text on page 130 right through once, and then put the verbs in brackets into an appropriate tense form. Make the dominant narrative tense the simple past (past historic). Be careful, not all verbs will necessarily be in the past tense.

e.g.   « Du cyanure de potassium?» Waller _____ (répéter) le mot, surpris.
      Waller <u>répéta</u> le mot, surpris.

Keywords

fagoté (colloquial)	dressed
un potard (old-fashioned and colloquial)	a pharmacist
et un point c'est tout	and that's that
une ordonnance	a prescription
une pique	a cutting remark
l'officine (f)	the dispensary
une blouse de travail	(in this context) a lab coat
une préparatrice	a pharmacist's assistant

– Du cyanure de potassium?

Waller _____ (répéter) le mot, surpris. Il _____ (être établi) depuis dix ans comme pharmacien à Chantflower, mais c'_____ (être) la première fois qu'on lui _____ (faire) pareille demande. Il _____ (regarder) sévèrement le petit homme, fagoté dans un complet sombre trop chaud pour la saison.

– Pour quoi faire, du cyanure?

Edward Carnaby _____ (être) vexé par le ton de la question. Pour qui _____-il (se prendre), celui-là? Après tout, ce n' _____ (être) qu'un pharmacien de village. Les médecins _____ (avoir) le droit de se mêler de ce qui ne les _____ (regarder) pas, mais les potards, quand même pas! On leur _____ (acheter) des lames de rasoir, du dentifrice, une brosse à dents, on _____ (payer) à la caisse et un point c'_____ (être) tout. Des épiciers, voilà ce que c'_____ (être).

– Pour tuer des guêpes, _____-il (dire) d'un ton excédé. J'en _____ (avoir) un nid sous le toit de ma maison.

– _____-je (pouvoir) savoir votre nom?

– Qu'est-ce que ça _____ (pouvoir) vous faire? Il vous _____ (falloir) une ordonnance, peut-être?

Waller _____ (ignorer) le sarcasme. Un homme de sa valeur _____ (être) au-dessus de ce genre de piques.

– Je me _____ (demander) ce qui vous _____ (donner) l'idée du cyanure.

Le rideau de l'officine _____ (se soulever) et Linda Gaveston _____ (entrer) dans sa blouse de travail. Son arrivée _____ (irriter) encore davantage Edward; il la _____ (trouver) poseuse, et _____ (juger) déplacé qu'une fille dont les parents _____ (habiter) Linchester _____ (travailler) comme préparatrice dans une pharmacie. Elle lui _____ (sourire) distraitement.

Ruth Rendell, *La Danse de Salomé*
© Librairie des Champs-Elysées

(d) Fill in the blanks

Read the text below right through once, and then fill in the blanks with an appropriate ending for each verb.

e.g. Il rêv___ quand quelqu'un le réveil___ brusquement
*Il rêv**ait** quand quelqu'un le réveil**la** brusquement*

Keywords

l'Ordre des Prémontrés de la Lucerne	an order of monks from the Manche département
une dotation	an endowment
la foire aux moines	monks' fair
une digue	a seawall
un pèlerin	a pilgrim
amorcer	to begin, initiate
racheter	to buy up

L'Abbaye de Beauport à Paimpol

C'est au début du XIIIe siècle, alors que se dével___ un important mouvement de renouveau spirituel, que l'Ordre des Prémontrés de la Lucerne fond___ l'Abbaye de Beauport grâce à une dotation du Comte Alain de Goëlo. Richement implantée entre bois et mer, l'Abbaye f___ pendant tout le Moyen Age l'un des pôles économiques les plus importants de la région: elle instit___ la foire aux moines, construis___ des digues et un port, accueil___ les pèlerins anglais sur la route de Compostelle. Après un déclin amorcé dès le XVe siècle, l'Abbaye f___ rachetée comme bien national après la révolution par un aristocrate polonais. Conservée par ses descendants, elle apparti___ depuis 1993 au Conservatoire du Littoral qui ___ entrepr___ de la restaurer et de la faire revivre, avec l'aide de la commune de Paimpol et du Conseil Général.

From the visitor's guide to the Abbaye de Beauport, Paimpol

(e) Exercices de style

Two of the variants in Raymond Queneau's *Exercices de style* (see Chapter 1.8) are called: 'Passé simple' and 'Imparfait'. They are identical except that the tense in the 'Passé simple' version is the simple past, whereas in the 'Imparfait' version it is the imperfect. What is the difference between them? Normally, in a literary text, the difference in tense creates a difference in meaning. The imperfect tense (the expected case for most verbs in this text) presents events as an ongoing background against which other, completed events take place. The simple past presents events as completed, and gives an unusual tone to most of the events in this text, akin to presenting them as a series of separate snapshots.

Read the story below aloud, the first time putting the verbs in the simple past, the second time into the imperfect.

> Ce _____ (être) midi. Les voyageurs _____ (monter) dans l'autobus. On _____ (être) serré. Un jeune monsieur _____ (porter) sur sa tête un chapeau entouré d'une tresse, non d'un ruban. Il _____ (avoir) un long cou. Il _____ (se plaindre) auprès de son voisin des heurts que celui-ci lui _____ (infliger). Dès qu'il _____ (apercevoir) une place libre, il _____ (se précipiter) vers elle et _____ (s'y asseoir).
>
> Je _____ (l'apercevoir) plus tard devant la gare Saint-Lazare. Il _____ (se vêtir) d'un pardessus et un camarade qui _____ (se trouver) là _____ (lui faire) cette remarque: il _____ (falloir) mettre un bouton supplémentaire.
>
> Raymond Queneau, d'après ''Imparfait'' et ''Passè simple'',
> *Exercices de style* © Editions Gallimard

3. The future tense (FGU section 10.4.1)

- The future tense can describe future events (*Elle viendra demain*); it can be used as a polite imperative (*Vous m'excuserez*); and it can sometimes be the equivalent of English 'may' (*Elle aura du travail à faire* 'She may have work to do').
- The compound tense *aller* + infinitive can often describe future events: use of this construction appears to imply greater certainty about the likelihood of the event occurring (*Elle va avoir un bébé* 'She is going to have a baby' (implies she is pregnant at the moment); *Elle aura un bébé un jour* 'She will have a baby one day').

On pages 133–4 are three weather reports. Read all three passages right through and, taking the first one as a model, fill in the blanks in the second and third reports with an appropriate verb, either in the future or in an *aller* + infinitive construction. You can use verbs from passage (1), but you will find that you need to think of other verbs to fill some of the blanks.

Météo : ensoleillé et chaud

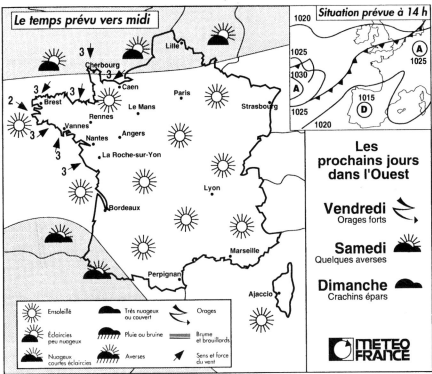

Carte météorologique fournie par Météo-France

Keyword

des ondées (fpl)   showers

1. La pression <u>va baisser</u> lentement, ce qui <u>va permettre</u> à de l'air plus humide venant de l'Atlantique de pénétrer sur la France, les îles britanniques et la Scandinavie où il <u>y aura</u> des ondées localement orageuses. Ailleurs, le soleil <u>prédominera</u>.

En région parisienne, le temps <u>sera</u> lourd. On <u>retrouvera</u> le matin quelques bancs de brume et de brouillard dans les vallées. Leur dissipation <u>sera</u> assez rapide. Mais le ciel <u>sera</u> encombré de nuages très rapidement et ils <u>prendront</u> au fil des heures un aspect menaçant donnant des averses et des orages. Par moments, le soleil <u>apparaîtra</u> entre les nuages.

2. Le matin, le ciel _____ généralement dégagé. Seules les régions proches des Pyrénées et du Jura _____ des bancs de nuages dans le ciel. Le soleil _____ très généreusement toute la journée. Sur les Alpes

le ciel _____ de nuages en soirée et des orages _____. Les températures _____ environ 11 degrés dans la journée.

3. Aujourd'hui la pression _____ à baisser lentement sur notre pays, ce qui _____ aux nuages venus de l'Atlantique de se rapprocher de nos côtes atlantiques. De la Bretagne au Nord-Picardie les nuages _____ de plus en plus abondants. Des pays de Loire à l'Alsace et à la Lorraine, le ciel _____ chargé et des ondées orageuses _____ par moments. Sur le reste du pays des nuages isolés _____ rapidement et des orages _____ des Pyrénées au Massif central et aux Alpes.

4. The conditional (FGU section 10.4.2)

The conditional can:

- describe events which would take place in the future if certain conditions were met: *J'achèterais la voiture si j'avais assez d'argent*;
- report events originally described in the future tense: « *Je viendrai* » *a dit Pierre* → *Pierre a dit qu'il viendrait*;
- present something as an alleged fact (journalists frequently make use of this function): *Un accord de paix serait réalisable dans la semaine à venir*;
- make a request more polite: *Je voudrais vous parler*.

(a) Tense transposition

Below is the text of an interview in which M. Dupont is asked what he would do if he won the national lottery. Rewrite the dialogue as a report of the interview.

Start your text: Interrogé sur son mode de vie après qu'il aura gagné le gros lot à la loterie nationale, M. Dupont a répondu que l'argent qu'il gagnerait lui permettrait ...

Interviewer: Comment vivrez-vous après avoir gagné le gros lot à la loterie nationale?

M. Dup: L'argent que je gagnerai me permettra de vivre jusqu'à la fin de mes jours sans rien faire. Pourtant j'essaierai de réaliser un de mes rêves: tourner des films. J'achèterai une maison à Beverly Hills et je me partagerai entre celle-ci et mon appartement parisien.

Int: Que ferez-vous pour vous distraire?

M. Dup: L'hiver je ferai du ski, l'été du cheval et de la pêche. J'écrirai et je m'occuperai de ma famille.

Int: Comment dépenserez-vous votre argent?

M. Dup: J'aime les belles voitures; j'achèterai une Ferrari et une Mercedes et j'emmènerai ma femme faire un voyage aux Caraïbes.

(b) More tense transposition

Read the following trailer for a forthcoming film right through once, and then change the verbs into the conditional, where appropriate, to produce a brief speech given by an aspiring script-writer to a production meeting, in which the events are imagined rather than stated as facts.

e.g.   Maurice est un restaurateur français ...
Maurice serait un restaurateur français ...

Keywords

quinquagénaire	(person) in his/her fifties
s'éprendre de quelqu'un	to fall in love with someone
un(e) paléontologue	a paleontologist
des fouilles (fpl)	an archeological dig
l'accouchement (m)	giving birth, labour

L'Etincelle – Film de Michel Lang

Quinquagénaire, père d'un adolescent issu de son premier mariage, Maurice est un restaurateur français établi à Londres. Il s'éprend d'une jeune disc-jockey, Dale, mariée à un paléontologue renommé dont elle attend un enfant. Mais son époux est plus intéressé par ses fouilles et ses fossiles que par sa femme qu'il néglige, même le jour de son accouchement. Indigné, Maurice n'a plus aucun scrupule à devenir l'amant de la jeune femme. Puis il décide de l'épouser.

© *TV Magazine*

5. Use of tenses with *depuis* (FGU section 10.4.4)

- When *depuis* is used in a context where the action described by the verb is ongoing, either the present tense or the imperfect tense is used in French:
  *Il **fume** depuis un an* (his smoking began a year ago and is ongoing).
  *Il **fumait** depuis un an lorsqu'il est tombé malade* (his smoking began a year before he became ill, and he was still smoking when he became ill).

- When *depuis* is used in a context where the action described by the verb is no longer ongoing, the tenses are parallel to those used in English:
  *Il **a arrêté** de fumer depuis un an.* He stopped smoking a year ago.
  *Il **avait arrêté** de fumer depuis plus d'un an lorsqu'il est tombé malade.* He had stopped smoking more than a year before he became ill.

Translate the English verbs in the following sentences into an appropriate form in French.

e.g. Je _____ (have been) ici depuis plus d'un an et je n'ai toujours pas trouvé d'emploi
Je suis ici depuis plus d'un an et je n'ai toujours pas trouvé d'emploi

1. On me _____ (had hidden) depuis toujours la vérité.
2. Elle l'a revue plusieurs fois depuis qu'elle _____ (has been) à Paris.
3. Elle y _____ (had worked) depuis quelques mois.
4. Depuis qu'elle _____ (has had) un bébé, elle ne travaille plus.
5. Il _____ (has been following) depuis plusieurs jours un régime pour maigrir.
6. Je ne l'_____ (have) pas vu depuis son mariage.
7. Depuis qu'il _____ (wrote) son best-seller, il ne fait pas grand-chose.
8. Il _____ (has been gone) depuis plus d'un mois.

6. Future and conditional in clauses introduced by *quand*, *après que*, etc. (FGU sections 10.4.3 and 17.3.2)

When subordinate clauses introduced by *quand, lorsque, dès que* and similar time conjunctions are linked to a main clause in which the verb is in a future or conditional tense, the verb in the subordinate clause is also in the future or conditional: *Je te téléphonerai quand j'arriverai.*

Translate the English verbs in the following sentences into an appropriate form in French. Note that only some of the verbs will be in the future or conditional. Others will require past tenses.

e.g. Quand elle _____ (comes), je le lui dirai
Quand elle viendra, je le lui dirai

Keywords

déblayer le terrain   to do the groundwork
être en mesure de/être à même de   to be in a position to

1. Quand je _____ (am) vingt-cinq ans, je me fixerai définitivement sur une carrière.
2. Son père est mort quand il _____ (was) deux ans.
3. Dès que je _____ (am asleep), le téléphone sonnera.
4. Dès qu'il _____ (stopped smoking), il a grossi.
5. Tant que vous _____ (haven't) déblayé le terrain, vous ne serez pas en mesure de réussir.
6. Quand je _____ (am old), je serai à même de compléter ma culture générale.
7. Quand je _____ (came back), le patron m'attendait dans mon bureau.
8. Après que nous _____ (have prepared) le repas, nous pourrons causer un peu.
9. Elle m'aurait contacté aussitôt qu'elle _____ (knew) l'heure de son arrivée.
10. Sans auto, quand je _____ (have to) me rendre en ville, je ferai du stop.

7. The past anterior, double compound past and compound pluperfect (FGU section 10.5)

These are stylistic variants of other tenses and are rare.

- The past anterior can be used in writing to describe an event in the past which immediately precedes another event described in the simple past: *Quand j'eus fini, ils applaudirent*.
- Where the compound past, rather than the simple past, is involved the alternatives are: *Quand j'ai eu fini, ils ont applaudi* (the double compound past); *Quand j'avais eu fini, ils avaient applaudi* (the compound pluperfect).

Translate the English verbs in the following sentences into an appropriate form in French. Use the past anterior where you can.

e.g. Après qu'elle _____ (had gone out), il enleva la nappe
Après qu'elle __fut sortie__, il enleva la nappe

Keyword

éteindre   to extinguish

1. Dès que je _____ (had closed) la porte à clef, on sonna.
2. Quand nous _____ (had lunch) ensemble, il a voulu savoir ce que faisait mon père.
3. A peine _____ (had)-elle arrivée que la police l'interrogea.
4. Une fois qu'il _____ (had extinguished) sa cigarette, il se mit au travail.

5. Quand je _____ (met) Juliette après plusieurs années, elle avait à peine changé.
6. Elle mit la maison en vente aussitôt qu'il _____ (had died).
7. Une fois qu'il lui _____ (had telephoned) il s'est senti mieux.
8. Dès qu'ils _____ (had brought in) le linge, la pluie cessa.
9. Après qu'il _____ (had come out) de prison, personne n'a plus voulu lui parler.
10. A mesure qu'il _____ (spoke), sa colère tombait.

8. *si* and the sequence of tenses (FGU sections 10.8 and 17.3.6)

——————————— • ———————————

Moi, raconte Lino Ventura*, le film le plus chargé de suspense que j'aie jamais tourné, c'en est un où jusqu'au dernier jour on **se demandait** si le producteur **paierait** nos cachets.

[*Acteur français, aujourd'hui disparu]

——————————— • ———————————

- One function of *si* is to introduce indirect questions. This function in English is fulfilled by 'if' or 'whether', which alternate freely: *Je ne sais pas si elle viendra* 'I don't know if/whether she will come'.
- The other function of *si* is to introduce hypothetical clauses. This function in English is fulfilled by 'if', which cannot be paraphrased by 'whether': *Je ne resterai pas si elle vient* 'I won't stay if (NOT *whether) she comes'.
- The verb in hypothetical *si* clauses can never be in the future or conditional in French (see FGU section 10.8 for details).

Fill in the blanks in the following sentences with an appropriate form of the verb. Be careful, future or conditional forms will be possible in some cases, but not others.

e.g. Je n'aurais pas écrit si je _____ (had been able) la joindre par téléphone
Je n'aurais pas écrit si j'avais pu la joindre par téléphone

Keyword

tracasser   to worry

1. Je vous raconterai ce qui se passe si vous _____ (miss) le début du film.
2. S'il _____ (had become) chanteur, elle ne l'aurait plus quitté.
3. Je me demandais s'il _____ (would be light) quand nous arriverions.
4. Moi, je ne viendrai pas si elle _____ (invites) ses parents.

5. Si tu _____ (take) le train, je viendrai te chercher à la gare.
6. Je ne sais pas si elle _____ (will be) heureuse dans cette petite ville de province.
7. Le documentaire a été si mal monté que le personnage principal est présenté comme s'il _____ (was) coupable au lieu d'innocent.
8. Si quelque chose _____ (is worrying you), écrivez-le avant de vous endormir.
9. Si je _____ (had known) ce qui arriverait, je n'aurais jamais invité sa sœur.
10. Tu me diras si tu _____ (will be able) m'accompagner.
11. Vous seriez arrivé à l'heure si vous _____ (had hired) une voiture à l'aéroport.
12. Si j'_____ (had been able) me remarier, j'aurais été moins seul.

9. Putting it all together

The blank-filling exercise below requires you to use a number of the tenses you have practised in this chapter. Read the text right through once and then fill in the blanks with appropriate tense forms of the verbs given in brackets. This is a literary passage, written predominantly in the past. Mathias is a travelling salesman.

Keywords

les pavés bosselés	bumpy paving
une canadienne	a lined jacket
doublé de	lined with
la vase	silt, mud
jonché de	strewn with

Une sorte de chaleur _____ (arriver) de la chambre, comme si un foyer quelconque y _____ (brûler) encore, à cette saison – invisible depuis la porte entrouverte du vestibule où _____ (se tenir) Mathias.

Vers l'extrémité du palier, il _____ (y avoir) une poubelle vide et, plus loin, deux balais appuyés au mur. En bas de l'escalier, il _____ (hésiter) à emprunter le couloir étroit qui – _____ (penser)-il – le _____ (ramener) directement au quai. Il _____ (rentrer) dans la salle de café, où il n'_____ (y avoir) plus personne. Il s'en _____ (consoler) vite: ces marins-là _____ (ne rien acheter), ni le patron, ni la fille aux allures craintives, qui n'_____ (être) probablement pas craintive du tout, ni gauche, ni soumise. Il _____ (ouvrir) la porte vitrée et _____ (être) de nouveau sur les pavés bosselés et disjoints, devant l'eau scintillante du port.

Il _____ (faire) encore meilleur, à présent. Sa canadienne doublée de laine _____ (commencer) à lui peser. Pour le mois d'avril, ce _____ (être) véritablement une très belle journée.

Mais il _____ déjà (ne perdre que) trop de temps et il ne _____(s'attarder) pas à se chauffer au soleil. Tournant le dos au bord du quai, qui _____ (dominer) la bande de vase découverte jonchée de crabes aux pinces disloquées, vers laquelle il _____ (venir de) faire quelques pas tout en songeant à autre chose, il _____ (revenir) à la ligne des façades et à l'exercice incertain de sa profession.

Alain Robbe-Grillet, *Le Voyeur*

© Editions de Minuit, Paris

11

The subjunctive, modal verbs and exclamatives

I. Subjunctive in clauses dependent on the subject's attitude to an event (FGU sections 11.1 and 11.1.3)

Where a main clause expresses the personal feelings, expectations, desires or other emotional states of the subject of that clause to an event described in a dependent subordinate clause, the verb will normally be in the subjunctive: *Nous regrettons que Marie* **soit** *venue*.

Put the infinitives in the following sentences in an appropriate form: subjunctive or indicative. Be careful, not all these cases require the subjunctive.

e.g. Qu'est-ce que vous désirez que je vous _____ (dire)?
Qu'est-ce que vous désirez que je vous <u>dise</u>?

Keyword

se méprendre   to be mistaken, misunderstand

1. Elle était sûre qu'elle _____ (avoir dit) tout ce qu'elle savait.
2. Elle aurait préféré que son père ne _____ (être) pas mêlé à cette histoire.
3. Je n'aimerais pas que vous vous _____ (méprendre).
4. Vous permettez que je _____ (prendre) un verre d'eau?
5. Le hasard a voulu qu'un appartement _____ (se libérer) au bon moment.
6. Vous désirez que je _____ (être) franc?
7. Je suis persuadé que la question d'argent _____ (avoir joué) son rôle.
8. Ils étaient certains que vous leur _____ (en avoir parlé) hier.
9. Ce qui me surprend, c'est qu'il _____ (avoir pu) vous en parler.
10. Il s'attendait à ce qu'elle _____ (partir) pour toujours.
11. Avouez que vous ne seriez pas fâché que ce _____ (être) elle qui _____(l'avoir fait).
12. Cela m'étonnerait qu'il _____ (venir), ce n'est pas son jour.
13. Il était surprenant que la propriétaire _____ (avoir accepté) de louer à un chômeur.

2. Subjunctive in clauses dependent on verbs of saying, thinking and believing (FGU sections 11.1 and 11.1.4)

- Verbs of saying, thinking and believing normally present an event in a dependent subordinate clause as a more or less probable fact, so the verb in that clause is in the indicative: *Ils ont cru que l'autre équipe **avait** été éliminée.*
- But when such verbs are negated or questioned this often presents the event in a dependent subordinate clause as less likely, and the subjunctive may be appropriate: *Ils n'ont pas cru que l'autre équipe **ait** été éliminée?*
- Verbs in subordinate clauses dependent on *espérer* are always indicative, however, and so are verbs in clauses headed by *si*.

Put the infinitives in the following sentences into an appropriate form: subjunctive or indicative. Be careful, not all of these cases require the subjunctive.

e.g. Je suppose que vous _____ (savoir) ce qui se trouve dans les armoires?

Je suppose que vous <u>savez</u> ce qui se trouve dans les armoires.

Keywords

prétendre	to claim
le loyer	the rent
l'auditoire (m)	the audience

1. Elle prétend qu'ils n'_____ (avoir touché) à rien.
2. Je ne pense pas qu'un musicien de rue _____ (être) en mesure de payer le loyer d'un appartement comme celui-ci.
3. Je suppose qu'elle l'_____ (attendre).
4. C'était un jour où on n'imaginait pas que les gens _____ (pouvoir) être dehors pour leur plaisir.
5. J'ai l'impression que vous _____ (connaître) cet homme.
6. Vous ne savez pas s'il l'_____ (avoir vue) hier soir?
7. Je vous ai dit qu'il n'_____ (être) que huit heures.
8. Il ne comprenait pas qu'on _____ (parler) aussi tranquillement d'une telle affaire.
9. On pourrait dire qu'il n'_____ (avoir) jamais été pauvre.
10. Je ne me souviens pas qu'il _____ (avoir pris) de vraies vacances.
11. J'espère qu'il ne _____ (aller) pas choquer l'auditoire.
12. Je ne pense pas qu'il _____ (avoir) jamais été malheureux.
13. Remarquez qu'il n'_____ (avoir) rien perdu de sa vigueur.
14. Est-ce que vous avez suggéré qu'elle _____ (venir) habiter ici?
15. Supposez qu'elle se _____ (être mise) en tête de faire de la moto.

3. Subjunctive or indicative in clauses dependent on impersonal verbs (FGU sections 11.1 and 11.1.5)

- Some impersonal verbs present an event in a dependent subordinate clause as probable, so that the verb in that dependent clause is in the indicative: *Il est probable que nous **arriverons** après-demain.*
- Others present the event in the dependent subordinate clause as less probable, and this gives rise to the subjunctive: *Il est peu probable que nous **arrivions** avant mardi.*

Translate the English verbs in the following sentences into French, deciding whether they are subjunctive or indicative.

e.g.   Il n'est pas sûr qu'elle _____ (has been questioned) par la police
    Il n'est pas sûr qu'elle <u>ait été interrogée</u> par la police

Keyword

un amortisseur   a shock absorber

1. Je ne peux pas vous expliquer. Il faut que vous _____ (understand) par vous-même.
2. Il me semble que nous _____ (know each other).
3. Il fallait que quelqu'un _____ (paid) le loyer.
4. C'est une chance que le feu _____ (didn't take hold – use *prendre*) au toit.
5. Il arrivait qu'à midi elle _____ (dressed) pour aller manger dehors, mais c'était plutôt rare.
6. C'était rare qu'_____ (there was) de la vaisselle sale dans la cuisine.
7. Il est important que vous _____ (cut your losses – use *faire la part du feu*).
8. Il est probable que les douaniers _____ (searched – use *fouiller*) ses bagages.
9. Il était peu probable que Jean _____ (told) la vérité.
10. Il semble qu'ils _____ (left) de bonne heure.
11. Il était évident qu'_____ (there was) quelqu'un dans la maison.
12. Il est douteux que cela lui _____ (caused – use *faire*) plaisir.

4. Subordinating conjunctions and the choice of subjunctive or indicative (FGU sections 11.1 and 11.1.6–11.1.7)

- Some subordinating conjunctions determine that the verb in the clause they introduce are in the subjunctive: *Bien que ces arguments soient en partie valables, ils ne justifient pas votre comportement.*
- Others are followed by the indicative: *Maintenant que je suis installé, je peux me mettre au travail.*
- *après que* is used either with the indicative or subjunctive in modern French: *Nous avons commencé après qu'ils étaient arrivés/soient arrivés.*

Translate the English verbs in the following sentences, deciding whether they should be subjunctive or indicative.

e.g.   Peut-être qu'elle _____ (had) des raisons de ne rien dire
Peut-être qu'elle <u>avait</u> des raisons de ne rien dire

Keywords

sélectionner	to select
rejoindre quelqu'un	to join someone

1. Avant qu'elle _____ (left), je me suis assuré qu'elle n'emportait rien.
2. Elle est descendue quelques minutes après que Jacques _____ (came up).
3. Il n'y a aucune raison pour que je n'_____ (go) pas la voir.
4. Bien que je _____ (am) son père, je dois reconnaître qu'elle a des dons pour le piano.
5. La télévision peut constituer une source d'informations, mais à deux conditions: que vous _____ (process – use *traiter*) les informations reçues, c'est-à-dire que vous les _____ (assimilate), et que vous _____ (select) les émissions.
6. En attendant que j' _____ (have finished), jette un coup d'œil sur ce document.
7. Autant qu'on _____ (can) en juger, elle est sans revenus.
8. Ne fais rien avant que je te _____ (join).
9. Dès qu'il _____ (had) le dos tourné, les deux individus en veste de cuir noir filèrent vers la sortie.
10. Il parlait fort afin que tous les clients du bar _____ (understood) que la police arrivait.
11. Il me regardait sans qu'il _____ (was) possible de deviner ce qu'il pensait.
12. Bien que son intention _____ (had been) de commander un rhum, il dit machinalement « un cognac ».
13. Elle longeait les murs de façon que personne ne _____ (saw her).

14. Son réveil n'a pas sonné, de sorte qu'elle _____ (missed) son train.
15. Il sommeille plutôt qu'il ne _____ (sleeps).

5. Subjunctive in clauses dependent on expressions which claim a 'peerless' status for an entity
(FGU sections 11.1 and 11.1.8)

————————————— • —————————————

Le perroquet a un énorme mérite: c'est **le seul animal** au monde qui **soit** capable de répéter ce qu'il vient d'entendre sans chercher à en faire une bonne histoire.

————————————— • —————————————

- Verbs in clauses dependent on expressions which involve superlatives (*le plus gros* 'the biggest', *le moins intéressant* 'the least interesting'), *dernier, premier, seul, unique, personne* or *rien*, and which claim a 'peerless quality' for something are usually in the subjunctive: *Elle est la seule qui soit capable de le faire.*
- Where the expression reports a fact which happens to be the first, the last, the only one, etc., of a series, but other similar events have occurred and will occur, the verb in the dependent clause is usually in the indicative: *Cette fois, le livre de cuisine est le seul qui est tombé de l'étagère.*

————————————— • —————————————

Deux journalistes suivent le cortège funèbre d'un médiocre cycliste professionnel.
– C'est bien **la première fois** qu'il **est** en tête, dit l'un.
– Oui, approuve l'autre. Surtout après crevaison.

————————————— • —————————————

Put the infinitives in the following sentences into an appropriate form: subjunctive or indicative. Be careful, not all the cases require the subjunctive.

e.g. L'entreprise de mon frère est la seule qui _____ (pouvoir) fournir le matériel qu'il vous faut
L'entreprise de mon frère est la seule qui <u>puisse</u> fournir le matériel qu'il vous faut

Keyword
un réseau   a network

1. Le seul moyen qu'il _____ (connaître) pour se détendre, c'est de jouer au tennis.

2. C'est un des premiers films publicitaires qu'il _____ (tourner).
3. Scott Bolsone est le seul cinéaste américain qui ne ____ (être) pas fasciné par Hollywood.
4. Elle était la seule personne qui l'_____ (attendre) à sa sortie de prison.
5. C'est l'orchidée la plus extraordinaire que j'_____ (avoir) jamais vue.
6. Il leur a donné le sujet de dissertation le plus difficile qu'on _____ (pouvoir) imaginer.
7. Pour rejoindre le réseau Internet, tout ce que vous ____ (avoir) à faire est de connecter votre ordinateur.
8. Le gouvernement n'est pas aussi impopulaire que certains médias _____ (vouloir) bien le laisser supposer.
9. Pour travailler sur Internet il vous faudra la connexion la plus rapide que vous _____ (pouvoir) vous offrir.
10. Il était thérapeute depuis dix ans, mais c'était la première fois qu'on lui _____ (faire) pareille demande.

6. Other cases where the subjunctive is used
(FGU sections 11.1 and 11.1.10–11.1.12)

- The verb in a clause which is the subject of another clause is in the subjunctive: *Qu'il soit parti me semble certain.*
- Verbs in subordinate clauses dependent on indefinite expressions (e.g. *qui que, où que, quelque chose que, un X qui/que,* etc.) which imply that the event described is hypothetical are in the subjunctive: *Elle cherche une maison qui ait une piscine.*
- Verbs in clauses coordinated with hypothetical *si* clauses are usually in the subjunctive: *S'il retéléphone et qu'il veuille savoir où je suis, je serai chez ma mère.*

Put the infinitives in the following sentences into an appropriate form of the subjunctive.

e.g. Qui que vous _____ (nommer), je lui mènerai la vie dure
Qui que vous nommiez, je lui mènerai la vie dure

Keywords

| *la planche à voile* | windsurfing |
| *un rabais* | a discount |

1. Pas un client, ce soir-là, qui n'_____ (entrer) sans se tourner vers lui.
2. Je n'avais pas l'intention d'attendre qui que ce _____(être).
3. Y a-t-il quelque chose que vous _____ (avoir) envie de me dire?
4. Une étape, quelle qu'elle _____ (être), se prépare physiquement, psychiquement et stratégiquement.

5. Il m'a interdit d'appeler qui que ce _____ (être).
6. Que l'argent _____ (avoir) été volé me semble indubitable.
7. Qu'elle _____ (faire) de la planche à voile inquiète ses petits-enfants.
8. Où que tu _____ (aller), je te suivrai.
9. Quelque livre que vous _____ (choisir), vous bénéficierez d'un rabais.
10. Si j'avais pu la joindre par téléphone, et qu'elle _____ (avoir bien voulu) me parler, j'aurais déjà résolu cette affaire.
11. Si vous entendez parler d'un appartement à louer, et que le loyer _____ (être) au-dessous de 500 euros par mois, dites-le-moi.

7. Use of *devoir, pouvoir, savoir* and *falloir*
(FGU sections 11.2–11.3)

Study the examples of the use of *devoir, pouvoir, savoir* and *falloir* in *French Grammar and Usage*, sections 11.2–11.3, and then translate the English verbs in the following sentences with an appropriate form.

e.g.   _____ (It will be necessary), disait sa tante, que nous t'installions à la maison
Il faudra, disait sa tante, que nous t'installions à la maison

1. Les bagages _____ (mustn't) bloquer l'accès aux équipements de sécurité et issues de secours.
2. Quand il était jeune, il _____ (could) rester assis des heures.
3. On _____ (should) vous contacter toutes les heures, au moins.
4. Il _____ (couldn't) s'empêcher de se retourner indiscrètement vers les gens à la table voisine.
5. Le bureau _____ (must have been) surchauffé, car deux de mes collègues ont eu un malaise.
6. Comme on était tous les deux au chômage, il _____ (was necessary) qu'on fasse attention à ce qu'on dépensait.
7. Je suis en sueur; je _____ (should) prendre une douche.
8. Un musicien _____ (mustn't) s'attendre à gagner beaucoup d'argent.
9. Dans toutes les villes où ils allaient, ils _____ (knew) d'avance où descendre.
10. Chez qui _____ (could)-il être allé?
11. Chez qui _____ (could)-il aller?
12. Ma secrétaire _____ (must have) vous écrire une lettre.
13. Quand elle comprit que quelqu'un la regardait, elle s'éloigna, et elle _____ (never knew) qui c'était.
14. _____ (Did you know) qu'il était en traitement?
15. Quand il est allé dîner chez son oncle, _____ (it was again necessary) essayer d'empêcher le vieil homme de trop boire.
16. C'était un homme qui _____ (must have been) 25 ans.

17. Elle avait très soif; il _____ (must) y avoir une carafe d'eau quelque part.
18. Vous _____ (shouldn't have) vous donner autant de peine.
19. La nouvelle _____ (must have) arriver trop tard pour la dernière édition des journaux.
20. Quand il sortit de son bureau, il _____ (had to) marcher jusqu'au boulevard Voltaire pour trouver un taxi.
21. Tu _____ (should have) me le dire plus tôt.
22. Son livre _____ (should) sortir le mois prochain.
23. Vous _____ (may) partir dès que la réunion sera terminée.

8. Exclamatives (FGU section 11.4 and 11.5.7)

- Sentences can be made into exclamations by putting *comme* or *que* in front of them: *Comme* (or *Que*) *Pierre a changé!*
- Noun phrases can be made into exclamations by putting an agreeing form of *quel* in front of them and moving them to the beginning of the sentence: *Quels progrès ils ont faits!*
- 'What a lot of X!' is *Que de X!*
- 'Let them do X!' is *Qu'ils fassent X* (with the verb in the subjunctive).

Translate the following into French.

1. How lazy they are!
2. How well you sleep when you are in the country!
3. What a lot of problems we have before us (use *affronter des problèmes*)!
4. With what energy she undertakes everything she does!
5. Let him wait in my office.
6. Someone order me a taxi.
7. What fine weather we have had this year.

9. How good is your memory?

The fragment of text below was saved from the computer of a French crime fiction writer, after it had been affected by a computer virus. Incredibly, a number of the constructions it contains have appeared in identical or similar form somewhere in this chapter. Unfortunately, some of the characters were deleted. Can you reconstruct the text?

Quand la pol ce l'a inter gée, elle a prét du que personne n'a t touché à rie .
  – Il me semble qu nous nous connais   , a dit l'inspecteur.

– Je ne me souviens pas que n s nous so   jamais rencontrés, a-t-elle rép ndu.

– Y a-t-il quel ue chose que v us a z envie de m dire? a demandé l'inspecteur. Nous cher ons la personne qui   cambriol la maison du curé. Je suis persuadé qu'il n'   pas question d'argent, ma s que le vole r cherch   plutôt des documents concer nt les acti ités financières du c ré. Où éti   -vous entre huit heures et min it hier soir?

– Chez mon père.

Elle aurait préf ré que son père n   pas mêlé à cette hist ire, mais c'é ait la seule personne qui p   confirmer son alibi.

– J'au   besoin de le contacter, a dit l'inspecteur. Vous ne po   ez pas partir avant que je revie   .

Il est revenu quelques instants plus tard.

– C'est exact. Il n'y a donc aucune rai on pour que vous rest   ici.

12

Infinitives

Les aventures de Hagar Dunor

© King Features Syndicate, Inc.

I. Infinitive complements to other verbs
(FGU sections 12.1–12.5 and 12.11)

Verbs in French can be linked to a following infinitive by *de, à, par* or
no preposition: *Pierre essaie **de** travailler; Marie a réussi **à** gagner; Juliette
désire dormir un peu*. Using the quick-reference index to verbs taking
infinitive complements (FGU section 12.11), do the following exercises.

(a) Fill in the blanks

Fill in the blanks in the following sentences with the appropriate
preposition, but only if one is required.

e.g. Pierre cessera __ être responsable de section l'année prochaine
Pierre cessera __d'être responsable de section l'année prochaine
Jean est monté __ chercher ses lunettes
Jean est monté chercher ses lunettes (no change)

Keywords

curieusement	out of curiosity
joindre quelqu'un par téléphone	to reach someone on the phone
s'évertuer	to strive
une sauterelle	a grasshopper
la bouillabaisse	a Provençal fish soup
lier conversation avec quelqu'un	to strike up a conversation with someone

1. Il semblait _ vouloir _ écraser les sièges sous sa masse.
2. De temps en temps le téléphone faisait _ entendre sa sonnerie.
3. Hugo ne pouvait _ s'empêcher _ se retourner curieusement sur eux.
4. Il ne parvenait pas _ se débarrasser de ce rhume.
5. Tous ses cigares avaient fini __ dessiner un cercle ambré dans les poils gris de sa barbe.
6. Il se contentait _ toucher le bord de son chapeau.
7. Jules était allé _ s'asseoir sur un banc.
8. Il était arrivé _ joindre le docteur par téléphone.
9. Il n'osa refuser _ s'occuper des enfants en son absence.
10. Il mit près d'une demi-heure _ trouver la rue Tramontane.
11. Déjà on entendait une auto _ s'arrêter dans la rue.
12. Pourquoi chacun s'était-il évertué _ l'empêcher de prononcer son discours?
13. Vous devriez peut-être envoyer quelqu'un _ le voir à l'hôpital.
14. Elle avait vaguement vu une grosse voiture _ s'arrêter sur la place.
15. Sa démarche me faisait _ penser à une sauterelle.
16. Vous rêvez __ passer un week-end __ bronzer sur la plage de Nice ou _ manger une bouillabaisse à Marseille?
17. Elle commence _ apprécier tout ce qu'il fait pour elle.
18. Le client n'a pas essayé _ lier conversation avec le serveur.
19. J'espère qu'il se décidera bientôt _ payer et _ s'en aller.
20. Pendant près de deux heures on a cessé _ s'occuper de lui.
21. Aucun règlement ne lui interdit __ rester dans le café aussi longtemps qu'il lui plaît.
22. Il est préférable d'éviter _ téléphoner chez quelqu'un après 22h, _ arriver avant l'heure à une invitation et _ se décommander à la dernière minute.

(b) Fill in the blanks

Read the text below right through once and then, as in exercise (a) above, fill in the blanks with the appropriate preposition, but only if one is required.

Keywords

un stage	a short course
un(e) demandeur(-euse) d'emploi	job-seeker
décrocher un emploi	to land a job
déboussolé	disorientated
se raccrocher à	to catch hold of, turn to
farfelu	crazy
la gestion	management
un(e) cadre	an executive
l'équitation (f)	horse-riding

| *déclencher* | to set off |
| *bouché* | oversubscribed |

Madame F. dirige des stages destinés à aider le demandeur d'emploi ___ décrocher un emploi:

« Je vois ___ débarquer ici des gens complètement déboussolés qui, pour se rassurer, se raccrochent à des projets professionnels farfelus » raconte Madame F. Une biologiste décide ___ ouvrir une boutique de décoration alors qu'elle n'a pas la moindre notion de gestion. Un cadre commercial rêve ___ monter un club d'équitation. Le chômage déclenche une telle anxiété que l'on cherche par tous les moyens ___ prouver que l'on est resté créatif. C'est un réflexe normal mais vous risquez ___ perdre un temps précieux. Cessez ___ fantasmer. Ne répétez pas d'un ton défini-tif « mon secteur est complètement bouché », c'est rarement vrai.

Après plusieurs mois d'inactivité, vous finissez ___ vous persuader que vous n'êtes bon à rien, que votre expérience professionnelle n'a aucun intérêt. C'est ce défaitisme que les stages se proposent ___ vous aider ___ surmonter. L'étape la plus importante: savoir ce que l'on veut ___ faire et ce que l'on peut ___ offrir. Banal? C'est pourtant de cela que tout découle.

(c) Translate and fill in the blanks

Translate the English expressions in the following sentences.

e.g.   Je _____ (forced her to) démissionner
     Je *l'ai obligée à* démissionner

Keywords

| *un bénéfice* | a profit |
| *embaucher* | to take on, employ |

1. Elle _____ (went up to) chercher son imperméable.
2. Demandez à votre sœur _____ (to bring her friend) nous voir.
3. Ils _____ (persuaded her) ne plus y aller.
4. Son entreprise _____ (sent him) à Rome régler l'affaire.
5. Voulez-vous bien _____ (confirm) avoir reçu les dossiers?
6. Nous _____ (had convinced them) prendre un congé de huit jours.
7. Je n'_____ (would never dare) critiquer sa conduite.
8. Le ministre _____ (advised them) le tenir au courant.
9. Il _____ (had gone) examiner les nouveaux titres à la librairie.
10. Seule la possibilité d'un important bénéfice _____ (would bring him to – use *amener*) signer un accord.
11. J'_____ (reckon to be able) achever le projet en un mois.

12. L'augmentation des commandes _____ (has forced the factory) embaucher vingt ouvriers de plus.

(d) Translate and fill in the blanks

Translate the English expressions, as in (c) above.

Keywords

rôder	to prowl
le gaz lacrymogène	tear gas
un(e) manifestant(e)	a demonstrator
une contre-expertise	a second opinion

1. Je _____ (thought) avoir perdu de vos traces.
2. Elle _____ (thanked me for) avoir lu le manuscrit de son livre.
3. Il _____ (remembers) avoir laissé les documents dans le train.
4. J'_____ (am fed up with) travailler à la bibliothèque.
5. Elle _____ (noticed someone) rôder dans le jardin.
6. On _____ (had taught her to) rejeter toute théorie qui ne tenait pas debout.
7. La police _____ (decided to) ne pas utiliser de gaz lacrymogène contre les manifestants.
8. Marie _____ (was used to) dîner seule.
9. Sa longue expérience de la route _____ (had taught her to) redoubler de prudence à la nuit tombante.
10. Il _____ (chose) poursuivre ses études à Paris.
11. La complexité du problème _____ (had decided them to) demander une contre-expertise.
12. Son médecin _____ (took three months to) trouver une thérapie qui convienne à sa maladie.

2. Infinitive complements to adjectives
(FGU sections 12.7.1–12.7.4)

- Adjectives which can be used both in personal and impersonal constructions behave as follows: when used impersonally they are followed by *de* + infinitive: *Il/c'est difficile de comprendre Pierre; Il/c'est difficile de comprendre cela.* When used in personal constructions they are followed by *à* + infinitive: *Pierre est difficile à comprendre; C'est difficile à comprendre.*

- Most adjectives which are used only in personal constructions are followed by *de* + infinitive: *Pierre est content de faire cela;* but

those which express some notion of 'manner' are followed by *à*:
*Pierre est prêt **à** faire cela.*

Fill in the blanks in the following sentences with *de* or *à* as appropriate.

e.g.   Anita sera heureuse __ vous revoir
*Anita sera heureuse **de** vous revoir*

Keywords

le permis de construire	planning permission
déceler	to detect
remettre	(in this context) to postpone
desservir	(in this context) to run services to

1. C'était extraordinaire __ le retrouver.
2. Il est plus simple que jamais __ construire sa propre maison.
3. Le permis de construire est plus difficile __ obtenir aujourd'hui que par le passé.
4. Il était difficile __ déceler de l'ironie dans sa voix.
5. Sa voix était difficile __ reconnaître au téléphone.
6. De près l'église était merveilleuse __ voir.
7. Donne-moi un coup de main avec cette malle. Elle est trop lourde __ soulever, surtout que j'ai des problèmes de dos.
8. Il devient difficile __ poursuivre notre action sans soutien financier.
9. La hauteur de plafond de l'appartement le rendait difficile __ chauffer.
10. Impossible __ traiter d'un tel sujet en une demi-heure.
11. Elle était disposée __ tout remettre au lendemain.
12. Depuis la fin du monopole sur les lignes aériennes intérieures, les compagnies sont libres __ desservir l'ensemble des aéroports.

3. Infinitive complements to nouns (FGU sections 12.8.1–12.8.4)

Translate the English expressions into French in the following.

e.g.   un appartement _____ (to rent)
*un appartement **à louer***
Défense _____ (smoking)
*Défense **de fumer***

Keywords

emporter	to carry away, take away
la pelouse	the grass, lawn
se déranger	to trouble oneself

s'adapter	to adapt (to a new environment)
loger	to accommodate

1. une poêle _____ (frying)
2. un repas _____ (take-away)
3. une pomme _____ (cooking)
4. Défense _____ (walking on the grass)
5. Vous n'avez pas besoin _____ (to trouble yourself).
6. J'ai eu assez de mal _____ (to find you again).
7. Il avait envie _____ (to cry).
8. Voilà un exemple _____ (not to follow).
9. J'ai quelqu'un _____ (to see) à 15 heures.
10. Elle a du travail _____ (to do) avant de partir en vacances.
11. Un séjour d'études en France est l'occasion _____ (to discover) l'extra-ordinaire variété de ses paysages.
12. Si certaines façons _____ (of doing things) ont tendance _____ (to be) internationales, le savoir-vivre est un domaine où les particularismes nationaux restent très vivaces.
13. Etre reçu dans une famille à l'étranger est certainement une bonne manière _____ (to learn the language).
14. Si vous n'avez pas la chance _____ (to be accommodated) en résidence universitaire, vous devez chercher un logement en ville.
15. La façon _____ (of eating) des Français s'est modifiée sous la pression de la vie urbaine.

4. Infinitives in instructions and as polite commands
(FGU section 12.10)

(a) Find the infinitive

Below are '*10 règles d'or pour vos examens et concours*'. Can you guess which infinitives appear in the blanks?

1. _____ avant d'agir.
2. E____ir un plan d'action.
3. S'organiser.

4. L____ efficacement.
5. Per_____ son art d'écrire.
6. ____rcer son intellect.

7. Maî_____ les épreuves écrites.

8. Aff___ter les épreuves orales.
9. ____ soi-même ... et en pleine forme.

Et

10. ... Allez-y de bon cœur!

M. J. Gourmelin and J. F. Guédon, *Les 100 clés du succès
aux examens et concours* © Marabout

(b) Jumbled infinitives

In the following recipe the infinitives in italics occur with the wrong complements. Read the recipe right through once and then unscramble them to produce the correct recipe.

e.g.   • *Dénoyauter* dans un saladier . . . → *Mélanger* dans un saladier . . .

Keywords

une amande	an almond
la garniture	the filling
mûr	ripe
la crème fleurette	cream
la Maïzena	a brand of cornflour
une praline	a sugared almond
dénoyauter	to remove the stone (from fruit)
saupoudrer	to sprinkle
étaler	to roll out (pastry)
un moule à tarte	a pie dish
le fond de pâte	the pastry base
piquer	to prick
enfourner	to put into the oven
sur feu doux	over a low heat

Tarte aux abricots

Pour 6 à 8 personnes
Pâte: 200 g de farine, 100 g de poudre d'amandes, 150 g de sucre en poudre, 125 g de beurre, un œuf.
Garniture: un kilo d'abricots mûrs, 20 cl de crème fleurette, 20 g de Maïzena, 50 g de sucre en poudre, un œuf, 8 ou 10 pralines roses, 2 cuil. à soupe de sucre glace.

- *Dénoyauter* dans un saladier la farine, la poudre d'amandes, le sucre et une pincée de sel.
- *Saupoudrer* une fontaine, au centre, *servir* le beurre mou et l'œuf.
- *Garnir* rapidement tous les éléments pour *mélanger* une pâte homogène.
- Laisser *faire* au frais au minimum une heure, puis *écraser* la pâte sur une épaisseur de 3 à 4 mm environ.
- En *étaler* un moule à tarte beurré de 25 cm de diamètre, *amalgamer* finement le fond de pâte, et faire *couper* à blanc 25 min (th. 6–180°).
- Laisser *mettre*.
- *Reposer* la crème: *enfourner* l'œuf avec le sucre et la Maïzena.
- *Obtenir* la crème liquide et faire *refroidir* sur feu doux en remuant sans arrêt.
- *Ajouter* finement les pralines. Les *étaler* hors du feu à la crème épaisse.
- Laisser *ajouter*.
- *Laver* la crème froide sur le fond de tarte froid.
- *Epaissir* et *travailler* les abricots, les *piquer*, les *cuire* en deux, puis *préparer* chaque demi-fruit en trois.
- Les *recouper* verticalement sur la crème. *Disposer* abondamment de sucre glace.
- *Sécher* 10 min (th. 7–220°) pour que la pointe des abricots dore.
- *Refroidir* tiède ou froid.

Ouest-France

5. How good is your memory?

Translate the following into French. Many of the expressions used have appeared in an identical or similar form somewhere in this chapter. Use the simple past (past historic) where appropriate.

Keywords

décrocher	to answer the phone, pick up the receiver
C'est bien X?	Am I speaking to X?
C'est moi-même	Speaking
Dieu merci	Thank goodness
un éditeur (m/f)	a publisher

The telephone rang. Marilyn answered, and Hugo couldn't stop himself from turning round to look at her out of curiosity.

– Hallo?

– Am I speaking to Marilyn?

– Speaking.

– Thank goodness, I've finally managed to reach you. It's Millie.

– Millie! Is it really you? Your voice is hard to recognise.

– It's this cold. I can't seem to get rid of it. I'm phoning to thank you for having read the manuscript of my novel. It must have taken you a long time to do it.

– Don't mention it, it was a pleasure. I spent four or five hours on it. I advise you to send it to your publisher straight away; it's excellent.

– Thank you, I'll do it now.

– Don't forget to keep me informed about what happens. See you soon.

13

Prepositions

I. Prepositions with multiple meanings: *à, dans, de, en*
(FGU sections 13.2, 13.5–13.7)

(a) Referring to place

- For countries of feminine gender, and most masculine countries beginning with a vowel, *en* is used when the meaning is 'at', 'to' or 'in': *en Grèce, en Finlande, en Irak, en Iran.*
- For other masculine countries *à* is used: *au Liban, au Maroc.*
- *dans* can mean 'in' a place at a particular time. With this kind of meaning, the definite article is often present: *dans la France des années 30.*
- Beware of small and of distant islands! They tend to require *à* for 'to', 'at' or 'in' (*à Malte*), whilst larger and/or European islands tend to require *en* (*en Crète*).
- Proper names of towns tend to occur with *à*: *à Londres.*
- 'in' and 'to' French regions of feminine gender is *en* (*en Auvergne*); it is *dans* with French regions of masculine gender (*dans le Berry*).
- When streets are named there is usually no preposition in French for 'in' or 'to': *Je l'ai rencontrée rue de Breil.*

Fill in the blanks in the following sentences with an appropriate pre-position (or leave blank where necessary).

Keywords

un bateau de croisière	a cruise ship
des fouilles (fpl) archéologiques	an archeological dig

1. Nous avons beaucoup voyagé _____ France.
2. Nous n'aurions pas accepté un tel comportement _____ la France de ma jeunesse.
3. _____ Japon ils ont gardé beaucoup de leurs traditions.
4. Nous nous attendons à voir beaucoup de progrès industriel _____ Chine.
5. Avant de venir _____ France, mes parents ont vécu _____ Madagascar.
6. _____ Antilles ils développent l'industrie du tourisme.
7. Le rugby se pratique plutôt _____ le sud de la France.
8. Je ne veux plus passer mes vacances _____ USA: les contrôles aériens deviennent trop compliqués.

9. On trouve beaucoup de monuments aux soldats de la première guerre _____ Lorraine.

10. _____ Sardaigne on veut construire un nouveau port pour accueillir de plus grands bateaux de croisière.

11. La pauvreté _____ Philippines mérite l'attention des médias.

12. Le débat sur la souveraineté continue _____ Chypre.

13. Les touristes britanniques ne connaissent pas la douceur de vivre _____ la Martinique.

14. Après les vacances aux Baléares, les Durand ont décidé de prendre leurs vacances _____ Guernesey l'année prochaine pour changer un peu.

15. Je croyais que les fouilles archéologiques _____ Crète étaient presque terminées.

16. Je veux à tout prix changer d'horizon: je vais m'installer _____ New York dès le mois de janvier.

17. D'abord, il nous a salués quand il nous a rencontrés _____ rue de Varennes, mais quand on l'a revu _____ la rue deux heures plus tard, il a fait semblant de ne pas nous connaître.

18. Ils aiment boire le Calvados sur place _____ Normandie.

19. _____ le Yorkshire ils sont un peu obsédés par le cricket.

20. L'Eurostar roule _____ Londres _____ Paris et _____ Bruxelles.

(b) Referring to time

- *à* tends to refer to a specific time, is used with *printemps* (*au printemps*), and with *siècle* (*au vingt et unième siècle*).

- *dans* can refer to a point in the future from which some event begins (*Je le ferai dans deux semaines* = 'I will do it two weeks from now'), can mean 'during' (*Il est tombé malade dans la nuit*) and is used with *les années 50, 60, 80*, etc.

- *en* is used to mean 'within a certain period of time' (*Je le ferai en deux semaines* = 'It will take me two weeks to do it'), is used with months (*en août*), years (*en 2009*), and with the other seasons (*en été*).

Fill in the blanks in the following sentences with an appropriate preposition.

1. Je vous rejoindrai _____ trois heures quand j'aurai fini ce travail.

2. Tous les jours _____ 15 heures précises, elle quitte sa maison et part vers Paris.

3. Le magasin est fermé _____ midi _____ 14 heures.

4. Si vous voulez attendre, j'aurai fini la réparation _____ dix minutes.

5. Je ne peux pas le faire tout de suite mais je le ferai _____ la semaine qui vient.

6. _____ trois semaines le gros œuvre sera terminé et on commencera l'intérieur.

7. Elle doit rendre sa dissertation avant ce soir: je ne sais pas si elle a pu la terminer _____ la journée.
8. Elle se réveille _____ l'aube pour photographier le lever du jour.
9. Je l'ai connue _____ les années soixante.
10. Mon père est mort _____ petit matin.
11. C'est une tradition dans ma famille de toujours être _____ l'heure.
12. Tout reprend vie _____ printemps.
13. Il arrive un moment _____ automne où on a moins envie de sortir.
14. Nous nous sommes mariés _____ janvier. Il faisait très froid.
15. Il faut convenir que les femmes s'habillent très différemment _____ 21e siècle.
16. C'était _____ 1957 que ma famille a acheté son premier poste de télévision.
17. Il faut admirer le progrès qu'elle a fait _____ si peu de temps.
18. Pour l'instant je suis très pris: je ne pourrai m'occuper de votre problème que _____ quinze jours.
19. Le match commence _____ quinze heures.

(c) Other uses of *à, dans, de, en*

Many of the uses of these prepositions are specific to particular contexts and it is impossible to give general guidance (see FGU sections 13.2, 13.14, 13.15, 13.26 for representative examples). Don't be misled into believing that there is a one-to-one meaning relationship between English and French prepositions! Fill in the blanks in the following sentences with an appropriate preposition.

1. Vous trouverez les réponses _____ la page 234.
2. Il prétend que c'est vrai parce qu'il l'a lu _____ le journal.
3. Cette facture doit être _____ les papiers sur mon bureau.
4. Il a pris cet argent _____ la poche de ma veste en cuir.
5. Mon ami Paul le connaît _____ réputation mais ne le connaît pas personnellement.
6. Tu te rends compte! Le clou avait crevé la chambre _____ air aussi bien que le pneu.
7. Est-ce que vous saviez que ce garçon était âgé _____ 13 ans quand vous lui avez servi ce verre de bière?
8. Il a voulu me parler _____ allemand mais je lui ai fait comprendre que je n'avais aucune connaissance de cette langue.
9. Les vestes style Beatles étaient très à la mode _____ les années soixante.
10. L'archevêque pense que trop de personnes vivent encore _____ la misère.
11. Vous viendrez donc nous voir lundi _____ huit?
12. C'est gentil _____ vous de nous inviter mais nous serons en Angleterre _____ ce moment-là.

13. Je crois qu' _____ la circonstance tu devrais t'excuser auprès de ta grand-mère.

14. Pour mon anniversaire mes parents m'ont donné une montre _____ argent.

15. Pourquoi n'avez-vous pas répondu quand Jean avait sonné _____ la porte?

16. Tout au début du repas il a renversé un verre _____ vin sur la table.

17. Jamais je ne gagnerai plus _____ 2 000 euros par mois si je reste ici.

18. Pourquoi est-ce qu'elle est toujours habillée _____ vert? Cette couleur ne lui va pas au teint.

19. Dans la forêt ils avaient construit une maison _____ bois.

20. Ils roulaient à plus de 200 kilomètres _____ l'heure.

21. Ma mère était forte _____ langues mais il semblerait que je n'aie pas hérité de son don.

22. Si cela est possible, je préférerais goûter ce Bordeaux dans un verre _____ vin plutôt que dans ce machin en plastique.

23. A la fin du mois j'aurai une journée _____ libre et nous pourrions y aller à ce moment-là.

24. Je croyais que la Tour Montparnasse à Paris était le plus haut bâtiment _____ Europe mais il paraît que ce n'est pas vrai.

25. Une belle promenade _____ mer m'a remis pour la journée.

26. Elle aurait voulu que je m'habille _____ soldat mais j'ai refusé tout net.

27. Franchement, je préfère y aller _____ pied. Vous pouvez très bien y aller _____ vélo et je vous rencontrerai là-bas vers 15 heures.

28. Maintenant Jean travaille moins _____ deux jours par semaine.

29. Mon père préfère voyager _____ train mais ma mère veut prendre l'avion.

30. Elle avait les yeux _____ demi fermés quand le chat lui a sauté dessus.

2. Other prepositions (FGU sections 13.3–13.13, 13.16–13.25, 13.27–13.58)

(a) Fill in the blanks

Read through the set of sentences below, and then fill in the blanks with an appropriate preposition taken from the list which follows (one for each blank). Make any other adjustments that are necessary (e.g. changing *de le* → *du*).

Keyword

une œuvre caritative   a charity

1. Cela m'énerve quand les gens qui sont _____ nous au cinéma bougent constamment la tête.

2. Je vais essayer d'y arriver _____ tous les moyens.

3. Finalement toute notre famille pourra nous accompagner _____ un don d'une œuvre caritative.
4. Mon frère est venu du Canada _____ toutes les difficultés administratives qu'il a rencontrées.
5. C'était _____ hasard que nous nous sommes rencontrés à l'aéroport.
6. Le magasin est fermé _____ décès.
7. J'ai appris de l'agence de voyage que nous pourrons voyager _____ demain parce que la grève sera terminée.
8. Je ne vois pas qui aurait pu le lui dire _____ notre petit groupe.
9. _____ erreur, tout est prêt pour le départ.
10. Le contenu des valises avait été distribué _____ la route parce qu'elles étaient tombées _____ car.

sauf	devant	par (twice)	le long de	grâce à
malgré	pour cause de	dès	du haut du	en dehors de

(b) Fill in the blanks

Keyword

un(e) détenu(e)   a prisoner

Read through the sentences below and fill in the blanks with an appropriate preposition taken from the list which follows (one for each blank). Make any other adjustments that are necessary.

1. Je crois que nous nous entendons très bien _____ nous.
2. L'enfant s'était perdu _____ la foule de spectateurs.
3. Le détenu avait été relâché _____ l'intervention du Président de la Société.
4. L'arbre était tombé _____ notre route.
5. La porte _____ couloir est toujours fermée.
6. Elle a toujours fait preuve d'une franche hostilité _____ moi et je ne sais pas pourquoi.
7. Cet ascenseur est constamment _____ service: ils devraient le remplacer.
8. C'était _____ mon vingt-cinquième anniversaire que je me suis rendu compte que j'étais en train de gâcher ma vie.
9. Mais je pensais que la maison était dans cet état _____ toujours.
10. J'attendrai _____ dix heures avant d'annoncer la mauvaise nouvelle.

| depuis | lors de | envers | entre | par suite de |
| jusqu'à | parmi | hors | au bout du | en travers de |

3. Working with prepositions from English into French
(FGU section 13.59)

Fill in the blanks in the following translated sentences with an appropriate preposition taken from the list which follows each set (one for each blank).

e.g.   They play tennis on Sundays
Elles jouent ____ tennis le dimanche
Elles jouent __au__ tennis le dimanche

(a) across, after

1.   The drivers had parked their lorries across the road.
Les routiers avaient garé leurs camions _____ la route.

2.   I came across this by chance in the loft.
J'ai trouvé ceci _____ hasard dans le grenier.

3.   He was staring at us from across the river.
_____ l'autre côté de la rivière, il nous regardait fixement.

4.   The council has finally put a footbridge across this busy road.
La municipalité a finalement construit une passerelle pour piétons _____ cette route encombrée.

5.   They can only come after the dinner.
Ils ne viendront qu'_____ le dîner.

6.   He came third, after me.
Il est arrivé troisième, _____ moi.

| après | derrière | en travers de |
| depuis | par | au-dessus de |

(b) among, around

1. I couldn't pick her out among the guests.
    Je n'arrivais pas à la distinguer _____ les invités.

2. Don't be afraid. We are among friends now.
    N'ayez pas peur. Nous sommes _____ amis maintenant.

3. Many among you will have already heard me adopt this point of view.
    Plusieurs _____ vous m'auront entendu déjà adopter ce point de
    vue.

4. They've won around three million on the horses.
    Ils ont gagné _____ les trois millions au tiercé.
    Ils ont gagné _____ trois millions au tiercé.

5. Why don't you come around six?
    Si tu venais _____ six heures?

vers	dans	parmi
entre	d'entre	environ

(c) as

1. Are you dressed as a clown or do you normally wear clothes like that?
    Tu es déguisé _____ clown ou c'est comme ça que tu t'habilles
    d'habitude?

2. I'm giving you this as a present. I certainly don't want payment.
    Je vous le donne _____ cadeau. Je ne veux surtout pas être payé.

3. As the student representative, I put forward the student point of view.
    _____ représentant des étudiants, je mets en avant le point de vue
    de la population estudiantine.

4. As a matter of fact, I completely disagree with you.
    _____ réalité, je suis en parfait désaccord avec vous.

5. I'd sooner have him as a friend.
    Il vaut mieux l'avoir _____ ami.

comme	en (three times)	en tant que

(d) at

1. Why weren't you here at seven o'clock?
    Pourquoi n'étais-tu pas là _____ sept heures?

2. The horse slowed down at each jump. That's why I came in last.
    Le cheval a ralenti _____ chaque obstacle. C'est pour ça que je suis
    arrivé dernier.

3. They all arrived at the same time.
    Ils sont tous arrivés _____ même temps.

4. At times I feel it isn't worth going on.
    _____ moments j'ai le sentiment qu'il ne vaut pas la peine de con-
    tinuer.

5. But you have always been so good at French!
    Mais tu as toujours été si douée _____ français!

par	à (twice)	en (twice)

(e) by

1. I want you in by twelve, is that understood?
    Tu dois être rentré _____ minuit dernier délai, tu as compris?

2. They all left, one by one, until the room was completely empty.
    Ils sont tous partis, un _____ un, jusqu'à ce que la pièce soit
    complètement vide.

3. John says he knows her by sight.
    Jean prétend qu'il la connaît _____ vue.

4. I wouldn't be able to recognise him by his voice.
    Je serais incapable de le reconnaître _____ sa voix.

5. Isn't that the title of a book by François Mauriac?
    C'est le titre d'un livre _____ François Mauriac, n'est-ce pas?

par	de (twice)	à (twice)

(f) from

1. From now on, I'm in charge.
   _____ maintenant, c'est moi qui dirige.

2. I couldn't recognise the person from your description.
   Je ne serais pas capable de reconnaître cette personne _____ votre description.

3. From the very start you have been against this trip.
   Tu t'es opposé à ce voyage _____ le début.

4. He took the letters from the drawer to show them to me.
   Il a pris les lettres _____ le tiroir pour me les montrer.

5. A fortnight from Monday I will be in Spain.
   Lundi _____ quinze je serai en Espagne.

6. I don't understand why it has become fashionable to drink from the bottle.
   Je ne comprends pas pourquoi c'est devenu à la mode de boire _____ la bouteille.

depuis	dans	à
d'après	à partir de	en

(g) in, into

1. Such things were quite common in the nineteenth century.
   De telles choses étaient très fréquentes _____ dix-neuvième siècle.

2. They have changed their house into a hotel.
   Ils ont transformé leur maison _____ hôtel.

3. I didn't get into bed until well after three in the morning.
   Je ne me suis mis _____ lit que bien après trois heures du matin.

4. I saw statues like those in Japan.
   J'ai vu des statues comme celles-là _____ Japon.

5. They had a short holiday in Jersey.
    Ils sont allés passer de courtes vacances _____ Jersey.

6. I love it when everything comes alive again in spring.
    J'adore ça quand tout recommence à vivre _____ printemps.

7. You can take them out into the garden with you.
    Tu peux les emmener _____ le jardin.

8. We like to rest in the garden in the summer.
    Nous aimons nous reposer au jardin _____ été.

9. I must have left my umbrella in the restaurant.
    J'ai dû laisser mon parapluie _____ restaurant.

---

au (five times)   à   dans   en (twice)

(h) of

1. At least one third of the electorate won't vote.
    Au moins un tiers _____ électeurs s'abstiendront.

2. It is very kind of you to invite us.
    C'est très aimable _____ vous de nous avoir invités.

3. One out of ten has a chance of survival.
    Un _____ dix a une chance de survivre.

4. Each one of them faces a difficult task.
    Chacun _____ eux se trouve face à une tâche difficile.

5. She poured me a cup of tea.
    Elle m'a servi une tasse _____ thé.

---

d'entre   sur   des   à   de

(i) on

1. He's on top of the world at the moment.
    Il est _____ sommet de sa forme en ce moment.

2. What's on television tonight?
    Qu'est-ce qu'il y a _____ la télévision ce soir?

3. If you look on page 127, you'll understand the problem.
    Si vous regardez _____ la page 127, vous comprendrez le pro-
    blème.

4. She has to ride twenty kilometres on horseback.
    Elle doit faire vingt kilomètres _____ cheval.

5. I'll pick it up on the way.
    Je le ramasserai _____ route.

à (three times)	au	en

(j) out of, through

1. Five out of ten people can't tell the difference between margarine and
    butter.
    Cinq personnes _____ dix sont incapables de faire la différence
    entre la margarine et le beurre.

2. And that, my friend, is entirely out of the question!
    Et cela, mon cher ami, est _____ question!

3. They plan to build the new hypermarket out of the town.
    Ils envisagent de construire le nouveau hypermarché _____ la ville.

4. You might get it back through an advertisement.
    Il se peut que vous le retrouviez _____ une annonce.

5. To get there you have to go through ploughed fields.
    Pour y arriver il faut passer _____ les labours.

grâce à	hors de	sur
en dehors de	à travers	

(k) to

1.   To the right you can see the Louvre.
     _____ droite vous voyez le Louvre.

2.   I hope to go to Denmark on holiday next year.
     J'espère aller _____ Danemark en vacances l'année prochaine.

3.   I didn't want to go to Brittany again.
     Je ne voulais pas retourner _____ Bretagne.

4.   This cheque should have been to the value of 30 000 euros.
     Ce chèque aurait dû être _____ la valeur de 30 000 euros.

5.   Have you got a dictionary to hand?
     Est-ce que tu as un dictionnaire _____ la main?

de	en	au	sous	à

(l) under, with

1.   I don't see how we can do anything else under the circumstances.
     Je ne vois pas comment on pourrait agir autrement _____ ces circonstances.

2.   I understand that compensation is required under French law.
     Je pense qu'un dédommagement est dû _____ la loi française.

3.   But I paid under fifty euros for it!
     Mais je l'ai payé _____ cinquante euros!

4.   Can you see the girl in the pink costume, over there at the end of the beach?
     Tu vois la fille _____ maillot rose, là-bas au bout de la plage?

5.   She was literally trembling with anger.
     Elle tremblait littéralement _____ colère.

au	de	moins de	selon	dans

4. Prepositions in context

In this extract from *L'Ecluse* ('The Lock'), a Maigret novel, a couple have just pulled up in a car in front of a building.

Fill in the blanks with an appropriate preposition.

Keywords

l'envergure (f)   character, quality
les pilotes (mpl)   the bargees

C'était la fille _____ Ducrau. Elle avait la rusticité et la vigueur de son père. Son mari qui était _____ civil, les épaules étroites _____ un complet sobre, refermait les portières et glissait la clef _____ sa poche.

Mais ils avaient oublié quelque chose. La femme, déjà _____ le seuil, se retourna. Le mari reprit la clef, ouvrit une porte et prit un petit paquet qui devait contenir des raisins d'Espagne, comme ceux qu'on porte aux malades.

Le couple pénétrait enfin _____ la maison en se disputant. Il était vulgaire et _____ envergure.

Maigret, arrêté _____ la plaque verte _____ l'arrêt des tramways, oublia de faire signe _____ celui qui passait. Il était plein _____ pensées inachevées et c'était _____ lui _____ un léger déséquilibre auquel il avait hâte de mettre fin. Les pilotes sortaient _____ bistrot, se serraient la main avant de se quitter. L'un _____ eux, un grand garçon _____ la mine ouverte, vint _____ la direction _____ Maigret qui l'arrêta.

Georges Simenon, *L'Ecluse* © Estate of Georges Simenon

14

Questions

Les aventures de Hagar Dunor

I. Yes/no questions (FGU sections 14.2.1–14.2.4)

Yes/no questions can be formed in three ways:

- By adding rising intonation to a declarative sentence: *Pierre est venu?* (This is very common in spoken French.)
- By placing *est-ce que?* at the beginning of a declarative sentence: *Est-ce que Pierre est venu?* (Used in all styles of French.)
- By inserting a pronoun to the right of the verb – *Pierre est-il venu?* – or where the subject is already a pronoun, simply inverting the verb and the pronoun: *Est-il venu?* (Typical of formal spoken and written French.)

Turn the following sentences into yes/no questions: first by reading them aloud with rising intonation; second by adding *est-ce que*; third by using pronoun insertion/pronoun–verb inversion.

e.g. Louise a dîné à la maison
    1. Louise a dîné à la maison?
    2. Est-ce que Louise a dîné à la maison?
    3. Louise a-t-elle dîné à la maison?

1. Il va louer une voiture à sa descente d'avion.
2. Nous devons y aller.
3. C'était bien l'homme qui avait disparu 15 ans plus tôt.
4. Leurs parents se souvenaient de cette histoire.
5. Elle lui avait menti de peur qu'il ne se moque d'elle.
6. Son mari ignorait le véritable motif de son déplacement.

7. L'hôtel se trouve tout près de la mer.
8. J'étais en avance.
9. On accepte les cartes de crédit.
10. Je peux vous aider.
11. Tu vas faire un tour dans le jardin.
12. En s'installant au volant, il fut assailli de doutes.
13. L'eau était tiède.
14. Sa mère était fière de lui.
15 Corentin habite toujours rue Charles III.

2. *oui, si* and *non* (FGU section 14.2.8)

Reply in French to the questions given below in the ways suggested.

e.g.   Vous prendrez bien un petit café avec nous?
      Merci, non. _____ (No, thank you)

1.   Vous n'avez pas de croissants?
   _____   (Yes, I have)

2.   Vous désirez de la confiture avec votre croissant?
   _____   (No, thank you)

3.   Avez-vous le journal d'hier soir?
   _____   (Yes, I have)

4.   Cela ne vous dérangerait pas que je l'emprunte un instant?
   _____   (No, not at all)

5.   Est-ce que vous pourriez me servir un sandwich?
   _____   (I'm sorry, no)

6.   Est-ce que je pourrais vous servir un sandwich?
   _____   (Yes, please)

7.   Je ne vous sers pas de café?
   _____   (Yes, please)

8.   Vous n'avez vu personne en sortant?
               (Yes, a policeman at the corner of the street)

3. Information questions – excluding subject and direct object questions (FGU sections 14.3.1–14.3.3)

Information questions can be formed in four ways:

- By replacing a phrase in a declarative sentence by a question word or phrase: *Il téléphonera à sa mère* → *Il téléphonera à qui?* (This is very common in spoken French.)
- By putting a question word or phrase at the front of a sentence without any other changes: *A qui il téléphonera?* (Found in very informal spoken French.)
- By 'fronting' a question word or phrase and inserting *est-ce que?*: *A qui est-ce qu'il téléphonera?* (Used in all styles of French.)
- By fronting a question word or phrase and inserting a pronoun to the right of the verb – *A qui Pierre téléphonera-t-il?* – or where the subject is already a pronoun, simply inverting the verb and the pronoun: *A qui téléphonera-t-il?* (Typical of formal spoken and written French.)

(a) Sentence manipulation

Turn the questions below first into questions involving *est-ce que*, and then into questions involving 'fronting' and insertion of a pro-noun/pronoun–verb inversion.

e.g.   Marie se débrouille comment alors? (How does Marie manage, then?)
   1. Comment est-ce que Marie se débrouille alors?
   2. Comment Marie se débrouille-t-elle alors?

   1. Elle lui avait menti pourquoi?
   2. L'hôtel se trouve où?
   3. Robert a téléphoné à qui?
   4. Manu nage comment?
   5. Il dort mal à cause de quoi?
   6. Ton frère a revu le film combien de fois?
   7. Il avait choisi ce café pour quelle raison?
   8. La voiture est repassée à quelle heure?
   9. J'aurais pu le deviner comment?
   10. La jeune femme a téléphoné quand?

(b) More sentence manipulation

Turn the phrases in bold in the following sentences into information questions by using each of the strategies illustrated below.

e.g.   Vos cousins ont revu le film **beaucoup de fois**
   1. Combien de fois est-ce que vos cousins ont revu le film?
   2. Combien de fois vos cousins ont-ils revu le film?

   1.   L'hôtel se trouve **tout près de la mer**.
   2.   Tu as travaillé **quelques mois** à Orléans.

3. Les voyageurs ont ramené **beaucoup de souvenirs**.
4. Tu as téléphoné à **un copain**.
5. Elle nage **très mal**.
6. Il dort mal à cause de **son lumbago**.

POURQUOI N'ES-TU PAS UN PONEY?

4. Information questions – subject and direct object questions (FGU sections 14.3.4 and 14.3.6)

- When asking a question about an animate subject, *qui* or *qui est-ce qui* may be used: *Qui téléphonera à sa mère?/Qui est-ce qui téléphonera à sa mère?*
- When asking a question about an inanimate subject, only *qu'est-ce qui* can be used: *Qu'est-ce qui a causé l'incendie?*
- When asking a question about an animate direct object, *qui* or *qui est-ce que* may be used: *Qui avez-vous vu?/Qui est-ce que vous avez vu?*

- When asking a question about an inanimate direct object, *qu'est-ce que* can be used – *qu'est-ce qu'elle a dit?* – or, where the subject is a pronoun, *que* and pronoun–verb inversion may be used as an alternative: *Qu'a-t-elle dit?*

Turn the phrases in bold in the following sentences into information questions by using the strategies described above, as appropriate. Be careful; not all the sentences can be turned into two forms of questions.

e.g. Il va louer **une voiture** à sa descente d'avion
1. *Qu'est-ce qu'il va louer à sa descente d'avion?*
2. *Que va-t-il louer à sa descente d'avion?*

1. **Leur maison** était comme je l'imaginais.
2. **Leurs parents** se souvenaient de cette histoire.
3. Il s'est rappelé **quelque chose**.
4. Elle a conduit **sa mère** chez le médecin.
5. **Son mari** ignorait le véritable motif de son déplacement.
6. **L'eau** était tiède.
7. Julien a oublié **notre rendez-vous**.
8. **Les Dupaton** habitent rue Pasteur.
9. Philippe a acheté **des brioches** dans une boulangerie.
10. **Du papier** brûlait dans un cendrier.
11. Juliette a observé **le nouveau venu** depuis le coin de la rue.
12. **Une petite route** menait vers les bois.

5. Stylistic inversion (FGU section 14.3.7)

- Stylistic inversion – that is, inversion of the subject with the verb phrase without insertion of a pronoun, as in *Où est allée Christine?* – is normally only possible where the verb is intransitive and has no complement, or with transitive verbs where the direct object is questioned and there are no other complements. Sentences like: **Depuis quand travaille Pierre dans la cuisine? *Depuis quand connaît Jean Marie?* are not possible.
- *pourquoi* cannot be used with stylistic inversion.

Decide which of the following sentences are acceptable and which are not by putting an asterisk in front of those which are not.

e.g. Où a acheté Philippe les brioches?
*Où a acheté Philippe les brioches?
Où sont mes souliers?
Où sont mes souliers? – OK

1. Où habite le professeur?
2. Pourquoi se taisaient les deux femmes?
3. A qui s'est adressé M. Auger?
4. Que contient ce tiroir?
5. Qu'a porté Eva en cachette?
6. Depuis quand utilise la dentiste son mari comme réceptionniste?
7. Sur quoi compte Raoul?
8. Comment est arrivé l'accident?

– Maintenant, je voudrais vous poser la question que doivent se poser tous les téléspectateurs: Comment votre concept onirique, à tendance kafkaïenne, coexiste-t-il avec la vision sublogique que vous vous faites de l'existence intrinsèque?

Sempé, *Rien n'est simple* © Editions Denoël, Paris, 1962

6. *quel?* and *lequel?* (FGU sections 14.6.3–14.6.4)

Turn the following sentences into questions in the ways indicated by the English phrases. Use the 'fronting + insertion of pronoun/ pronoun–verb inversion' strategy wherever you can.

e.g.   Les techniciens avaient installé (which appliances?)
Quels appareils les techniciens avaient-ils installés?

1. Cela vous surprend (for what reason?).
2. On retire (what impression?) de cette affaire à la lecture des journaux.
3. (What?) a été votre réaction quand vous avez appris la nouvelle.
4. (Which surgeon?) va vous opérer.
5. Vous préférez (which kind of novel?).
6. Ils ont dîné (in which restaurant?) ce soir-là.
7. (What?) est la profession de M. Lognon?
8. Cela a (what importance?)
9. (What?) étaient les sentiments qu'elle avait à votre égard.
10. (Which of the tenants?) sont entrés entre 20 heures et 21 heures hier.
11. (Which of the two brothers?) s'est marié le premier.
12. (Which one?) avait le plus peur.

7. combien, comment, où, quand, pourquoi
(FGU sections 14.6.5–14.6.7)

Questions involving the above can be formed in the same ways as any other information questions (see this chapter, section 3, for a summary). The following specific points should be noted, however:

- when *combien* is used alone and functions as a direct object, the pronoun *en* is required: *Combien en as-tu vu?*;
- when the verb is *être* alone, stylistic inversion (see section 5 above) is usual with *où* and *quand*: *Où est Pierre? Quand est son anniversaire?*;
- *pourquoi* cannot be used with stylistic inversion (see section 5 above).

Translate the following questions into French. Use the 'fronting + insertion of pronoun/pronoun–verb inversion' strategy wherever you can.

e.g. How long has he lived here?
Depuis combien de temps habite-t-il ici?

1. Why do you want to ask him questions?
2. When did he come back?
3. How do you know that?
4. Where is your son?
5. How much do you owe me?
6. How many did she buy?
7. Why is Alain smiling?
8. How do you know that the police are after him (use: *la police est à ses trousses*)?

9. How many do you still have?
10. When did you last come here?
11. Where did you find it?

8. Indirect questions (FGU section 14.7)

- Indirect questions are questions which are reported, using verbs like *comprendre, (se) demander, savoir, dire: Je sais **où ils sont.***
- There is no verb–pronoun inversion in indirect questions.
- *si* 'if/whether' introduces indirect yes/no questions: *Je me demande **si elle viendra**.* Unlike hypothetical *si* (see Chapter 10.8), indirect question *si* may be followed by future and conditional tenses.
- In indirect questions *qu'est-ce qui?* becomes *ce qui*, and *que?* or *qu'est-ce que?* become *ce que*: *Elle se demande **ce qui est arrivé**; Elle se demande **ce qu'il fera**.*

Put the following pairs of sentences together to form indirect questions.

e.g. Pourquoi est-elle si nerveuse? – Je comprends cela
  Je comprends pourquoi elle est si nerveuse

1. Où déjeune-t-il? – Je l'ignore.
2. Va-t-il louer une voiture à sa descente d'avion? – Je ne sais pas.
3. Est-ce que vous prenez les cartes bancaires? – Je me le demande.
4. Lui avait-elle menti? – Il le saurait bien.
5. Pourquoi est-ce que vous avez désiré me parler? – Expliquez-le-moi.
6. Est-ce qu'il me restait beaucoup de travail à faire? – Il me l'a demandé.
7. Etait-ce à cause de cela que j'ai ri? – Je ne sais pas.
8. De quel homme s'agit-il? – Vous l'ignorez.
9. Qu'est-ce qui l'avait amenée ici? – Elle l'a décrit en détail.
10. Qu'est-ce que Philippe a pu faire pendant ce temps? – Je ne le devine pas.
11. Que m'a-t-on dit? – Je ne vous l'ai pas encore appris.
12. Qu'est-ce qu'elle me conseillera de faire? – Je me le suis demandé.

9. Putting it all together

The exercise below requires you to use a number of the question types you have practised in this chapter.

Read the dialogue below right through once, and then, taking the role of Maigret, ask the questions indicated. Maigret is questioning Madame Ollivier, the sister of a woman suspect in a murder case.

Maigret: Je suis le commissaire Maigret, de la Police Judiciaire.
Mme O: Oui, Inspecteur, je vous avais reconnu.
Maigret: _____

[Ask her if she often spends the evening with her sister.]

Mme O: Rarement.
Maigret: _____

[Ask her how often that means.]

Mme O: Peut-être une fois l'an.
Maigret: _____

[Ask her if she had made an appointment with her yesterday evening.]

Mme O: On ne prend pas rendez-vous avec sa sœur.
Maigret: _____

[Ask her if she has a telephone in her flat.]

Mme O: Oui.
Maigret: _____

[Ask her if she didn't call her sister.]

Mme O: C'est elle qui m'a appelée.
Maigret: _____

[Ask her if her sister phoned her to ask her where the money was.]

Mme O: Ce n'est pas si précis. Elle m'a parlé de choses et d'autres.
Maigret: _____

[Ask her which things.]

Mme O: Surtout de la famille. Elle écrit peu. Je suis davantage en rap-
               port avec nos autres frères et sœurs.
Maigret: _____

[Ask her if her sister said that she would like to see her.]

Mme O: A peu près. Elle m'a demandé si j'étais libre.
Maigret: _____

[Ask her what time the phone call was.]

Mme O: Environ six heures et demie. Je venais de rentrer et je pré-
               parais le repas du soir.
Maigret: _____

[Ask her if that didn't surprise her.]

Mme O: Non.

Georges Simenon, *Maigret se trompe*
© Estate of Georges Simenon – adapted

15

Relative clauses

I. Classifying relative clauses by function (FGU section 15.1)

- Relative clauses consist of a 'head phrase' and the clause which modifies it: *La porte qui est ouverte ...; La lettre que je lisais; Le livre dont tu parlais ....*
- To choose the right relative pronoun (*qui, que, dont,* etc.) you need to know the grammatical function that the head plays in its modifying clause:

  La porte est ouverte → *la porte qui est ouverte: subject relative clause*
  Je lisais la lettre → *la lettre que je lisais: direct object relative clause*
  Tu parlais du livre → *le livre dont tu parlais: relative clause formed from the object of a preposition.*

Decide what the function of the 'head' of the relative clause (the phrase in bold) is in each of the following sentences: subject, direct object or object of a preposition.

e.g. *Le médecin qu'elle avait consulté lui avait recommandé un régime alimentaire* → *direct object of avait consulté*

Keywords

filer	to fly along, belt along
étouffé	muffled, deadened
scruter	to examine closely
s'entretenir	to converse

1. **Les automobiles** qui roulaient vite avenue Montjoie filaient dans un bruit étouffé sous la pluie.
2. Il scruta **la photo** que je lui tendais.
3. Je me suis glissé dans **un petit bureau** dont j'ai refermé la porte.
4. **La consultation** dont j'ai profité pour demander un bilan de santé s'est déroulée en janvier.
5. Je suis revenu dans **la pièce** où j'avais travaillé.
6. **Les deux fauteuils** sur lesquelles nous nous assîmes étaient séparés par une table basse.
7. **La femme** avec qui Denise s'entretenait avait une cinquantaine d'années.
8. Chinon est sis au pied d'**un rocher abrupt** que couronnent les ruines importantes de son antique château.

2. Use of *qui* and *que* (FGU sections 15.2–15.3)

- *qui* is the relative pronoun to use when the head functions as the subject in the clause which modifies it, and *que* is the pronoun to use when the head functions as the direct object.
- Unlike in English, neither *qui* nor *que* can be omitted: *La lettre que je lisais ...* NOT **La lettre je lisais ...* 'The letter I was reading'.

(a) Fill in the blanks

Fill in the blanks in the following sentences with the appropriate relative pronoun *qui* or *que*.

e.g.   C'est lui __ je voyais
         C'est lui que je voyais

Keywords

donner sur	to look out over, overlook
par bribes	in snatches
une forêt domaniale	a national forest
un plan d'eau	a stretch of water

1. Je sortis de ma poche une enveloppe __ j'ouvris.
2. Il approcha le briquet ___ il dut actionner à plusieurs reprises pour lire l'horaire.
3. La maison donnait sur un square __ paraissait abandonné.
4. Les événements __ précédèrent notre départ me reviennent par bribes.
5. Elle cherchait quelque chose __ elle n'a pas trouvé.
6. La petite, __ portait un manteau rouge, était à l'arrière de la voiture.
7. La voiture __ elle sortait du garage était longue et large.
8. J'ai regardé des voyageurs __ se dirigeaient vers l'avion et un des pilotes __ allait et venait.
9. La route assure une liaison pittoresque entre les pôles d'attraction __ sont l'admirable forêt domaniale de Saint-Sever et le plan d'eau de la Dathée.
10. « Le vélo n'est-il pas fatigant? » est une question ____ se posent ceux __ oublient qu'ils ont un corps __ est fait pour servir.

(b) Sentence combining

Combine the following pairs of sentences into a single sentence by making the second one a relative clause dependent on the first. Make past participles agree with preceding direct object relative clauses, where necessary (see Chapter 9.4 for exercises on past participle agreement with relative clauses).

e.g.   Elle découpe la tarte – Elle a sorti la tarte du four
  *Elle découpe la tarte **qu'elle a sortie du four***

Keywords

jaillir	to burst out
le néant	nothingness

1.   La ville est riche en monuments – Les siècles y ont édifié des monuments.
2.   Honfleur est une ville ancienne – Les documents mentionnent une ville ancienne dès le XIe siècle.
3.   On trouve dans la ville des musées – Les musées reflètent un passé historique maritime.
4.   On trouve dans la ville des musées – Il est vivement conseillé de visiter les musées.
5.   La pièce présente des scènes tour à tour brutales ou colorées – Les scènes brutales ou colorées jaillissent du néant sous vos yeux.
6.   Profitez de la chance – La chance vous est offerte de faire la connaissance de l'être qui vous rendra heureux(se).
7.   La joie du cycliste est un contentement profond – Il a ce contentement profond en commun avec le marcheur.
8.   La tour renferme un escalier – L'escalier conduit au premier étage.
9.   Un couple s'est arrêté près de ma table – Un couple sortait.

3. Use of preposition + *qui* and preposition + *lequel*
(FGU sections 15.4–15.5)

For exercises when the preposition is *de* see section 4.

- Preposition + *qui* is the expression to use when the head of a relative clause functions as the animate complement of the prepositions *à, avec, dans, pour, sur*, etc.: *Le touriste **à qui** je parlais....*
- Preposition + *lequel* is the expression to use when the head of a relative clause functions as the inanimate complement of the prepositions *à, avec, dans, pour, sur*, etc.: *Le texte **auquel** il a fait référence....*
- *parmi* and *entre* are followed by *lequel* even when the head of the relative clause is animate: *Des collègues entre **lesquels** il n'y avait aucune rivalité.*

Fill in the blanks in the following sentences with the appropriate relative pronoun, *qui* or a form of *lequel*.

e.g. Il rencontre un camarade devant la gare Saint-Lazare avec ___ il parle
Il rencontre un camarade devant la gare Saint-Lazare avec qui il parle

Keywords

un agenda	an engagement diary
griffonner	to scribble
faire réviser une voiture	to have a car serviced
des dérailleurs (mpl)	derailleur gears
un pédalier	a pedal set
une pente	a slope
un bouchon	(in this context) a stopper
coincé	stuck

1. J'ai brûlé la page d'agenda sur ____ ils avaient griffonné leur adresse.
2. Le garage dans ____ je ferai réviser la voiture est tout près.
3. Il vous sera donné toutes les indications pour équiper votre bicyclette de dérailleurs, pédalier et roue libre appropriés grâce à ____ vous pourrez grimper sans fatigue excessive les plus fortes pentes.
4. Ceux à _____ les côtes font peur pourraient demander timidement: « Pourquoi pas le vélomoteur? »
5. Au XIXᵉ siècle Eugène Boudin réunit de nombreux artistes à la ferme Saint-Siméon parmi ____ Jongkind et le poète Charles Baudelaire.
6. Je cherche un bouchon avec ____ boucher cette bouteille.
7. Le tiroir dans ____ il avait mis la lettre était coincé.
8. Malesherbes se fit un point d'honneur à défendre un roi pour _____ il n'éprouvait sans doute pas une excessive sympathie.
9. Les candidats entre ____ nous devions choisir ont chacun fait un petit discours.
10. Elle a accueilli les visiteurs, parmi ____ il y avait plusieurs scientifiques renommés.
11. Je n'ai pas d'argent, ce qui est la raison pour ____ je t'écris.
12. Il y avait beaucoup de clients, parmi ____ des Américains, des Français et des Japonais.

4. *dont* and *duquel* (FGU sections 15.6.1–15.6.2)

- *dont* is the relative pronoun to use when the head of a relative clause functions as the complement of the preposition *de*, whether animate or inanimate: *Une collègue **dont** le frère est à l'université* ... (formed from: *Le frère de ma collègue* ...).

- There is an EXCEPTION to this, however: *Une collègue **au frère de laquelle** je pensais ...*, which is formed from: *Je pensais **au frère de ma collègue** ...* . Here, because the *de* phrase is itself the complement of another prepositional phrase, a form of *duquel* must be used.

(a) Fill in the blanks

Fill in the blanks in the following sentences with the appropriate relative pronoun, *dont* or a form of *duquel*.

e.g. C'est un écrivain à la vie _____ il s'intéresse
C'est un écrivain à la vie <u>duquel</u> il s'intéresse

1. Dans le jardin il y avait des arbres _____ on n'avait pas taillé les branches depuis longtemps.
2. Je me suis remis au travail à la machine près _____ on avait posé le café.
3. Le parking _____ je suis sorti donnait sur l'aéroport.
4. Des voitures sur le toit _____ étaient fixés des skis se dirigeaient vers Chambéry.
5. La personne de la part _____ j'étais venu m'avait confié sa carte de visite.
6. C'est une ville active et jeune _____ 45% de la population a moins de 25 ans et _____ la vie culturelle est renommée.
7. Y aller en voiture, plutôt qu'à bicyclette, nous priverait de ce merveilleux sentiment physique _____ nous parlions plus haut.
8. Il est bien connu qu'un entraînement régulier permet d'augmenter progressivement la distance à partir _____ la fatigue commence à se faire sentir.
9. C'est un homme _____ l'influence a été déterminante sur l'Ecole Impressionniste.
10. L'avion, _____ l'un des moteurs était en panne, a fait un atterrissage forcé.

(b) Sentence combining

Combine the following pairs of sentences into a single sentence by making the second one a relative clause dependent on the first.

e.g. Sous les tropiques il a attrapé une maladie – Il est mort de la maladie
*Sous les tropiques il a attrapé **une maladie dont** il est mort*

Keywords

un croquis	a sketch
grouiller de monde	to swarm with people
un lampion	a Chinese lantern
un fil à couper	a wire for cutting

1. Bruce appartient à une équipe de baseball – Henri est l'indiscutable vedette de l'équipe de baseball.
2. Sur le bureau traînaient des croquis et des morceaux de tissu – Plusieurs personnes conversaient autour du bureau.
3. La proposition du grand réalisateur italien lui a permis d'échapper aux petits rôles – Il était trop souvent l'interprète de petits rôles dans des séries télévisées françaises.
4. L'esplanade grouillait de monde – On avait suspendu des lampions le long de l'esplanade.
5. Elle se passionne de longue date pour son personnage – Elle s'efforce dans ce livre de faire ressortir la complexité du personnage.
6. La manière était convaincante – Elle parlait de cette manière.
7. Le « fil à couper » entraîne un abrasif – On scie le granit à l'aide d'un « fil à couper ».
8. L'outil n'était pas à sa place – J'avais besoin de l'outil.
9. J'ai ramassé la carte – L'adresse était notée au dos de la carte.
10. J'ai reçu le livre – On m'avait parlé du livre.

5. Relative *où* (FGU section 15.7)

- *où* is used as a relative pronoun when the head of a relative clause functions as a place or time adverbial in that clause: *Un ponton **où** des bateaux sont amarrés* ... ; *Le jour **où** nous partions....*
- When the head is a time adverbial *où* is normally used when that head is definite: *Le jour **où** ...* ; *que* is normally used when the head is indefinite: *Un jour **que** ...* . In modern French *que* is being generalised, however, to both contexts: *Un jour **que**/Le jour **que**....*

Using either *où* or *que*, as appropriate, combine the following pairs of sentences into a single sentence by making the second one a relative clause dependent on the first.

e.g. Le parking est à côté de la gare – J'ai garé ma voiture dans le parking
*Le parking **où** j'ai garé ma voiture est à côté de la gare*

Keywords

| *la minuterie* | timed electric switch |
| *s'éteindre* | to go out |

1. La minuterie s'éteignit à ce moment – Nous commencions à monter l'escalier à ce moment.
2. J'ai traversé la pièce principale – J'ai vu une quinzaine de personnes dans la pièce principale.
3. Je n'aimais pas l'endroit – Je devais laisser la voiture dans cet endroit.
4. Le patron est venu voir quelque chose – J'en étais à un certain point de la réparation.
5 La pièce n'était pas meublée – Elle me reçut dans la pièce.
6. Ce jour il est mort – Tout le monde a pleuré ce jour.
7. A un certain moment je lui ai rendu son porte-monnaie – Nous sommes sortis du restaurant à ce moment.
8. Un jour il y eut quelqu'un qui sonna – Je tondais le gazon un jour.
9. La porte était maintenant fermée à clef – Nous passions autrefois par la porte.
10. Un jour je me suis aperçu que le bruit infernal des bulldozers avait cessé – Je me suis réveillé tôt un jour.

6. Use of *ce qui, ce que, ce dont, ce à quoi*, etc., in free relative clauses (FGU section 15.9)

————————— • —————————

L'invité du châtelain s'inquiète:
– Savez-vous quel est le nom de l'animal sur lequel je viens de tirer?
– D'après **ce qu'il a murmuré avant de mourir**, dit un rabatteur, je crois bien que c'était David Dupaton.

————————— • —————————

Free relative clauses have non-specific heads: 'She saw **who** was present at the meeting', 'I'll do **what** I please'. In French these are rendered by *celui qui, celle que*, etc. for animates and by *ce qui, ce que, ce dont*, etc. for inanimates: *Elle a vu **ceux qui** assistaient à la réunion; Je ferai ce qui me plaira.*

Fill in the blanks in the following sentences with the appropriate free relative pronouns *celui qui, celle que, ce qui, ce dont*, etc.

e.g. On a vu tout _____ cela a produit
  On a vu tout ce que cela a produit
  Dis-moi ___ à ___ tu penses
  Dis-moi ce à quoi tu penses

Keywords

> *un classeur*   a folder *or* a filing cabinet
> *un bloc-notes*   a note-pad

1. Elle a rangé dans son classeur tout _____ elle avait écrit.
2. Je ne savais plus _____ j'étais entré chercher.
3. Je me suis arrêté pour voir _____ fumait dans le moteur.
4. Pense à _____ tu fais.
5. Tout _____ n'est pas étiqueté sera mis à la poubelle.
6. Avec _____ j'avais dans mon porte-monnaie, je disposais de plus de trois cents euros.
7. Elle notait _____ on lui disait sur un bloc-notes.
8. J'ai brûlé ___ sur ___ ils avaient écrit leur adresse.
9. Je ne me rappelle pas ___ dans ___ j'avais mis le chèque.
10. ___ entre ___ nous devions choisir ont fait un petit discours.
11. Revenons à _____ nous parlions plus tôt.
12. _____ je suis sûr, c'est qu'elle ne reviendra jamais.
13. Je me suis arrêté pour voir _____ passait au cinéma.
14. Je ne savais plus _____ j'avais fait de ma valise.
15. ___ sur ___ on peut compter, c'est qu'il arrivera avec un gros bloc de foie gras.

7. Use of *ce qui, ce que, ce dont*, etc., to refer to events
(FGU section 15.9.1)

When the English relative pronoun 'which' refers to an event rather than a noun phrase head of a relative clause – 'He missed the train, **which** made him angry' – this must be rendered in French by *ce qui, ce que, ce dont*, etc.: *Il a manqué le train, **ce qui** l'a mis en colère; Vous avez gagné, **ce dont** je vous félicite.*

Fill in the blanks in the following sentences with an appropriate relative pronoun. Careful! Some of the blanks require *ce qui, ce que*, etc. but some of them simply require *qui, que, dont*, etc.

e.g. Ils ont fait des bêtises, ___ ils devront s'excuser
     Ils ont fait des bêtises, ce dont ils devront s'excuser

Keywords

> *un embranchement*   a junction
> *un panneau de signalisation*   a road-sign

1. Les automobilistes roulaient vite avenue Montjoie, _____ était normal à cette heure.
2. La minuterie s'éteignit juste au moment où nous commencions à monter, ____ je n'avais pas prévu.
3. La sortie d'autoroute ____ je devais emprunter était barrée.
4. On m'avait offert un poste en Amérique du Sud, ____ à ____ j'avais un mois pour réfléchir.
5. Avenue Montjoie il y avait des bus et des automobiles ___ roulaient vite.
6. La minuterie, _____ j'allumai en entrant, s'éteignit au moment où nous commencions à monter.
7. J'ai doublé un camion à l'embranchement, ____ explique que je n'aie pas vu le panneau de signalisation.
8. Je ne mangeais jamais à ma faim à cette époque, ____ je ne me souviens que trop bien.
9. Le poste ____ je rêvais était au Mexique.
10. J'ai de l'asthme, ____ m'empêche parfois de respirer.

8. Translating 'whoever', 'whatever', 'however'
(FGU section 15.10)

Translate the English expressions in the following sentences:

e.g. (However ill he is) _____, je dois lui parler
  Si malade qu'il soit, je dois lui parler

1. (Whatever you are looking for) _____, vous avez peu de chances de le trouver chez Dupard, parce qu'il écoule son stock avant liquidation.
2. (Wherever you put) _____ les fauteuils, il n'y aura de toute façon pas assez de place pour danser.
3. (Whatever the work is) _____ à faire, j'accepterai parce que je n'ai pas le choix.
4. (Whoever it was) _____ avec qui elle parlait au téléphone, la conversation l'a visiblement secouée.
5. (Whatever we take with us) _____, il faudra compléter par un approvisionnement sur place.
6. (Whoever sent me the package) _____, elle savait que je n'habite plus rue du Lac.
7. (Whatever decision one takes) _____, on ne résoudra pas tous les problèmes.
8. (However tired we are) _____, il nous reste encore quelques kilomètres à parcourir.

9. Putting it all together

Below is an advert for a computer dating agency. Read the text right through once, and then translate the English expressions.

Invitation à trouver une personne à aimer

Voulez-vous rencontrer celui ou celle _____ (about whom) vous rêvez? (Whatever your age) _____, (whoever you are) _____, profitez de la chance _____(which) vous est offerte de faire la connaissance de l'être _____ (who) vous rendra heureux(se). Complétez un simple questionnaire _____ (which) nous avons formulé après des années d'expérience et renvoyez-le-nous aujourd'hui même. Vous recevrez en retour un dossier _____ (in which) vous trouverez une description de personnes conformes à vos souhaits. Bien entendu, vous n'avez rien à payer. Participer à cette action n'implique pour vous aucun engagement de _____ (whatever kind it might be). Pensez à votre bonheur. Vous verrez que les quelques minutes ____ (which) il faut pour compléter le questionnaire en valent la peine.

16

Negation

Les aventures de Hagar Dunor

I. *ne ... pas* as a sentence negator
(FGU sections 16.2.1 and 16.6.1–16.6.2)

- The *pas* of *ne ... pas* normally follows the main tensed verb or an auxiliary in compound tenses: *Il ne me regardait **pas***; *Il ne m'a **pas** regardé.*
- If a direct object following *pas* has an indefinite article, this becomes *de* – *Elle a écrit une lettre* → *Elle n'a pas écrit **de** lettre* – except where the verb is *être* (*Ce n'est pas une raison*), or the meaning is 'not a single one' (*On n'entendait pas un bruit*) or the direct object is used contrastively (*Je ne veux pas des chaussures mais des chaussettes*).

Make the following sentences negatives by adding *ne ... pas*. Be careful to change an indefinite article or partitive article preceding a direct object to *de* where appropriate.

e.g. Faites un classement par ordre alphabétique
*Ne faites **pas de** classement par ordre alphabétique*

1. Il a ouvert les portes du café à huit heures ce jour-là.
2. Elle portait un chapeau de paille.
3. On l'imagine en complet, comme tous les hommes d'affaires.
4. Peut-être le reconnaîtrait-on dans la rue.
5. Elle s'est fait construire une maison à la campagne.
6. Je l'ai vu entrer.
7. Cela a de l'importance pour lui.

8. Vous avez des croissants?
9. L'homme a tiré un journal de sa poche.
10. Cela vous dérangerait de m'en donner un?
11. Nous en avons.
12. Il a trouvé une place pour se garer devant l'église.

2. *ne ... pas* negating infinitives (FGU section 16.2.2)

When *ne ... pas* negates infinitives, normally both parts appear before the infinitive: *J'étais surpris de **ne pas** savoir son nom; J'espère **ne pas** l'avoir perdu.*

Negate the infinitives in bold in the following examples by using *ne pas*.

e.g.   J'aimerais **sortir** ce soir
*J'aimerais **ne pas sortir** ce soir*

1. Le client s'est décidé à **payer**.
2. Il est sûr de **l'avoir vu**.
3. Il a de bonnes raisons de **refuser**.
4. Elle m'a remercié d'**avoir lu** sa lettre.
5. J'en ai marre de **travailler**.
6. On lui avait recommandé de **se préoccuper** des détails.
7. J'ai été bien content de **m'être trompé**.
8. Impossible de **ressentir** de la sympathie pour elle.

3. *pas* negating words and phrases (FGU sections 16.6.3–16.6.4)

- *pas* can negate words and phrases: *Pas moi! Pas ce soir!*
- When *pas* negates the subject, *ne* appears before the verb in formal French: *Pas un brin d'herbe **ne** bougeait.*

Negate the phrases in bold in the following sentences by using *pas*. Don't forget to insert *ne* where required.

e.g.   – Apporte-moi un thé citron sans sucre, s'il te plaît
– **Comme d'habitude**, alors?
– *Pas comme d'habitude, alors?*

1. **Un de mes amis** fume.
2. Je peux vous rejoindre, mais **avant huit heures**.
3. J'ai attaché la remorque, **sans difficulté**.

4.   **Un bruit** se faisait entendre dehors.
5.   Elle a refait son appartement, avec plaisir, et **pour la première fois** d'ailleurs.
6.   Il reste à Paris, mais **par obligation**.

4. *ne ... que* (FGU sections 16.2.1 and 16.7)

Introduce *ne ... que* into the following sentences to convey the meaning indicated by the English.

e.g.   1. Elle avait téléphoné à l'hôtel après la réunion (She had phoned only the hotel after the meeting)
*Elle **n'**avait téléphoné **qu'**à l'hôtel après la réunion*
2. Elle avait téléphoné à l'hôtel après la réunion (She had phoned the hotel only after the meeting)
*Elle **n'**avait téléphoné à l'hôtel **qu'**après la réunion*

1.   J'ai travaillé quelques mois au Mans (I worked only a few months in Le Mans).
2.   Je gagne actuellement 2 000 euros par mois (I currently earn only 2,000 euros a month).
3.   Elle écrit des romans très lentement (She writes novels only very slowly).
4.   J'emportais dans mon sac à main ma chemise de nuit et ma brosse à dents (I had with me in my handbag only my night-shirt and my tooth-brush).
5.   On peut acheter ce genre de chose dans une quincaillerie (You can buy that kind of thing only in an ironmonger's).
6.   C'est moi qui sais conduire cette voiture (It's only me who knows how to drive this car).

5. *ne ... aucun* (FGU sections 16.2.1 and 16.8)

The *aucun* part of *ne ... aucun* precedes the noun it negates and agrees with it in gender: *Ça n'avait aucun sens; Aucune voiture n'a été signalée.*

Introduce *ne ... aucun* into the following sentences to negate the noun in bold.

e.g.   Il y a un **risque**
*Il n'y a **aucun risque***

1.   Elle fait un **effort**.
2.   Il y a une **raison** de croire qu'elle ne viendra pas.

3. Je vois un **inconvénient** à ce qu'on partage l'héritage.
4. Il a ramené un **souvenir** de son voyage.
5. Une **salle** était libre à l'heure de la réunion.
6. J'ai pris du **plaisir** à l'informer.
7. Un **règlement** interdit de stationner ici.
8. L'**image** est nette dans mon souvenir de ce matin-là.

6. *ne ... jamais* (FGU sections 16.2.1 and 16.9)

- The *jamais* of *ne ... jamais* normally follows the tensed verb: *Elle ne boit **jamais**; Elle n'a **jamais** bu.*
- If *jamais* is at the beginning of the sentence, for emphasis, there is no subject–verb inversion: *Jamais je n'ai vu autant d'algues* 'Never have I seen so much seaweed'.
- Where *jamais* is followed by a direct object with an indefinite article, this changes to *de: Elle ne porte jamais de casque.*

Negate the sentences below in the way suggested by the English in brackets by adding *ne ... jamais*. Be careful to change an indefinite article preceding a direct object to *de*, where appropriate.

e.g. Il est attentif (never pays attention)
      *Il n'est **jamais** attentif*

1. J'aime être dehors en hiver (never like being outside).
2. Elle est revenue dans sa ville natale (has never returned).
3. Ils se sont intéressés à la protection de l'environnement (they have never been interested).
4. Il aurait pris une décision sans elle (never would he have taken).
5. Nos plages ont souffert de la pollution (have never been affected).
6. Pour saluer, on serre la main (never shake hands).
7. Il empruntait les petites rues mal éclairées la nuit (never took the little, poorly lit streets).
8. J'achète du chocolat dans les magasins hors taxes (never buy chocolate).

7. *ne ... plus* and *ne ... guère* (FGU sections 16.2.1 and 16.10–16.11)

- *plus* and *guère* normally follow the tensed verb: *Elle ne travaille **plus**; Elle n'a **guère** travaillé depuis son accident.*
- Where *plus* and *guère* are followed by a direct object with an indefinite article, this changes to *de: Je n'ai plus **de** crayon; Il n'y a guère **de** visiteurs.*

Change the following sentences so that they convey the meaning indicated by the English, by using either *ne ... plus* or *ne ... guère*.

e.g.   Vous trouverez un taxi à cette heure (you will hardly find any taxis)
*Vous **ne** trouverez **guère de** taxi à cette heure*

1.   Cet été-là, c'était la mode de s'habiller court (it was no longer the fashion).
2.   Le paysage rural évolue depuis vingt ans (has not undergone any further changes for twenty years).
3.   Il a perdu du temps (didn't lose any more time).
4.   On connaît l'histoire du village avant le XIVe siècle (we hardly know the history).
5.   L'école primaire a conservé ses activités traditionnelles (has hardly kept).
6.   Les enfants sont admis à partir du début juin (are not allowed in any more from the beginning of June).
7.   Il y a des personnes qualifiées dans ce domaine (hardly any people).
8.   Voilà trente ans qu'elle fume des cigares (hasn't smoked any [more] cigars for 30 years).

8. *ne ... rien, ne ... personne* and *ne ... ni ... ni*
(FGU sections 16.2.1 and 16.12–16.14)

- *rien/personne* can be subjects, direct objects or objects of prepositions: *Rien/Personne n'est arrivé; Elle ne connaît rien/personne; Je n'ai besoin de rien/personne.*
- As a direct object, *rien* normally follows the main tensed verb: *Je n'ai **rien** vu; personne* appears in the direct object position: *Je n'ai vu **personne**.*
- *rien/personne* take complements preceded by *de*: *rien/personne d'intéressant.*
- *ni ... ni* precede the elements they negate: *Il n'a ni accepté ni refusé; Je n'ai vu ni Jean ni son frère; Ni lui ni moi ne sommes d'accord avec vous.*

Change the following sentences so that they convey the meaning indicated by the English in brackets by using one of *ne ... rien, ne ... personne* or *ne ... ni ... ni*.

e.g.   Il a fait à peu près tout sans moi (he did nothing)
*Il **n'a** à peu près **rien** fait sans moi*

1.   Je me suis encombré de quelque chose de trop lourd (lumbered myself with nothing too heavy).

2. Gardez ce qui sera utile (keep nothing which won't be useful).
3. Je connais quelqu'un de qualifié dans ce domaine (I know no-one qualified).
4. Sa voix trahissait surprise et frayeur (showed neither surprise nor fright).
5. Chacun sous-estime la difficulté de l'épreuve (no-one underestimates the difficulty).
6. Vous devez tout relire deux fois (re-read nothing twice).
7. Quelqu'un est arrivé (no-one arrived).
8. La télévision est la meilleure et la pire des choses (is neither the best nor the worst thing in the world).
9. Pourquoi avez-vous dit quelque chose au début? (why didn't you say anything)?
10. Je suis sûr de chacun (I am sure of no-one).
11. Quelqu'un l'empêchait de sortir (no-one was stopping her going out).
12. Je préfère voir quelqu'un aujourd'hui (prefer to see no-one).

9. Combining negators (see FGU section 16.3 for the possibilities of combining more than one negator in sentences)

Change the following sentences to convey the meaning indicated by the English in brackets.

e.g.   Pourquoi avez-vous dit quelque chose à quelqu'un? (why did you say nothing to anyone)?
*Pourquoi **n'**avez-vous **rien** dit à **personne**?*

1.   Gardez ce qui sera utile (don't ever keep anything which won't be useful).
2.   Cela dépend de quelque chose et de quelqu'un (depends neither on anything nor on anyone).
3.   Il m'a dit quelque chose à ce sujet (never said anything).
4.   Vous serez obligé de garder des copies papier (never again have to keep hard copies).
5.   Je connais quelqu'un de qualifié dans ce domaine (no longer know anyone).
6.   Quelqu'un sous-estime la difficulté de l'épreuve (no-one underestimates the difficulty any more).
7.   Il y avait quelque chose dans le placard (no longer anything in the cupboard).
8.   Je suis monté m'assurer qu'il avait besoin et de quelque chose et de quelqu'un (he needed neither anything nor anyone).

10. How good is your memory?

Translate the following sentences into French. Identical or similar sentences have appeared somewhere in this chapter.

1. Don't do a classification in alphabetical order.
2. Don't you have any croissants?
3. He had been recommended not to worry about details.
4. Not one of my friends smokes.
5. You can buy that kind of thing only in an ironmonger's shop.
6. I see no drawback in sharing the inheritance.
7. Never would he have taken a decision without her.
8. He didn't lose any more time.
9. No-one underestimates the difficulty of the test.
10. Why did you say nothing to anyone?

17

Conjunctions and other linking constructions

I. Coordinating conjunctions (FGU section 17.2)

et, ou, mais, puis, car, or, ou ... ou, soit ... soit

From the conjunctions listed after each sentence, select the most appropriate conjunction to fill in the blank.

e.g. Elle est heureuse, _____ elle est riche
[puis car or]
Elle est heureuse, <u>car</u> elle est riche

1. Nous avions l'intention d'aller à Paris par le train la semaine prochaine, _____ nous venons d'apprendre qu'il y aura une grève à la SNCF.
[ou mais car]
2. Venez me voir demain _____ je vous rendrai vos devoirs.
[et puis car]
3. Est-ce qu'ils préfèrent que j'aille les chercher à la gare _____ est-ce qu'ils prendront un taxi?
[mais or ou]
4. Ça dépend de vous: _____ vous baissez le volume _____ on appelle la police.
[et ... et   ou ... ou   car ... car]
5. A midi ils étaient là, sur le pas de la porte, et _____, deux minutes plus tard, ils avaient disparu.
[puis or car]
6. _____, vous étiez prêt à accepter cette offre, mais ce changement de circonstances vous fait réfléchir, c'est ça?
[puis ou or]
7. Suzanne croit qu'ils feraient mieux de l'acheter maintenant, _____ le prix risque d'augmenter de beaucoup l'année prochaine.
[puis car or]
8. _____ vous avez envie de vous marier _____ vous préférez continuer à vivre ensemble: maintenant il faut choisir.
[et ... et   car ... car   soit ... soit]
9. J'aurais voulu vous prévenir il y a trois semaines _____ quelque chose m'a empêché de le faire.
[mais car ou]
10. Personnellement, j'y suis opposé _____ je ne lui fais pas confiance.
[mais puis car]

2. Subordinating conjunctions (FGU section 17.3)

après que, aussitôt que, dès que, sitôt que, dès lors que, aussi longtemps que, chaque fois que, toutes les fois que, depuis que, maintenant que, pendant que, quand, lorsque, tant que, une fois que

Select the most appropriate conjunction from those listed after each sentence to fill the blank. Change *que* to *qu'* where necessary.

1. _____ j'ai appris la nouvelle, je suis rentré à Lyon.
   [pendant que   dès que   chaque fois que]
2. Il m'agace _____ il parle de ses exploits au rugby.
   [tant que   après que   chaque fois que]
3. On ne pourra nettoyer en haut que _____ ils seront partis.
   [chaque fois que   après que   tant que]
4. Tu pourras faire tout ce que tu voudras _____ tu es riche.
   [sitôt que   maintenant que   après que]
5. Lucienne prétend qu'elle n'a jamais osé ouvrir la bouche _____ ils étaient là: est-ce que c'est vrai?
   [pendant que   depuis que   après que]
6. Ne t'inquiète pas: tu seras prévenu _____ il arrivera.
   [tant que   pendant que   dès que]
7. _____ ils avaient enregistré la nouvelle, ils se sont mis à pleurer de joie.
   [tant que   aussitôt que   pendant que]
8. Jean pourra amener les meubles _____ le toit sera fini.
   [aussi longtemps que   chaque fois que   une fois que]
9. _____ il me dit ça, je rigole. Je sais que ce n'est pas poli.
   [chaque fois que   après que   maintenant que]
10. Il ne fume plus _____ il a compris les réels dangers du tabac.
    [pendant que   quand   depuis que]
11. Ils ont promis de rester _____ on aura besoin de leurs services.
    [aussi longtemps que   après que   lorsque]
12. _____ ils n'auront pas tiré les conclusions qui s'imposent, ils feront les mêmes bêtises.
    [sitôt que   tant que   après que]
13. _____ ta mère les a grondés, ils se tiennent tranquilles.
    [depuis que   quand   chaque fois que]
14. La visite ne pouvait que tourner à la tragédie _____ le curé avait refusé de nous accompagner.
    [dès lors que   toutes les fois que   maintenant que]
15. _____ il est là nous n'avons qu'une suite continue de petits problèmes.
    [pendant que   après que   depuis que]

3. Tenses with subordinating conjunctions relating to time
(FGU sections 17.3.2–17.3.4)

After the following conjunctions:

quand, lorsque, aussitôt que, dès que, sitôt que, dès lors que, tant que, après que

- French often requires the future: *Elle téléphonera quand elle* **arrivera**, or the pluperfect: *Aussitôt que j'avais fini le livre, j'ai commencé à rédiger le rapport.*
- In equivalent cases English normally uses the present: 'She will phone when she **arrives**', or simple past: 'When I **finished** the book, I started to draft the report'.
- In formal styles of written French, the past anterior may be used instead of the pluperfect: *Aussitôt que j'eus fini le livre, je commençai à rédiger le rapport.* This is only possible where the simple past (past historic) is also used, and providing that one past event **immediately** precedes another past event (see FGU section 10.5.2 for details, and Chapter 10.7 of this book for an exercise).

(a) Choose the right tense

Change the infinitives into an appropriate tense of the verb in the following sentences.

e.g.   Il arrivera après que je _____ (partir)
Il arrivera après que je __serai parti(e)__

1. Je dois lui présenter ce bouquet de fleurs: tu devras me prévenir dès qu'elle _____ (arriver).
2. Après que Suzanne _____ (épouser) Henri, Georges ne savait pas comment cacher son chagrin.
3. Tant que je _____ (vivre) je ne lui ouvrirai pas ma porte – et quand je _____ (être) mort, il regrettera sa conduite envers moi.
4. Je suis certain qu'elle te l'avait dit quand elle _____ (arriver).
5. Je l'avais aperçu dès qu'il _____ (passer) devant la ferme.
6. Tant qu'il y _____ (avoir) des enfants sur la planète, il y aura des raisons d'espérer.
7. Après chacune de ses visites, je pleurais sitôt qu'il _____ (quitter) le village.
8. Toute sa famille avait fait la fête lorsqu'il _____ (être sélectionné) pour l'équipe de France.
9. Dès lors que le bébé _____ (naître), François a cessé de sortir avec les copains.

(b) Choose the right tense

After the following conjunctions:

depuis que, voici que, voilà que, il y a ... que, cela fait ... que

French tends to use a present or imperfect tense where English uses the compound past or pluperfect: *Depuis que nous **vivons** ensemble ...* 'Since we **have been living** together ...'; *Depuis que nous **vivions** ensemble ...* 'Since **we had been living** together ...'.

Change the infinitives into an appropriate tense of the verb in the following sentences.

1. Voici dix ans qu'il _____ (être) chez nous et il n'a jamais rien payé.
2. Depuis que ma sœur _____ (travailler) avec mon père les bénéfices ont augmenté de 50%.
3. Jean nous a finalement quitté hier: cela faisait deux ans qu'il _____ (attendre) le moment propice pour partir.
4. Vous êtes le bienvenu. Vous ne le savez sans doute pas mais il y a cinq ans qu'on vous _____ (attendre), mon cher ami.
5. Depuis que nous nous _____ (occuper) des transports, il y a eu 20% de moins de retards dans les livraisons.
6. Voilà déjà trois mois que vous _____ (être) chez nous: on y croit à peine, tant le temps a passé vite.
7. Depuis que les jumeaux _____ (être) là je n'ai plus le temps de rien faire!

4. Non-time subordinating conjunctions (FGU section 17.3.5)

ainsi, alors que, attendu que, au fur et à mesure que, comme, comme si, de même que, étant donné que, excepté que, outre que, parce que, plutôt que, pour autant que, puisque, sauf que, selon que, surtout que, suivant que, tandis que, vu que

Select the most appropriate conjunction from those listed after each sentence to fill the blank. Change *que* to *qu'* where necessary.

1. En écoutant le discours Georges s'est peu à peu empourpré _____ il se rendait compte que tout son passé secret allait être dévoilé.
   [ainsi   au fur et à mesure que   sauf que]
2. Il ne peut pas se plaindre _____ c'était lui-même qui a signalé le problème au début.
   [vu que   tandis que   plutôt que]

3. _____ nous nous sommes plaints déjà plusieurs fois, il ne nous reste qu'à appeler la police.
   [plutôt que   alors que   comme]

4. Les appartements devraient se vendre très bien _____ le promoteur est quelqu'un de sérieux.
   [puisque   au fur et à mesure que   comme]

5. Je vous croirais bien volontiers _____ j'étais là moi-même et j'ai pu constater le contraire.
   [de même que   sauf que   parce que]

6. _____ Jean vient ou pas, nous saurons s'il est impliqué dans l'affaire.
   [étant donné que   comme si   selon que]

7. Tu aimerais la revoir, n'est-ce pas? _____ elle t'a apporté un joli cadeau la dernière fois, tu t'en souviens?
   [alors que   surtout que   attendu que]

8. Je ne refuserai pas son aide, _____ nous risquons d'être débordés dans quelques jours.
   [attendu que   selon que   outre que]

9. Je lui dirai de venir demain; _____ nous pourrons commencer toutes les préparations aujourd'hui.
   [attendu que   parce que   ainsi]

10. Il m'a écrit des Etats-Unis _____ il travaillait encore pour General Motors.
    [alors que   vu que   plutôt que]

11. C'était _____ il ne se rendait pas du tout compte des conséquences.
    [alors que   de même que   comme si]

12. Il refuse de voir les choses en face, _____ il refuse d'écouter tout conseil.
    [au fur et à mesure que   de même que   excepté que]

13. C'était pareil pour moi _____ je pouvais faire appel à l'aide de mon frère qui n'habitait pas très loin de là.
    [excepté que   ainsi   plutôt que]

14. Non, c'était _____ Marie pensait qu'il allait l'inviter au bal.
    [plutôt que   suivant que   vu que]

15. _____ j'apprécie son talent, je suis néanmoins convaincu que ce rôle ne lui convient pas.
    [selon que   pour autant que   excepté que]

16. _____ elle m'a été insupportable lors de sa dernière visite, elle fume, et je ne veux pas de fumeurs dans cette maison, c'est compris?
    [outre que   suivant que   selon que]

17. _____ je cherche à lui plaire, elle m'ignore royalement.
    [surtout que   tandis que   au fur et à mesure que]

18. Marianne pense qu'elle restera encore plusieurs années en Allemagne _____ les salaires en Grande-Bretagne sont bas.
    [comme   étant donné que   sauf que]

19. Il pense que je vais le soutenir _____ je suis sa femme: il se trompe.
    [excepté que   parce que   plutôt que]
20. Je sélectionnerai les candidats _____ leur expérience montrera qu'ils ont travaillé dans des domaines appropriés.
    [alors que   ainsi   suivant que]

5. *si* and tenses with *si* (FGU sections 10.8 and 17.3.6)

- One function of *si* is to introduce indirect questions. This function in English is fulfilled by 'if' or 'whether', which alternate freely: *Je ne sais pas si elle viendra* 'I don't know if/whether she will come'.
- The other function of *si* is to introduce hypothetical clauses. This function in English is fulfilled by 'if', which cannot be paraphrased by 'whether': *Je ne resterai pas si elle vient* 'I won't stay if (NOT *whether) she comes'.
- The verb in hypothetical *si* clauses can never be in the future or conditional in French (see FGU section 10.8 for details).

Fill in the blanks in the following sentences with an appropriate form of the verb. Be careful: future or conditional forms will be possible in some cases, but not others.

e.g. Je n'aurais pas écrit si je _____ (pouvoir) la joindre par téléphone
Je n'aurais pas écrit si j'<u>avais pu</u> la joindre par téléphone

1. Si Léopold _____ (réfléchir) davantage, il aurait compris qu'il valait mieux refuser cette offre.
2. Paul demande si vous _____ (vouloir) lui rendre ce petit service.
3. Il ne serait jamais venu si je _____ (ne pas l'inviter).
4. Tu n'arriveras pas à la convaincre si tu _____ (continuer) à lui parler sur ce ton.
5. S'il _____ (pouvoir) le faire, il le fera pour toi, c'est certain.
6. Tant que j'habitais dans le Midi j'y allais toutes les semaines si j'_____ (être) libre.
7. Quand Jean-Marc reviendra, il saura très bien si tu _____ (mentir) ou pas.
8. Janine me demande si tu _____ (revenir) la voir un jour.
9. Julien a promis que si tu lui _____ (dire) la vérité, il ne prendrait aucune sanction.
10. Tu ne sauras jamais skier si tu n'_____ (essayer) pas d'apprendre.

6. Subordinating conjunctions followed by the subjunctive
(FGU section 17.3.8)

In each of the following exercises, select the appropriate conjunction from the pair given at the end of each sentence, and put the verb into an appropriate form of the subjunctive. Change *que* to *qu'* where necessary.

e.g.   Je continue à dire « chez moi », _____ la maison ne nous _____
(appartenir) plus. [**pour que   bien que**]
Je continue à dire « chez moi », <u>bien que</u> la maison ne nous <u>appartienne</u> plus

(a) *afin que, en attendant que, avant que, bien que, encore que, jusqu'à ce que, pour que*

Keywords

se débrouiller	to manage by oneself
une boussole	a compass

1.   J'attendrai _____ il _____ (revenir) de Paris avant de le lui dire.
     [**bien que   jusqu'à ce que**]
2.   On essaiera de se débrouiller avec les cartes et la boussole _____ le guide _____ (vouloir) bien nous rejoindre.
     [**en attendant que   encore que**]
3.   _____ il ne _____ (être) pas très grand, il arrive à marquer beaucoup de points au basket.
     [**en attendant que   bien que**]
4.   Marie et Félicien travaillent jour et nuit _____ leur fils aîné _____(pouvoir) terminer ses études de droit.
     [**avant que   pour que**]
5.   Je vous rendrai vos devoirs demain _____ vous _____ (pouvoir) retravailler le subjonctif avant le week-end.
     [**bien que   afin que**]
6.   Ils ont fait des progrès _____ il y _____ (avoir) beaucoup de travail à faire en ce qui concerne les mathématiques.
     [**encore que   jusqu'à ce que**]
7.   Je veux que tout soit prêt _____ ta mère _____ (revenir).
     [**jusqu'à ce que   avant que**]
8.   Mathilde veut quand même aller voir ce film d'épouvante _____ son frère en _____ (être) revenu en pleurant.
     [**en attendant que   bien que**]
9.   _____ tout le monde _____ (être) au courant j'ai envoyé une lettre individuelle à chaque employé.
     [**encore que   pour que**]

(b) *de façon que, de manière que, de sorte que, si bien que, tel que, à moins que, pour peu que, si peu que, pourvu que, à condition que*

Keywords

un acheteur plus offrant	a buyer with a higher bid
une moquette	a (fitted) carpet

1. Il faudrait noter toutes les heures supplémentaires _____ ils _____ (être) rémunérés pour tout le travail qu'ils auront fait.
   [à moins que   de façon que]
2. Nous devrons lui expliquer la chose très clairement _____ il _____ (être) obligé de reconnaître tes droits.
   [si peu que   si bien que]
3. Je lui achèterai un sac à main vert foncé _____ elle _____ (pouvoir) le porter avec sa nouvelle robe.
   [à moins que   tel que]
4. J'ai fait deux copies de la lettre _____ le notaire _____ (vouloir) la conserver dans ses dossiers.
   [pour peu que   de façon que]
5. Nous irons ensemble _____ il _____ (comprendre) la solidarité qui nous lie.
   [de manière que   à condition que]
6. _____ l'avion _____ (être) arrivé à l'heure, nous irons manger en ville.
   [de manière que   pourvu que]
7. Je l'ai prévenu _____ il n' _____ (avoir) pas trop de surprises demain.
   [de sorte que   à moins que]
8. J'ai bon espoir de parvenir à une vente rapide, _____ un acheteur plus offrant _____ (s'être) déjà présenté.
   [à moins que   si peu que]
9. _____ vous nous _____ (avoir) raconté toute l'histoire, je crois qu'on peut mettre fin à cette investigation.
   [tel que   à condition que]
10. Quand on renverse du vin sur une moquette, _____ ce _____ (être), ça tache.
    [si peu que   de façon que]

(c) *à supposer que, en supposant que, en admettant que, non que, ce n'est pas que, sans que, de peur que, de crainte que*

Keywords

un court métrage	a short film
régenter	to rule over, take charge of

1. _____ votre histoire _____ (être) vrai, cela ne changerait pas grand-chose.
   [à supposer que   non que]
2. _____ votre camarade _____ (avoir) contribué autant que vous à ce mini-mémoire, qu'est-ce cela change quant à la note que je vous ai attribuée?
   [sans que   en admettant que]
3. _____ la municipalité _____ (être) opposée à l'installation d'une patinoire, mais, pour l'instant, elle n'a pas les moyens de la financer.
   [à supposer que   ce n'est pas que]
4. Il m'a fourni tous les détails _____ j' _____ (avoir) eu besoin de les lui demander.
   [sans que   en admettant que]
5. Votre fils refuse de rentrer _____ vous le _____ (gronder).
   [sans que   de peur que]
6. _____ il _____ (falloir) supporter sa présence pendant trois semaines encore, installons-le au moins dans l'annexe, ainsi nous retrouverons un peu d'intimité.
   [à supposer que   de crainte que]
7. _____ votre récit _____ (être) véridique, je propose d'en faire un petit court métrage.
   [ce n'est pas que   en supposant que]
8. Ils ont agi très vite _____ la décision du tribunal _____ (aller) contre eux.
   [non que   de crainte que]
9. _____ elle _____ (chercher) à tout régenter, mais elle a tout simplement beaucoup plus d'expérience que nous.
   [non que   en supposant que]
10. Léonie a reconnu qu'elle avait tort _____ personne ne le lui _____ (demander).
    [en admettant que   sans que]

7. English conjunctions with several translations in French
(FGU sections 17.4.1–17.4.4)

Fill in the blanks in the French sentences below by choosing the appropriate conjunction.

(a) since

depuis que, puisque, comme

1. I've really enjoyed myself since you've been here.
   Je m'amuse vraiment bien _____ tu es là.

2.   Since you say so I have to believe you.
     _____ tu le dis, je suis bien obligé de te croire.

3.   I would like to help you since I know you are in need of a helping hand.
     J'aimerais vous rendre service _____ je sais que vous avez besoin
     d'un peu d'aide.

(b) while

puisque, pendant que, tant que, alors que/tandis que

1.   While you're here, you may as well make yourself useful.
     _____ vous êtes là, autant vous rendre utile.

2.   You can do that while you are looking after your sister.
     Tu peux faire ça _____ tu gardes ta petite sœur.

3.   I can't help you while you persist in this negative attitude.
     Je ne peux pas vous aider _____ vous vous cantonnez dans cette
     attitude négative.

4.   Your brother has agreed to contribute to the cost of the present, while
     you still refuse to have anything to do with it.
     Ton frère a accepté de participer aux frais du cadeau _____ tu
     refuses toujours de t'en occuper.

(c) as

comme, à mesure que

1.   I saw it as I walked through the field.
     Je l'ai vu _____ je traversais le champ.

2.   I have always treated you as I would my own son.
     Je t'ai toujours traité _____ je l'aurais fait pour mon propre fils.

3.   We'll have to find new solutions as we encounter the problems.
     Il faudra inventer de nouvelles solutions _____ nous rencontrerons
     les problèmes.

(d) when

quand, alors que

1.   I didn't believe it when he said he would lend us the money.
     Je ne l'ai pas cru _____ il a dit qu'il nous prêterait l'argent.

2. What is that map doing there, when I know it should be in the car?
    Qu'est-ce que cette carte fait là, _____ je sais qu'elle devrait être
    dans la voiture?

3. When you come back, we'll go over the whole plan together.
    _____ vous reviendrez, nous reverrons ensemble le plan dans sa
    totalité.

8. Subordinating conjunctions used with infinitives
(FGU section 17.6)

*afin de, avant de, de crainte de/de peur de, à condition de, à moins de, jusqu'à,
de manière à/de façon à, pour, sans*

Select the most appropriate conjunction from the pair given after each
sentence to fill the blank. Change *de* to *d'* where necessary.

Keyword

> *gagner le tiercé*   to win on the horses

1. Tes parents m'ont contacté aussi _____ s'assurer que tu avais reçu
    le chèque.
    [afin de   de peur de]
2. _____ réagir comme cela, il faudrait être certain que ce qui a été dit
    est véridique.
    [sans   avant de]
3. Georges veut bien faire le voyage aller-retour demain _____ être
    bien récompensé pour sa peine.
    [à condition de   à moins de]
4. Ils ne veulent pas rentrer chez eux _____ être cambriolés de nou-
    veau.
    [de peur de   afin de]
5. Il ne signera pas le contrat _____ avoir obtenu par écrit le détail des
    conditions de travail.
    [jusqu'à   sans]
6. Tu pourrais suivre ce stage pendant six mois _____ être en bonne
    position si jamais un emploi survenait dans ce domaine.
    [sans   de manière à]
7. Il est allé _____ me contredire ouvertement devant mes collègues.
    [jusqu'à   pour]
8. Il faut prendre deux trains _____ y arriver.
    [de peur de   pour]

9. Tu ne pourras jamais te payer une voiture comme ça, _____ gagner le tiercé.
   [jusqu'à   à moins de]
10. Tu n'iras pas à Paris _____ avoir terminé tes études ici.
    [avant de   de manière à]

9. *après avoir/après être* (FGU section 17.7)

après avoir + past participle/*après être* + past participle regularly correspond to English 'having V-ed': *après avoir expliqué* 'having explained', *après être allé* 'having gone', *après s'être couché* 'having gone to bed'.

Use *après avoir, après (s')être* as appropriate with the verbs placed between brackets in the following sentences.

e.g.   Elle s'est essuyé la bouche sur sa manche _____ (manger) sa glace
      Elle s'est essuyé la bouche sur sa manche <u>après avoir mangé</u> sa glace

Keywords

un clochard	a tramp
rehausser	to enhance

1. Juste _____ (acheter) une glace, j'ai fait un faux mouvement et elle est tombée sur le trottoir.
2. Je ne reviendrai jamais ici _____ (vivre) aux Etats-Unis.
3. _____ (se rendre compte) de l'énormité de ce qu'il avait dit, il est allé s'excuser auprès de ses élèves.
4. Fernand et Lucie ont appelé une ambulance _____ (trouver) un clochard écroulé au milieu de la rue Maupassant.
5. _____ (monter) jusqu'au sixième, il a dû redescendre parce qu'il s'était trompé d'étage.
6. Ils ont parlé, parlé pendant trois heures _____ (se retrouver) au bout de vingt ans de séparation.
7. _____ (boire) cette bière fortement alcoolisée, je me suis sentie toute drôle.
8. Tu ne sais pas ce qu'elle a fait _____ (apprendre) le mariage de Léon?
9. Notre commune est au bord de la faillite _____ (souffrir) de la corruption des conseillers pendant une décennie entière.
10. Votre don des langues ne sera que rehaussé _____ (boire) quelques verres de ce délicieux Cahors.

10. Past participles as linking devices (FGU section 17.8)

- The past participles of verbs conjugated with *être* can be used alone with the meaning 'having V-ed': *Arrivé à la gare, il a acheté un journal* 'Having arrived at the station, he bought a paper'.
- Past participles like *assis, appuyé*, etc. correspond to English 'sitting', 'leaning', etc.

Put the verbs in brackets into their appropriate past participle forms. Remember to make them agree.

e.g.   ＿＿ (coucher) de bonne heure, elle a lu
  Couchée de bonne heure, elle a lu

Keywords

à contre-jour	against the light
un arbuste	a shrub, a bush

1. Jules l'a attendue pendant trois heures, ＿＿＿ (asseoir) dans un couloir froid et sombre.
2. ＿＿＿ (arriver) dans cette petite ville de province après minuit, Félix ne trouvait pas d'hôtel ouvert.
3. ＿＿＿ (monter) sur un chameau, Lucile a traversé une bonne partie du désert.
4. Là, ＿＿＿ (poser) contre le mur et à contre-jour, ce petit balai ressemblait à un arbuste.
5. ＿＿＿ (pencher) vers la gauche, il écoutait attentivement les sons qui venaient de la forêt.
6. ＿＿＿ (situer) dans un joli petit parc, cette maison vous séduira au premier abord.
7. ＿＿＿ (rentrer) trop tard, il a trouvé la porte fermée à clé.
8. ＿＿＿ (accabler) de fatigue, Sylvie s'est arrêtée près d'une fontaine.
9. Ce petit hameau, ＿＿＿ (percher) comme il l'est sur la colline, attire des artistes depuis plus de cinquante ans.
10. Horriblement ＿＿＿ (intimider) par les applaudissements du public, Gérald s'est dirigé comme un condamné vers le podium.

11. Present participles and adjectives (FGU section 17.9.1–17.9.2)

- Verb forms ending in *-ant* can function either as adjectives: *une histoire passionnante*, or as present participles: *Voyant arriver sa sœur, elle s'est éloignée.*
- As adjectives, they agree with the noun they modify: *une histoire*

*passionnan**te***; as present participles they do not: *Voya**nt** arriver sa sœur, elle ...*

Insert an *-ant* form of the verb indicated into the sentences below, making it agree when it is an adjective.

e.g. **1.** Une voiture _____ (rouler) lentement est moins dangereuse
Une voiture roulant lentement est moins dangereuse
2. Ils fabriquent une eau de toilette _____ (séduire)
Ils fabriquent une eau de toilette séduisante

Keywords

à toute volée	with all one's might
un testament	a will

1. La voiture, _____ (rouler) à 100 kilomètres à l'heure, a heurté le mur.
2. Il devra passer le reste de ses jours dans une chaise _____ (rouler).
3. _____ (bouillir) de colère, elle a giflé le type à toute volée.
4. Jetez la poudre dans de l'eau _____ (bouillir).
5. J'ai beaucoup aimé votre livre, c'est une histoire _____ (passionner)
6. Des parents _____ (vieillir) ne peuvent pas bien s'occuper de très petits enfants.
7. De sa main _____ (trembler), la vieille dame a ramassé le mouchoir qui était tombé par terre.
8. _____ (imaginer) le pire, il a tout de suite téléphoné chez lui.
9. _____ (trembler) de passion, ils ont rapproché leurs lèvres.
10. _____ (vieillir), j'ai voulu rédiger mon testament.

12. Present participles and gerunds (FGU section 17.9.2–17.9.4)

A gerund is a present participle preceded by *en*: *en attendant* 'while waiting, as we waited', *en refusant* 'by refusing'.

Insert either the gerund or the present participle form of the verb indicated, as appropriate, in the following sentences.

e.g. 1. Les circonstances _____ (aider), ils ont terminé le projet à la date prévue
Les circonstances aidant, ils ont terminé le projet à la date prévue
2. _____ (attendre) Philippe, je me suis installé au café d'en face
En attendant Philippe, je me suis installé au café d'en face

Keywords

se léser	to harm oneself
le cumul	holding more than one post at the same time
après mon licenciement	after I was made redundant

1. _____ (éviter) la vérité, on se lèse soi-même.
2. Il a tourné le volant au dernier moment _____ (éviter) ainsi l'accident qui, deux instants plus tôt, semblait inévitable.
3. Son dernier livre, _____ (se moquer) des hommes politiques, a fortement influencé l'opinion publique.
4. Tout _____ (se moquer) des hommes politiques, il arrive à profiter de ses relations dans l'entourage du président.
5. Il a investi indépendamment, tout _____ (savoir) qu'il n'avait pas le droit de le faire.
6. _____ (savoir) que nous avions l'intention de l'inviter, il s'est gardé d'acheter un billet.
7. _____ (ignorer) tout ce qui avait été dit à son sujet, Lucien s'est présenté en toute innocence devant le comité.
8. Yves a accepté ce poste _____ (ignorer), semble-t-il, que le cumul est strictement interdit.
9. Même après mon licenciement, _____ (suivre) ce stage, je suis payé au tiers de mon salaire pendant un mois.
10. Je pourrais être traduit en justice _____ (suivre) le point de vue adopté par la police.

Answers to the exercises

1 Nouns

1

(a) Fill in the blanks and find the nouns

Incomplete concrete nouns: des objets – un milliardaire – les lunettes – une vente aux enchères – propriétaire – la salle – le marchand – un intermédiaire – l'homme d'affaires – sandales en cuir – le produit – au téléphone – quelques instants – la salle – l'enchérisseur – l'annonce – l'artisan – la partition

Proper nouns: (Mohandas Karamchand) Gandhi, New York, James Otis, Antiquorum Auctioneers, Vijay Mallya, l'Inde (*f*), New Delhi, l'Empire (*m*) britannique des Indes, le Pakistan

Abstract nouns: l'effervescence (*f*), le bien, le patrimoine, la véhémence, le tollé, la désobéissance, l'indépendance (*f*)

Collective nouns: la presse, la collection, le pays, le mouvement

Title used with a definite article: le Mahatma Gandhi

Mass nouns normally plural in French but singular in English: (un homme d') affaires (*fpl*) 'business', des applaudissements (*mpl*) 'applause'

(b) What do you remember?

une vente aux enchères (*fpl*) rocambolesque – une salle des ventes (*fpl*) – des estimations (*fpl*) initiales – le patrimoine indien – un véritable tollé – un mouvement de désobéissance civile – l'indépendance (*f*) de l'Inde (*f*)

2 Translation

1. Les temps changent, l'université/les universités aussi.
2. La bataille de l'enseignement supérieur n'est pas encore gagnée.
3. Les gens ne se rendent pas compte du travail que l'enseignement exige.
4. Ce livre est le résultat d'une recherche détaillée.
5. Leurs publications jouissent d'un renom international.
6. La télévision, comme la radio, est une invention de l'entre-deux-guerres.
7. Les réseaux sociaux ont une importance croissante dans le monde d'aujourd'hui.
8. La température mesure l'agitation des atomes et des molécules qui constituent la matière.
9. La France n'est pas seulement le pays des bons vins, de la mode, et des parfums. Elle est aussi à la pointe dans les télécommunications, l'aéronautique, le traitement des eaux et les transports.
10. La mort, l'au-delà, le sens de l'existence ... telles ont été les préoccupations des lecteurs français ces temps derniers, à en juger par le classement des livres sur la liste des meilleures ventes.

3 Fill in the gaps

1ère **étape** de la farine – dans un saladier – un puits – du beurre ramolli – du sucre glace – du sel – Incorporez-les à la farine – la pâte – avec un rouleau – sur du papier sulfurisé – le papier

2ᵉ **étape** des feuilles de blettes – les plus grosses côtes – des amandes – dans une poêle – les lanières de blettes – dans du (*or* un) papier absorbant

3ᵉ **étape** du ricotta – dans un bol – à l'aide d'une cuillère – les blettes hachées – les amandes – le zeste de citron – du sucre roux – du rhum – un moule à tarte – le jaune d'un œuf – du lait

4ᵉ **étape** la pâte – le papier sulfurisé – le moule – les chutes de pâte – le fond – avec une fourchette – la préparation aux blettes – les chutes de pâte (*meaning* 'all the strips of pastry' *or* des chutes de pâte *meaning* 'some of the strips of pastry') – avec une roulette à pâtisserie – des bandelettes – la tarte – avec du jaune d'œuf

4

(a) Fill in the blanks

au cinquième étage – un appartement – composé de deux petites pièces – dans sa chambre – sur le lit – le plafond – trop bas – ce plafond – le haut de mon crâne – une tête de trop – la porte de communication – le front (Modiano) *or* au front (also possible in this context) – une lampe (Modiano) *or* la lampe (also possible in this context) – sa table de chevet – un foyer de lumière douce – au plafond – un moment – de chaque côté de la pièce – un service funèbre

(b) Determiner–noun matching

1. le courage – un stage – à la plage 2. ta clé – au marché – du thé et du café 3. Un couteau et un marteau – faire du camping 4. La façade du manoir – par une bombe 5. le sujet du poème – le système – la crème 6. la dépense – au musée – le silence

(c) Fill in the blanks

du passé – associée au monde rural – les pays voisins – au patrimoine industriel, complément naturel du patrimoine artistique et culturel – Une autre culture – Une autre beauté inattendue – attachante – une époque – une économie – un mode de vie – une filature – un haut fourneau – intéressants – un château – une abbaye – La notion – s'est élargie – Les grands monuments – du monde industriel – de la vie quotidienne – les bâtiments officiels – un monde révolu

5 Change the nouns

des chômeuses – des immigrées clandestines – des retraitées – des travailleuses à domicile – des petites filles même – des femmes fonctionnaires – des boulangères – des femmes policiers – des femmes médecins – des directrices de banque – des femmes professeurs – les femmes chauffeurs de femmes ministres – les immigrées pressurées de la confection – à la coiffeuse – à la photographe – la comptable – la femme peintre décorateur

6 Fill in the blanks

1. deux petits crèmes 2. une crème brûlée 3. une livre cinquante 4. la manœuvre de la pompe 5. des manœuvres saisonniers 6. un grand merci 7. à la merci d'une volonté plus puissante que la sienne 8. quel mode de paiement 9. ce n'était plus la mode 10. ce gros moule à gâteau 11. ces grosses moules que j'ai achetées 12. deux poêles neuves 13. le feu du poêle 14. un poste très élevé à la poste 15. le Tour de France/la Tour penchée de Pise 16. sans aucune aide 17. accompagné d'un aide 18. le manche de sa meilleure casserole 19. la manche 20. un livre

7

(a) Write out and read aloud

l'Allemagne (*f*) – l'Autriche (*f*) – la Belgique – la Bulgarie – Chypre (*Chypre is feminine but the article is not used; it is possible to refer to l'Île de Chypre. See FGU 2.2.2*) – le Danemark – l'Espagne

(f) – l'Estonie (f) – la Finlande – la France – la Grèce – la Hongrie – l' Irlande (f) – l'Italie (f) – la Lettonie – la Lituanie – le Luxembourg – Malte (*Malte is feminine but the article is not used; it is possible to refer to l'Île de Malte. See FGU 2.2.2*) – les Pays Bas (*mpl*) – la Pologne – le Portugal – la République Tchèque – la Roumanie – le Royaume-Uni – la Slovaquie – la Slovénie – la Suède

l'Albanie (f) – la Bosnie-Herzégovine – la Croatie – l'ancienne république yougoslave de Macédoine (*or more commonly* 'La Macédoine') – le Monténégro – la Serbie – la Turquie.

(b) Fill in the blanks

aux Etats-Unis – en Grande-Bretagne – des pays pauvres comme Cuba, le Brésil ou le Mexique – de l'Europe du Nord – de l'Europe du Sud – le Nord – le Pas-de-Calais – le Rhône – la Région parisienne *or* en Région parisienne (also possible in this context) – le Sud-Ouest – en Bretagne

8 Write your own story

For this exercise the vocabulary items were taken from a section of Patrick Modiano's novel *Rue des boutiques obscures* (© Gallimard, Paris, 198), printed below. How does your story compare?

Une voiture américaine s'arrête devant l'Hôtel de la Paix. Sa carrosserie est maculée de boue. Deux hommes et une femme en descendent et marchent vers l'entrée de l'hôtel. Les deux hommes sont mal rasés, et l'un des deux, le plus grand, soutient la femme par le bras. Dans le hall, tous trois ont du mal à se frayer un passage jusqu'à la réception. Non, il n'y a plus une seule chambre d'hôtel libre dans toute la ville.

9 Complete the gaps

1. son caractère 2. une menace 3. le choix 4. la grille du cimetière 5. la patience 6. un suicide – un crime 7. de mauvaise foi 8. une croix 9. un manque de respect 10. le mérite

10 Fill in the blanks

un chef-lieu, des chefs-lieux – un camion-citerne, des camions-citernes – une auto-école, des auto-écoles – une porte-fenêtre, des portes-fenêtres – un porte-savon, des porte-savons – un contre-exemple, des contre-exemples – une demi-mesure, des demi-mesures – une langue-de-chat, des langues-de-chat – un arc-en-ciel, des arcs-en-ciel – un faire-part, des faire-part – un soutien-gorge, des soutiens-gorge

11

(a) *Insonoriser des cloisons*

Les bruits se **propagent** dans l'air et par vibration dans **les matériaux**. Vous pouvez cependant améliorer **les qualités acoustiques des pièces** par le doublage **des cloisons**.

Les premiers propagateurs des sons et vibrations **sont les métaux. Des tuyaux** d'eau, de chauffage central, **répercutent** tous les bruits dont **ils peuvent** être la source au travers **des murs, des plafonds** et **des planchers, quels** qu'en **soient les matériaux.**

Enlevez plinthes et moulures. Détectez la présence éventuelle de câblages électriques dans **les cloisons existantes**.

Prenez les dimensions **des futurs cadres support.** Posez **les parties basses des bâtis** sur **des semelles** de mousse synthétique de 1 à 1,5 cm d'épaisseur **collées** au sol. Collez-clouez ensuite **les tasseaux support** sur **ces semelles.**

Clouez les montants dans **les anciennes cloisons**.

Les montants **des châssis** sont espacés les uns des autres de 60 cm.

Vissez les plaques de plâtre sur **les châssis**. Avant d'appliquer **les revêtements finaux**, garnissez **les joints latéraux** d'un mastic souple qui améliorera **les propriétés antivibratoires des cloisons**.

(b) Creative writing

The viewer is incensed by the spelling *crapeaux*, which should be *crapauds*.
Compare your own letter with the one we came up with:

Madame,

Vous nous signalez une faute d'orthographe dans la présentation de notre émission « Pattes et museaux ». Nous sommes bien d'accord avec vous sur la nécessité d'éviter ce type d'erreur, et nous nous excusons par la présente lettre d'une défaillance passagère. Sachez en effet que des réductions de personnels nous ont récemment contraints à employer des stagiaires, à qui nous devons malheureusement attribuer l'aberration qui a motivé votre courrier, survenue au cours d'une retransmission en direct.

Soyez cependant assurée, chère Madame, des efforts permanents que nous faisons pour atteindre à la plus haute qualité dans nos programmations.

Dans l'espoir que vous et vos enfants continuerez, malgré l'expérience isolée dont vous nous avez fait part, à regarder avec plaisir et profit nos émissions, nous vous prions de bien vouloir accepter nos hommages respectueux.

12 Translation

1. Je vous/te souhaite la/une bonne année.
2. Je la rencontre deux fois par an/Je la vois deux fois par an.
3. Ils ont un enfant de cinq ans.
4. Cela a commencé le jour de l'an, en 1964/le premier jour de l'année 1964.
5. Elle travaille le matin/tous les matins.
6. Elle a travaillé (pendant) toute la matinée.
7. Je vous verrai demain dans la matinée/dans le courant de la matinée.
8. C'est une étudiante de première année.
9. J'ai encore deux années *or* ans à faire avant la retraite/avant de prendre ma retraite.
10. Elle fait la grasse matinée aujourd'hui.
11. Ils sont partis tôt le matin/au petit matin.
12. On est revenu par une belle journée d'été.
13. Cette semaine, on a eu trois jours de pluie.
14. Le jour de son anniversaire, il était malade!
15. Bonne journée!/Bonne soirée!

13 How good is your memory?

1. L'Inde a protesté avec véhémence contre la vente aux enchères des biens du Mahatma Gandhi.
2. Dès que la pâte est lisse, étalez-la en forme de cercle avec un rouleau à pâtisserie, et placez-la sur du papier sulfurisé.
3. Il avait allumé la lampe à abat-jour rose saumon qui se trouvait sur sa table de chevet, et cela faisait un foyer de lumière douce et des ombres au plafond.
4. Il a cassé le manche de sa meilleure casserole.
5. Dès la fin de la guerre, la diffusion de la télévision démarre de façon foudroyante.
6. Le type reproche à son voisin de le bousculer chaque fois qu'il passe quelqu'un.

2 Determiners

1 Fill in the blanks

le hérisson	l'habitude
l'habitant	l'héroïne
le homard	le héron
le haddock	l'hiver
l'hélicoptère	l'habillement
l'hôpital	le hachis
le haut fonctionnaire	la haie
l'humidité	le hameau

2

(a) Fill in the blanks

1. Les écologistes disent que les phoques gris sont une espèce en danger.
2. L'alcool est le troisième facteur de mortalité en Europe après le cancer et les maladies cardio-vasculaires.
3. Certains psychologues pensent que la télévision suscite de l'angoisse chez les enfants.
4. En 2004 Chypre et Malte ont rejoint l'Union européenne.
5. L'Argentine, l'Australie, le Canada et surtout les Etats-Unis peuvent s'adapter aux fluctuations de la demande mondiale en blé.
6. On trouve des maisons avec des volets dans chaque région de la France, depuis la Picardie dans le nord au Finistère dans l'ouest, et depuis la Haute-Savoie dans l'est jusqu'à la Provence dans le sud.
7. Louis treize ordonna la construction de la Sorbonne, et Napoléon premier créa les lycées.
8. Au cœur de l'été cet appareil procure une température ambiante agréable, mais il peut aussi fournir de la chaleur quand l'hiver revient.
9. Ce tissue coûte 10 euros le mètre carré.
10. Papier peint: 16 euros le rouleau.

(b) Sentence completion

1. l'anglais et le français 2. grec 3. le français, le flamand et l'allemand 4. l'anglais et le gallois 5. persan 6. chinois 7. portugais 8. (le) japonais 9. bulgare 10. l'arabe, le berbère, le français et l'espagnol

3

(a) Fill in the blanks

me picotait les yeux – les cheveux blancs – le visage rouge – Ses yeux – du bras – des deux mains – les bras tendus

(b) Creative writing
Compare your own answer with the one we came up with:

Il y avait du monde ce soir-là. Je sortais de la cuisine quand je l'ai vu entrer dans le café. J'avais les bras chargés d'assiettes et une tasse pleine dans la main. Il est venu vers moi, puis s'est assis à l'une des tables vides au fond de la salle. C'était un type plutôt petit, environ cinquante ans, les yeux bleus très clair, le teint homard, comme s'il avait bu, et la tignasse toute blanche. Quand je lui ai apporté son café, il s'en est emparé sans mot dire.

(c) Read aloud

était bondé – il n'y avait aucune place – fauteuil vide – d'un Japonais – qui portait – des lunettes cerclées d'or – il ne me comprit pas – vers lui – demander la permission – je le fis – il n'y prêta aucune attention

américains – japonais – de plus en plus fort – quelques-uns – un verre – les dossiers ou les bras

Waldo Blunt – avec un quart d'heure – un petit homme grassouillet – au front dégarni – à la moustache fine – vêtu – costume – la tête – un regard circulaire – autour desquelles – se pressaient – de la main droite – commença – quelques accords – la chance – proches

(d) Fill in the blanks

à la poitrine – au maquillage sophistiqué – au modèle scandinave – aux héroïnes de Fellini – Son visage est ovale – son teint clair, ses yeux bleu-vert, ses lèvres pulpeuses et sa poitrine moyenne – ses mains sont fines, ses jambes longues, ses dents petites

aux yeux bleus – a une bouche petite – les cheveux bruns

4 Creative writing

Compare your own answer with the one we came up with:
La petite danseuse est une gamine maigrichonne, qui a les cheveux longs relevés en chignon. Elle a le nez retroussé, et une figure réjouie. Elle a un tempérament plutôt frondeur! C'est une pianiste à la silhouette lourde, au nez aquilin et au front dégarni. Elle a l'air peu aimable, et les réflexes rapides.

5 Translate the English expressions

1. leur pain sous le bras 2. le porte-bagages de leur vélo 3. avec leur pistolet 4. écrire à leur famille 5. dans leurs cars 6. leurs lettres de réclamation 7. retiraient leur chapeau – en touchaient le bord – tendaient la main

6 Fill in the blanks

1. assailli de doutes 2. travaillé par des doutes affreux 3. armé de pinceaux 4. un séjour d'études – prendre des notes – faire des exposés – rédiger des travaux – passer des contrôles et des examens 5. disposent de réseaux 6. participer à des conversations – écouter des émissions – lire des journaux et des livres 7. des fiches pratiques – de cas concrets 8. dignes des soirs de fête

7

(a) Fill in the blanks

les autres – des autres – d'autres – d'autres – d'autres – des autres – d'autres

(b) Fill in the blanks

1. De nombreux astronomes – le croissant de lune – la nouvelle lune 2. De très beaux météores – le ciel 3. de nouveaux procédés – l'irrigation de vos jardins 4. des rues où de vieux magasins 5. De petites cités – la route 6. de grands garages 7. Des jeunes couples et des petits enfants 8. Des marguerites, des capucines et de vieux rosiers

8 Translation

1. C'était des gens exceptionnels.
2. La vente des objets a été accueillie par des applaudissements.
3. Versez de la farine dans un saladier, formez un puits au centre/au milieu, et placez-y/ mettez-y du beurre, du sucre et du sel.
4. Ils avaient laissé de la vaisselle sale dans l'évier.
5. Elle préparait/faisait du café.
6. Cela/Ça te ferait du bien de faire du sport.
7. Vous devez avoir/Il faut avoir de la patience.
8. Il faisait/jouait de la guitare basse dans les années 70.

9 Turn the sentences into negatives

1. Il n'a pas trouvé de place ... 2. Je n'achète jamais de chocolat ... 3. Elle n'a pas fumé une seule cigarette ... 4. Sa voix n'était qu'un souffle ... 5. Il n'a plus perdu de temps 6. Ce n'était pas une question facile 7. Cela n'avait plus d'importance ... 8. Je n'ai jamais cédé une seule fois 9. Ce ne sont pas des professeurs 10. Tu ne trouveras guère de restaurant ...

10

(a) Fill in the blanks

Quinquagénaire, père d'un adolescent – Maurice est un restaurateur français établi à Londres – d'une jeune disc-jockey – mariée à un paléontologue – elle attend un enfant – le jour – devenir l'amant

(b) Translation

1. Il y avait une odeur de roses dans l'air.
2. La fumée de cigarettes me picote les yeux.
3. Il portait des lunettes cerclées d'or.
4. Elle écoutait des émissions de radio.
5. Son carnet d'adresses contenait les noms des clients de l'entreprise.

11

(a) Fill in the blanks

1. Cet écart	7. son indépendance
2. Son absence	8. Son accent
3. ton intelligence	9. son affaire
4. Cet inconnu	10. leur allégresse
5. mon accident	11. leur échec
6. Cette ébauche	12. cet effet

(b) Translation

1. Ces serviettes sont les leurs.
2. Elle portait des chaussures qui n'étaient pas les siennes.
3. « Vous avez commis une erreur, dit le détective. Votre arme est vide, ce qui n'est pas le cas de la mienne/ce qui n'est pas vrai de la mienne.»
4. Ma voiture est garée à côté de la vôtre.
5. Vos enfants ont le même âge que les nôtres.

12 How good is your memory?

Je lui avais donné rendez-vous au Hérisson Heureux, un bar populaire dans le quartier qu'on appelait « Le Hameau ». Il était fils de diplomate, mais il ne voulait pas suivre les traces de son père dans la fonction publique. Il voulait devenir jardinier ou restaurateur. Je lui avais promis de l'aider à trouver un poste.

C'était au cœur de l'hiver et il faisait froid. Quand je suis arrivé(e), une foule se pressait à l'entrée du bar. Un petit homme grassouillet, les cheveux blancs et le visage rouge, se tenait de l'autre côté de la porte et saluait les nouveaux arrivants. En entrant, certains clients retiraient leur chapeau, d'autres en touchaient le bord, d'autres enfin lui tendaient la main.

Le bar était bondé. J'entendais des gens qui parlaient français, flamand, allemand et d'autres langues. Il flottait une odeur de frites. Pour atteindre le comptoir, j'ai dû, sans ménagement, écarter du bras les gens qui gênaient mon passage.

Le jeune homme à qui j'avais donné rendez-vous n'était pas là. Je ne pouvais pas attendre. J'avais d'autres chats à fouetter.

3 Personal and impersonal pronouns

I

(a) Matching exercise

1. professional superior and professional inferior (Maigret the superior, Janvier the inferior)
2. The initial exchange is between adult strangers; the subsequent exchange is between Maigret (professional superior) and Moers (professional inferior)
3. adult strangers
4. family members (Maigret's wife is talking to him)
5. probably professional equals

(b) Fill in the blanks

C'est vous? ... je suis votre ancien et votre nouveau voisin. ... vous avez un peu changé. ... à vous croiser ... amoureuse de vous ... enfin de toi. Tu sais ce que c'est ... qu'est-ce que tu deviens? Ça ne vous dérange pas si je continue à vous vouvoyer?

2 Correct the errors

1. Le jeune couple qui **a** acheté ... **est devenu** la proie ... 2. ... **Ils** ont tous un caractère différent ... 3. ... j'ai perdu le contact avec **lui** 4. **Elle** couvre ... 5. Demain la famille **part** ... 6. ... **elle** peut travailler chez **elle** 7. Le comité de quartier **a** proposé ... 8. L'équipe **s'entraîne** ... 9. Le peuple français **a** fait ... 10. no errors

3

(a) Fill in the blanks

1. Elle avait cessé 2. Il était tombé 3. Elle était probablement survenue *or* Cela était probablement survenu 4. Elle domine 5. Cela m'a appris 6. C'est désormais ma passion 7. Ils ne satisfaisaient pas 8. Ils m'écoutaient 9. Il se pliera 10. Elle était restée inassouvie 11. Elle était aussi parfaite 12. Cela *or* Elle l'avait poussé 13. Ils ne lui permettaient pas 14. Elles passèrent 15. Elle *or* Cela m'avait toujours inspiré 16. Cela me tira 17. Elle appartenait 18. Elle *or* Cela n'a pas d'importance

(b) Fill in the blanks

1. Il était interdit 2. il *or* ça voulait dire 3. Ça me terrorisait 4. ça change totalement sa vie 5. ils étaient devenus rares 6. C'était à Lyon 7. ça *or* il ne m'intéressait pas 8. c'était un refus 9. Il n'est pas chez lui 10. Il était court 11. ça devient pas être permis

4 Translate and fill in the blanks

1. Il faisait bon ... 2. ... il y a/il existe 4 millions ... 3. Cela m'ennuie de ... 4. Il est dix heures ... 5. Il est de mon devoir ... 6. Cela n'empêche pas Charles de ... 7. Dans le film il s'agit d'un jockey ... 8. Cela m'étonne qu'elle ... 9. Il faut/Il est nécessaire de ... 10. Il me plaisait de ... 11. Il était temps de ... 12. Cela effraie Jean de ... 13. Il vaut mieux que ... 14. Il s'avère que ...

5 Fill in the blanks

1. C'est incroyable 2. ... il/c'est possible de l'être 3. C'était en octobre et il pleuvait 4. N'était-il/ce pas extraordinaire que ... 5. Il/C'est dommage que ... 6. C'était jour de marché 7. Il aurait été/Ç'aurait été plus simple que ... 8. C'était un énorme bâtiment 9. Il aurait été/Ç'aurait été impensable d'empêcher ... 10. Elle est devenue 11. Est-il romancier 12. C'est un appel 13. C'est vous 14. Il est tellement inattentif! 15. C'est tellement inattendu! 16. Ce n'est qu'après ... 17. Ce sont presque tous des gens ... 18. ... c'est un musicien

6 Fill in the blanks

1. Il était huit heures ... 2. C'est en observant ... du temps qu'il faisait dehors 3. Il/C'était curieux que ce soit ... car il/c'était probablement ... 4. C'était (*or possibly* Il était) un fonctionnaire consciencieux 5. C'était (*or possibly* Elle était) la meilleure joueuse 6. il était habituellement enrhumé 7. Cela/Ça pourrait ... c'est un crime 8. Ce ne fut ... qu'il/elle trouva un taxi 9. Il me semble ... C'est fort possible 10. Cela/Ça dépend 11. il/c'était difficile de déceler 12. ... il/c'était rare qu'il y ait ... 13. Ce fut Pierre 14. ... qu'il est musicien et qu'il doit habiter ... 15. Il est au bureau 16. ... c'était une habituée ... Elle était ici ...

7 Matching exercise

1. C'était un garage où **l'on louait** des voitures.
2. Chez son cousin, **on avait préparé** un dîner somptueux en son honneur.
3. Dans la pénombre, **on distinguait à peine** les formes des voitures.
4. **On allait** au cinéma à Valence tous les jeudis.
5. **On en a parlé** pendant très longtemps.
6. Dans ses films **on attend toujours** qu'il se passe quelque chose, mais en vain.
7. **On a** à peu près les mêmes goûts.
8. **On appelle** « blog » un site personnel qui offre à chacun la possibilité de s'exprimer sur n'importe quel sujet et, à tous les lecteurs, de réagir à celui-ci.

8

(a) Sentence manipulation

1. Il se levait de table tout en **la** finissant 2. Elle s'efforçait de **les** distinguer, à travers le brouillard 3. Il **l'**avait encore à la main quand la sonnerie du téléphone retentit 4. Elle **lui** a donné son numéro de téléphone 5. En quittant le cabinet, il **lui** serra la main 6. ... et puis il **l'**a passée à sa mère 7. Elle **lui** reproche son attitude 8. Il **lui** ressemble 9. Je **l'**ai aidé à changer une roue 10. Elle **l'**a offert à son oncle 11. Pierre est monté **la** fermer 12. Ça m'énerve d'avoir à **lui** répéter cette histoire 13. Elle espère **la** rendre à Michèle avant le week-end 14. J'ai dû **l'**empêcher d'en parler à Josette 15. ... le bruit soudain **l'**a fait tressaillir 16. ... parce que le professeur **leur** a fait subir un dur entraînement

(b) Translation

1. Son cousin breton/Sa cousine bretonne lui a appris à faire/comment faire des crêpes.
2. Richard leur a conseillé de prendre le ferry de nuit.
3. Ils me manquent beaucoup.
4. Les Baxter lui ont téléphoné/l'ont appelé à l'hôtel.
5. Son chien lui ressemble.
6. Je lui ai offert/lui ai proposé un apéritif.
7. Ses parents l'ont aidée à repeindre la maison.
8. Je les ai persuadés/les ai convaincus de vendre le bateau.
9. Le mauvais temps l'a empêchée d'aller se promener/d'aller faire une promenade (à pied).
10. Je l'ai remerciée de son invitation.
11. Ils l'ont encouragée à s'inscrire à l'université.
12. Nous l'avons obligé à avouer.

9 Insertion of *le*

1. ... elle le juge blasphématoire 2. L'éditeur a jugé prudent ... 3. Le capitaine considère important d'avertir ... 4. Mon professeur de linguistique le considère essentiel ... 5. ... si je (le) peux 6. ... et je l'ai fait 7. ... comme je l'imaginais 8. ... comme il le recommandait à ses patients

10 Unscrambling

1. Il se trouvait dans son bureau: se trouvait dans = to be in
2. Elle s'ennuyait toute seule: s'ennuyer = to be bored
3. L'équipe est prête à s'élancer: s'élancer = to rush forward
4. Cela se passait dans un petit hôtel: se passer = to take place
5. Je me suis rétabli après cinq semaines d'hôpital: se rétablir = to recover, get better
6. Le docteur se redressa: se redresser = to straighten up, sit up
7. Elle s'est arrêtée devant une maison rouge: s'arrêter = to stop
8. Ils sonnèrent et la porte s'ouvrit: s'ouvrir = to open
9. Un jour je m'aperçus que j'étais devenu vieux: s'apercevoir = to notice
10. Elle écoutait tout ce qui se disait autour d'elle: tout ce qui se disait = everything that was being said

11 Grammaticality judgement

1. OK 2. J'ai fait allusion **à lui/à elle** 3. ... n'était pas **à elle** 4. OK 5. OK 6. Je me suis habitué **à lui/elle** 7. Simone ne fait pas assez attention **à lui/elle** 8. OK 9. Nous aurons affaire **à eux/elles** 10. OK

12 Fill in the blanks

1. Elle s'est cassé la jambe 2. Elle a cassé sa raquette de tennis 3. Elle lui a touché le bras 4. Je me suis fait mal au dos 5. Il s'est taillladé le pouce 6. Il s'est tordu la cheville 7. Nous lui avons pansé la main 8. Le médecin lui a fait un scanner du poumon droit 9. Elle a tordu nerveusement son mouchoir

13 Sentence manipulation

1. Je m'efforçais d'y distinguer un signe d'encouragement 2. Ils s'y rencontraient 3. En y observant les gens, elle s'en rendait compte 4. C'est moi qui en ai écrit la plupart 5. Le pharmacien de garde y prenait son petit déjeuner 6. Une femme y était assise et en buvait une tasse 7. Il y passe son temps 8. Elle m'y a envoyé en acheter 9. Vous n'en avez aucune idée? 10. Je l'en ai empêché 11. Le beau temps le lui avait permis 12. Elle s'occupe d'eux/Elle s'en occupe 13. Il dépend trop d'eux/Il en dépend trop 14. Elle était fière d'eux/Elle en était fière

14

(a) Sentence manipulation

1. Elle s'efforçait de les y distinguer 2. Il venait de l'y mettre quand la sonnerie du téléphone retentit. 3. Il le lui donna 4. Le médecin la lui serra 5. Elle la lui a passée 6. Elle la lui a reprochée 7. Je l'ai empêché de lui en parler 8. Je l'en ai empêché 9. Elle le lui a offert 10. Ça m'énerve d'avoir à la lui répéter 11. Elle espère la lui rendre avant le week-end 12. Elle se leva pour se la verser 13. Le professeur leur en a fait faire 14. Il l'y avait fait construire

(b) More sentence manipulation

1. Observez-le de près! 2. Adresse-lui quelques paroles! 3. Raconte-moi une histoire amusante! 4. Ne le démolissez pas! 5. Cache-la-lui! 6. Réservez-le-moi! 7. Dis-les-moi! 8. Ne le lui rendez pas! 9. Pensez-y 10. Apprends-le-moi! 11. Permettez-le-lui! 12. Ecris-le-lui! 13. Promettez-le-vous! 14. Commande-le-leur!

15 Translate the English phrases

1. Il ne sera pas chez lui/avant huit heures.
2. Vous n'aurez pas beaucoup l'occasion de la voir et cela vaudra mieux pour vous.

3. Ne vous dérangez pas pour moi.
4. Jean et lui étaient dans une étroite rue sombre.
5. Moi, j'espère que vous n'aurez jamais à travailler avec elle.
6. Elle, il lui a appris à nager.
7. Ils lui ont promis une glace, à elle.
8. Avec les années, nous avions perdu toute trace de lui.
9. Sa valise était à côté d'elle.
10. Ils marchaient le long du quai, lui et sa tante.

16 How good is your memory? Error correction

1. ... **lui** avait été recommandé ... 2. ... **a acheté** ... 3. **Ce** n'est pas ... 4. **Cela** l'avait poussé ... 5. **Il** était court et large ... 6. **Cela** m'inquiète ... 7. **Il** lui est arrivé ... 8. **C'**était en octobre et **il** pleuvait ... 9. **Ce** fut Pierre ... 10. Je **le lui** ai donné 11. Pierre est monté **la** fermer 12. Elle espère **la lui** rendre ... 13. Il **l'**avait fait construire ... 14. ... elle **le** juge blasphématoire 15. Mon professeur **considère essentiel** de lire ce livre 16. ... **lui** a appris **à** faire des crêpes 17. ... **l'**ont aidé(e) ... 18. Cela **se** passait ... 19. ... n'était pas **à elle** 20. Une femme **y** était assise et **en** buvait une tasse 21. ... de **les y** distinguer 22. Je **l'**ai empêché de lui en parler 23. Donnez-**la-lui**! 24. Je vous recommande **à elle/à lui**

4 Adjectives

1 Translation and placement of adjectives

les îles grecques – des pommes vertes – en chiffres ronds – des chansons galloises – un pays musulman – des gîtes ruraux – une fête campagnarde – des vagues puissantes (*or* de puissantes vagues) – un voyage fatigant – des arguments convaincants – de haut rang – un ancien collègue – un vieil ami – l'histoire ancienne – un brave/chic type (*or* un type gentil/sympa) – des passants curieux – une curieuse réponse – une grosse récompense – la même idée – un homme seul – le seul problème – mon chapeau neuf – ma nouvelle copine – un vrai/véritable obstacle – le cuir véritable

2

(a) Translation and placement of multiple adjectives

une importante/forte baisse inattendue – les trois premiers gagnants – les vingt derniers coureurs cyclistes – ce pauvre cher vieil homme – les exigences diplomatiques américaines – la conférence ministérielle internationale – les puissances industrielles occidentales – les services secrets russes – des mesures concrètes communes – des actes terroristes inexpliqués

(b) Placing adjectives

Lille poursuit son entreprise **culturelle** et **urbaine**

Après Lille 2004, l'année où la métropole du Nord fut capitale **culturelle européenne**, Lille revient à l'Europe, mais en taille XXL. Du 14 mars au 12 juillet 2009, voici « Lille 3000, Europe XXL », une biennale vouée aux arts **contemporains**, un voyage à travers l'Union **européenne** mais très élargie.

La **première** secrétaire du Parti **Socialiste**, Martine Aubry, maire de Lille, a souhaité entretenir l'élan de Lille 2004 afin de créer du lien **social**. *« La culture est essentielle en ce qu'elle relie les hommes »*, affirme-t-elle. **Autre** argument **social**: parmi les 500 événements prévus dans 56 communes, **bon** nombre seront gratuits. … *« Lille 3000 n'est pas une* **simple** *fête ou un carnaval, ce sont des visions* **artistiques** *offertes au plus grand nombre »*, s'enflamme Didier Fusillier, le maître d'œuvre.

« Une marmite »

Symbole **puissant** de la dynamique **lilloise**, l'**ancienne** gare Saint-Sauveur, entre le centre-ville et le quartier **populaire** Moulins. Prolongement des Maisons folies, bâtiments **réhabilités** pour Lille 2004, cette friche est au cœur d'un projet **urbain**. Mme Aubry ne voulait pas du **grand** stade de football à cet endroit, car elle voulait recréer un quartier, avec habitat et commerces. *« C'est une marmite »*, s'amuse M. Fusillier. *« On commence par sauver un bâtiment **industriel**; on place ainsi la culture au centre et on étend … Entre l'avant et l'après-2004, dans Lille ville, nous sommes passés de 900 à 1 400 interventions **culturelles annuelles** dans l'espace public, et de 2 000 à 4 000 festivités »* compte Laurent Dreano, directeur des services culturels de Lille.

Les Brouches

1. … Fernand, un **vieux** berger **veuf**, et ses **deux beaux** gaillards de fils
2. … à qui reviendra la **petite** exploitation **familiale** … dans une **petite** entreprise de la région
3. … Il se réfugie dans son **dur** labeur (*Télérama*); *also possible are* … la **dure** beauté, … la beauté du **dur** paysage
4. … qui se sentent **attirées** par une vie **isolée** à la ferme
5. … Sandrine, une **naïve et idéaliste** lycéenne **parisienne**
6. … l'élevage de **haute** montagne

3 Unpick the anagrams

Dans l'S à une heure d'affluence un type dans les vingt-six ans, qui avait un grand cou maigre et un cha-peau garni d'un cordon au lieu de ruban, se disputait avec un autre voyageur qu'il accusait de le bous-culer volontairement. Ayant ainsi pleurniché, il se précipite sur une place libre.

Une heure plus tard, je le rencontre à la Cour de Rome, devant la gare Saint-Lazare. Il était avec un camarade qui lui disait: « Tu devrais faire mettre un bouton supplémentaire à ton pardessus. » Il lui montrait où (à l'échancrure).

4 Retranslation

…

avec une porte ouverte

…

quelque chose de joli
quelque chose de simple
quelque chose de beau
quelque chose d'utile

…

se cacher derrière l'arbre

…

mais il peut aussi bien mettre de longues années
avant de se décider

…

observer le plus profond silence

…

effacer un à un tous les barreaux

…

en choisissant la plus belle de ses branches

…

peindre aussi le vert* feuillage et la fraîcheur du vent

…

c'est mauvais signe

…

mais s'il chante c'est bon signe

...

une des plumes de l'oiseau

*Notice that even adjectives which almost always follow nouns (like colour adjectives) can be made to precede in literary French.

5

(a) Translation

1. Débarrassez-vous des argentés à l'aide d'un herbicide sélectif.
2. Tu mettras/Vous mettrez les deux grosses dans le jardin?
3. Est-ce que les blanches ne s'accorderaient/n'iraient pas mieux?
4. Pour moi, les vieux sont parfaits!

(b) Translation

1. Elle a passé sa vie avec les seuls qui l'intéressent: les marginaux.
2. Son succès ne lui a jamais fait oublier l'essentiel: travailler dur.
3. Avec notre Carte Club, un plein donne droit à 15 jours d'assistance dépannage gratuite.
4. La crème sent mauvais.
5. Ils/elles se dirigeaient droit vers moi.

6

(a) Fill in the blanks

film américain – titre original – fausse monnaie – curieux film aux dialogues crus – curieux personnage principal – la violence quotidienne des affaires criminelles – un vrai point de vue – psychologique ou moral – un exercice de style virtuose – une séquence de poursuite automobile (aux bruitages originaux)

(b) Making agreements

la petite ethnie indienne – la forêt amazonienne – un ami américain – curieux de connaître – exquises, déconcertantes et pleines de bon sens – ces instants précieux – les Occidentaux – un malin plaisir – le mode de vie des peuples les plus reculés – la vapeur est inversée – un documentaire drôle, insolite, émouvant – le plus grand bien

7 Creative writing

Compare your own answer with the one we came up with:

Madame,

Nous accusons **bonne** réception de votre lettre du 24 juin. Voici quelques précisions **utiles**. Le programme **prévu** n'a pas pu être diffusé à l'heure **annoncée**, à cause des circonstances **extraordinaires** qui entouraient la clôture des Jeux Olympiques ce soir-là, et qui ont nécessité une prolongation **exceptionnelle** du journal **télévisé**.

Nous sommes **conscients** des désagréments que ces changements peuvent causer à nos téléspectateurs et nous nous en excusons sincèrement. Cependant, notre politique de chaîne est de donner une **absolue** priorité aux actualités **internationales.**

Nous vous signalons toutefois que le **grand** film d'Orson Welles sera rediffusé à l'automne **prochain**.

Avec nos **sincères** salutations.

8 Translation

1. Ils ont bu de la bière froide et de l'eau *or* de la bière et de l'eau froides.
2. Ils m'ont servi une tasse de café froid.
3. Elle fait une étude comparée des parlements britannique, français et allemand.
4. Il y a des tas de sciure fraîche partout.
5. J'ai trouvé des boîtes de haricots à demi ouvertes dans le frigo.
6. Elle n'aime pas la musique pop; en fait, elle est plutôt snob.
7. C'était une soirée sympa.
8. Elle portait une veste vert pomme.
9. Elle a les yeux bleu vert.
10. Ils/elles marchaient pieds nus sur le sable.

9 Sentence manipulation

1. un des moments plus passionnants de l'émission 2. une plus jolie mélodie, des paroles plus subtiles et poétiques 3. un si grand gestionnaire 4. un dîner moins délicieux 5. J'étais aussi difficile à vivre 6. Il ne faisait pas si chaud 7. La table était plus basse qu'il (ne) (le) pensait 8. propriétaire d'une aussi grande jardinerie/d'une jardinerie aussi grande à Poitiers 9. une meilleure saison 10. un meilleur espagnol que moi 11. La ligne est plus mauvaise 12. Les chiffres du chômage sont pires que le mois dernier

10 Sentence manipulation

1. un des moments les plus passionnants de l'émission 2. propriétaire de la plus vieille librairie de France 3. l'hôtel le plus luxueux de Paris 4. un dîner des plus délicieux 5. quelques-uns de ses rôles les plus remarqués 6. Les chiffres du chômage sont les plus mauvais 7. Les chiffres du chômage sont des plus mauvais 8. avec les moindres objets/les plus petits objets

11 Creative writing

Compare your own answer with the one we came up with:

La Fornault 312

Votre famille est trop importante pour la confier à n'importe quelle voiture! …

Beaucoup pensent que le secret d'une bonne voiture tient principalement à la vitesse et négligent trop souvent les détails pratiques.

Avec la Fornault 312, vous mettrez toutes les chances de votre côté, quels que soient les besoins de votre famille.

En effet, sa robustesse, son extrême efficacité, ses volumes étudiés pour une logeabilité maximum et son prix des plus modiques font de la Fornault 312 la familiale de vos rêves.

Enfin, la seule voiture capable de vous apporter à la fois le plus grand confort et la meilleure garantie de sécurité, c'est la Fornault 312.

5 Adverbs

I Add an adverb of your own choosing

Below is what we came up with:

Nous sortions **côte à côte** d'une conférence de presse. Il s'est **tout à coup** immobilisé, a porté **brièvement** la main à son cœur, a murmuré **doucement** « merde ». Et il s'est **lentement** écroulé. H., mon confrère, mon ami de longue date, était mort **prématurément**. C'était **alors** le 12 mai 1963. Il avait **à peine** 44 ans.

Nous – ton petit groupe d'amis – ne savions pas **encore**, H., que tu avais 24 de tension, comme on dit. Nous avons appris **après** par Y., ta femme, comment votre médecin l'avait découvert **par hasard** le jour où tu avais **soudain** eu un très violent saignement de nez. Mais tu étais **obstinément** resté H. le fataliste. Maigrir **petit à petit** comme on te l'avait **sans cesse** conseillé (tu avais grossi énormément les dernières années)? Zut au régime. Le médicament que l'on t'avait **soigneusement** prescrit? Tu le prenais **rarement**, quand tu y songeais, **sans doute.** A l'hôpital où Police Secours avait transporté le corps **d'emblée**, on a prononcé **professionnellement** des mots savants: dissection aortique – l'aorte thoracique avait **malheureusement** claqué.

2 Translate the English adverbs

1. professionnellement 2. à ma grande surprise/à la grande surprise de tous 3. avec colère 4. publiquement 5. violemment 6. profondément 7. couramment 8. d'une manière plus concise/avec plus de concision/avec une plus grande concision 9. tout de suite 10. forcément/nécessairement

3 Fill in the blanks

1. un vin qu'il faut servir frais 2. Ça sent bon 3. la route tourne court 4. la pluie est tombée dru 5. travailler dur 6. La proximité ... a pesé lourd 7. un vin qui se trouve facilement 8. Il s'est vaillamment (*or* soigneusement) défendu 9. Ils ont soigneusement pesé la caisse 10. L'avion tournait lentement

4 Translate and fill in the blanks

1. si/tellement 2. autant 3. même 4. même 5. davantage/plus 6. au moins 7. du moins 8. davantage/plus

5 Make the adverb comparative or superlative

1. Il notait plus lentement les renseignements 2. il lisait le plus souvent 3. Elle attendait moins patiemment 4. lui faisaient plus mal que jamais 5. Elle repassait aussi soigneusement qu'elle le pouvait sa jupe verte 6. On mange le mieux 7. marche moins bien 8. Elle sera mieux (*or* meilleure) 9. j'écris le plus

6 Fill in the blanks

1. tout au fond 2. tout(e) entourée 3. toutes à la fois (*if the meaning is* 'They all spoke at once') *or* tout à la fois (*if the meaning is* 'They spoke all at once') 4. tous partis 5. tout près 6. un vélo tout terrain 7. tous étonnés (*if the meaning is* 'They were all surprised') *or* tout étonnés (*if the meaning is* 'They were really surprised') 8. tous seuls 9. toutes les deux 10. toute une journée

7

(a) Fill in the blanks

1. tantôt 2. dernièrement 3. désormais (*or* actuellement) 4. aussitôt 5. actuellement (*or* désormais) 6. bientôt 7. alors 8. tard

(b) More blank-filling

1. alors 2. encore *or* toujours 3. encore 4. encore 5. encore 6. encore 7. toujours 8. toujours

(c) Transposition

- Hervé n'était pas venu **ce jour-là?**
- Il ne travaillait que le soir à partir de sept heures.
- Il avait travaillé **la veille**?
- Pourquoi vous demandez ça?
- Parce que sa femme avait été trouvée morte **la veille au soir**.
- Que lui était-il arrivé?
- Vous la connaissiez?
- Bien sûr, c'était même une habituée. Elle venait beaucoup **à ce moment-là.**
- A quelle heure Hervé s'était-il absenté **la veille au soir**?
- On l'avait appelé au téléphone vers neuf heures.
- Quand pensiez-vous le revoir?
- **Le lendemain** ou **le surlendemain**.

8 Translate the English adverbs

1. tout/très près 2. en face 3. de loin 4. Dehors/Au-dehors 5. ci-joint – ci-dessus 6. par derrière 7. dedans/à l'intérieur 8. derrière

9 Fill in the blanks

1. pourtant 2. évidemment 3. peut-être 4. certainement 5. raisonnablement 6. probablement

10 Grammaticality judgement

1. * – *a grammatical alternative is:* Marc notait lentement les renseignements ... *Another way to make the sentence grammatical is to put commas on either side of the adverb:* Marc, lentement, notait les renseignements ... 2. * – *a grammatical alternative is:* Le soir, je regarde souvent la télévision 3. OK 4. * – *a grammatical alternative is:* Hier j'ai ramassé les clefs *Another way to make the sentence grammatical is to put commas on either side of the adverb:* J'ai, hier, ramassé les clefs 5. * – *a grammatical alternative is:* ... mais elle travaille actuellement dans une banque 6. OK 7. OK 8. OK 9. OK 10. OK 11. * – *a grammatical alternative is:* A peine Pierre s'est-il assis qu'on lui a demandé ... 12. OK

11 How good is your memory?

1. avec colère 2. frais 3. soigneusement 4. tout(e) 5. bientôt 6. toujours 7. tout près 8. probablement

6 Numbers

1 Write out the numbers

1. cent quatre euros 2. quatre cents euros 3. quatre cent cinquante mille licenciements 4. quatre-vingts navires 5. quatre-vingt-cinq navires 6. deux mille vingt mètres 7. mille sept cent vingt et un *or* dix-sept cent vingt et un 8. un million deux cent trente mille quarante-deux habitants 9. mille cinq cent un participants *or (possibly)* quinze cent un participants 10. cent une variétés 11. à la page quatre-vingt

2

(a) Read aloud

- à midi dix-sept/à douze heures dix-sept
- un autobus long de dix mètres, large de deux virgule un (mètres), haut de trois virgule cinq (mètres)
- à trois kilomètres six cents (mètres) de son point de départ
- quarante-huit personnes
- âgé de vingt-sept ans trois mois huit jours
- taille un mètre soixante-douze (centimètres) et pesant soixante-cinq kilo(gramme)s
- un chapeau haut de dix-sept centimètres
- long de trente-cinq centimètres
- un homme âgé de quarante-huit ans quatre mois trois jours
- taille un mètre soixante-huit (centimètres) et pesant soixante-dix-sept kilo(gramme)s
- au moyen de quatorze mots
- dura cinq secondes
- de quinze à vingt millimètres
- à quelque deux mètres dix (centimètres) de là
- cent dix-huit minutes plus tard
- à dix mètres de la gare Saint-Lazare
- un trajet de trente mètres
- âgé de vingt-huit ans, taille un mètre soixante-dix (centimètres) et pesant soixante et onze kilo(gramme)s
- lui conseilla en quinze mots
- déplacer de cinq centimètres
- un bouton de trois centimètres

(b) Read aloud

1. la section un
2. Le numéro un
3. à quarante-cinq ans
4. en moyenne quatorze fautes dans un texte de cinquante-cinq mots
5. cinq cents livres
6. six mille personnes
7. dix années
8. Il en reste dix
9. huit millions de Français
10. les huit à dix milliards d'habitants vers (l'an) deux mille cinquante
11. Elle arrive le huit
12. vingt victimes
13. Chez les vingt à vingt-quatre ans
14. vingt-trois pour cent

3 Rank the airports

1. Atlanta 90,03	6. Los Angeles 59,54
2. Chicago 69,35	7. Dallas 57,06
3. Londres 67,05	8. Beijing 55,66
4. Tokyo 66,73	9. Francfort 53,46
5. Paris 60,85	10. Denver 51,43

4 Fill in the blanks

1. nombre 2. chiffres 3. numéro 4. chiffres 5. nombre 6. numéro 7. chiffre 8. numéro

5 Sentence rewriting

1. Le salon en était plein 2. Il y en avait deux dans le bureau 3. Elle en a lu plusieurs sur sa carte de visite 4. Elle en avait enlevé beaucoup avant notre arrivée 5. Il a dû en faire flamber trois pour en lire le numéro 6. Elle en portait bien certains mais pas d'autres

6 Simple arithmetic

1. deux cent quinze 2. deux mille cent quatre-vingt-dix-neuf 3. quatre-vingts 4. soixante-deux 5. soixante-douze 6. neuf 7. vingt 8. douze 9. vingt-neuf 10. vingt-neuf

7

(a) Letter square

1. la huitième rangée 2. la quatrième colonne 3. la septième rangée 4. les cinquième et quatrième rangées 5. la deuxième/seconde lettre 6. la huitième lettre 7. les quatrième et huitième lettres

(b) Read aloud

(a) (la) moitié/un demi/une demie (b) (les) deux tiers (c) (les) trois quarts (d) (les) quatre cinquièmes (e) (les) sept neuvièmes (f) (les) neuf onzièmes (g) (les) treize seizièmes (h) (les) dix-sept dix-neuvièmes

(c) Translation

1. le 16e (seizième) arrondissement 2. les première, deuxième et troisième personnes 3. le millième client 4. les trois centièmes d'une seconde 5. son soixante-dixième anniversaire 6. Un quart des garçons et un tiers des filles âgés de 15 à 25 ans ont des problèmes de vue 7. Les trois quarts des jeunes (gens) pratiquent un sport 8. Le réservoir est aux trois quarts plein

8 Translation

1. Louis quatorze (XIV) 2. Charles premier (I) 3. Elizabeth première (I) 4. Marie deux (II) 5. les trois premiers numéros (*or* nombres, chiffres *depending on the meaning*) 6. les vingt derniers passagers 7. les deux prochains bus 8. 10ter, rue Prouvaires 9. 151, boulevard St-Germain 10. 12bis, place Constantin Brancusi 11. 112, avenue Kléber 12. 47, impasse Jospin

9 Translation

1. cinq mille kilomètres carrés (km²) 2. des milliers de kilomètres carrés (km²) 3. des millions de livres 4. mille ans de paix 5. des milliers de choses à faire/mille choses à faire 6. des milliards de litres d'eau 7. Je les ai rencontré(e)s tou(te)s les deux/tou(te)s deux une fois 8. Tou(te)s les six ont traversé la Manche à la nage deux fois 9. Les vingt joueurs de l'équipe sont (tous) en forme 10. Les deux restaurants sont complets *or* pleins *or* bondés

10

(a) Descriptions

1. Colette gagne moins que Marie-Paule 2. Marie-Paule a *or* fait 25 centimètres de plus que Colette/Marie-Paule est plus grande que Colette de 25 centimètres 3. Colette a sept ans de moins que Marie-Paule/Colette est plus jeune que Marie-Paule de sept ans 4. Marie-Paule a sept ans de plus que Colette/Marie-Paule est plus âgée que Colette de sept ans 5. Colette gagne moins de 3 000 euros par mois 6. Marie-Paule gagne plus de 3 000 euros par mois 7. Marie-Paule a plus de 30 ans 8. Colette a moins de 30 ans 9. Colette a les cheveux plus foncés que Marie-Paule 10. Colette pèse moins que Marie-Paule (is strictly speaking correct, but French speakers would say: *Colette est moins lourde/est moins grosse que Marie-Paule*)

(b) Translation

1. La piste est longue de 10 kilomètres.
    La longueur de la piste est de 10 kilomètres.
    La piste fait 10 kilomètres de long(ueur).
    La piste a 10 kilomètres de long(ueur).

2. La maison est haute de 25 mètres.
    La hauteur de la maison est de 25 mètres.
    La maison fait 25 mètres de haut(eur).
    La maison a 25 mètres de haut(eur).

3. Le lit est large de 2 mètres.
    La largeur du lit est de 2 mètres.
    Le lit fait 2 mètres de large(ur).
    Le lit a 2 mètres de large(ur).

4. La piscine est profonde de 2 mètres.
    La profondeur de la piscine est de 2 mètres.
    La piscine fait 2 mètres de profondeur.
    La piscine a 2 mètres de profondeur.
    (But NOT *La piscine fait (*or* a) 2 mètres de profond – see FGU 6.5.1)

5. Le mur est épais de 31 centimètres.
    L'épaisseur du mur est de 31 centimètres.
    Le mur fait 31 centimètres d'épaisseur.
    Le mur a 31 centimètres d'épaisseur.
    (But NOT *Le mur fait (*or* a) 31 centimètres d'épais – see FGU 6.5.1)

(c) Fill in the blanks

1. de ... de 2. de 3. par 4. de 5. sur 6. Sur ... de 7. sur

11 Translation of English expressions

1. une quinzaine de fautes ... d'une cinquantaine de mots/environ 15 fautes ... d'environ 50 mots
2. environ 500 livres 3. Près de/Environ 600 000 personnes 4. Une dizaine d'années/A peu près
10 ans/Environ 10 ans 5. une soixantaine/environ soixante 6. Plus de 8 millions de Français/8
millions de Français et quelques 7. dans une huitaine (de jours)/dans une semaine environ
8. une vingtaine de victimes

12

(a) Translation

1. Le dimanche 4 octobre 1923/Dimanche, le 4 octobre 1923 2. Ouvert le jeudi (*or* tous les jeudis)
après-midi et le dimanche (*or* tous les dimanches) de mai à septembre 3. Stationnement interdit
le mercredi, de 6h à 14h 4. Venez me voir lundi 5. C'est le 15 mars/On est le 15 mars aujourd'hui

(b) Train information

Bon, alors le mieux pour vous, c'est de prendre une correspondance Mézidon–Lisieux–Paris.
Vous partez de Mézidon à **sept heures quarante-cinq**, pour arriver à Lisieux à **huit heures
deux**. Là vous avez une heure huit de battement avant de prendre la correspondance pour
Paris, qui part de Lisieux à **neuf heures dix** pour arriver à Paris-St-Lazare à **dix heures quar-
ante-neuf**.

13 Translation

1. Certains visiteurs étaient déjà partis, mais la plupart attendaient à la gare.
2. Beaucoup de choses/Bien des choses ont changé depuis les élections.
3. On lui avait permis de garder très peu de ses effets personnels; la police en avait emporté le reste.
4. Chacun d'entre vous doit faire une déposition.
5. Si la plupart des concurrents étaient rentrés chez eux pendant l'après-midi, il en restait quelques-uns qui couraient toujours.

14 How good is your memory?

1. Voir aussi la section 1.
2. La population mondiale/La population de la planète pourrait atteindre les 8 à 10 milliards d'habitants vers 2050.
3. Les chiffres du chômage sont encore pires ce mois-ci.
4. Un quart des garçons et un tiers des filles âgés de 15 à 25 ans ont des problèmes de vue.
5. Mille ans de paix.
6. Des millions de euros.
7. Marie-Paule gagne plus de 4 000 euros par mois, mais c'est toujours moins que sa sœur cadette.
8. Un Français sur deux ne va jamais au cinéma.
9. Plus de 8 millions de Français/8 millions de Français et quelques utiliseraient les services des voyants.

7 Verb forms

1 Complete the table

roule – roules – roule – roulons – roulez – roulent
bondis – bondis – bondit – bondissons – bondissez – bondissent
compte – comptes – compte – comptons – comptez – comptent
punis – punis – punit – punissons – punissez – punissent
débouche – débouches – débouche – débouchons – débouchez – débouchent
prétends – prétends – prétend – prétendons – prétendez – prétendent
mords – mords – mord – mordons – mordez – mordent
tords – tords – tord – tordons – tordez – tordent
corresponds – corresponds – correspond – correspondons – correspondez – correspondent
perds – perds – perd – perdons – perdez – perdent
confonds – confonds – confond – confondons – confondez – confondent
rafraîchis – rafraîchis – rafraîchit – rafraîchissons – rafraîchissez – rafraîchissent
cadre – cadres – cadre – cadrons – cadrez – cadrent
pâlis – pâlis – pâlit – pâlissons – pâlissez – pâlissent
enchéris – enchéris – enchérit – enchérissons – enchérissez – enchérissent

2

(a) Complete the table

mentais – mentais – mentait – mentions – mentiez – mentaient
portais – portais – portait – portions – portiez – portaient
perdais – perdais – perdait – perdions – perdiez – perdaient
concevais – concevais – concevait – concevions – conceviez – concevaient

polissais – polissais – polissait – polissions – polissiez – polissaient
amorçais – amorçais – amorçait – amorcions – amorciez – amorçaient
pataugeais – pataugeais – pataugeait – pataugions – pataugiez – pataugeaient
descendais – descendais – descendait – descendions – descendiez – descendaient
voyais – voyais – voyait – voyions – voyiez – voyaient
sortais – sortais – sortait – sortions – sortiez – sortaient
charriais – charriais – charriait – charriions – charriiez – charriaient
servais – servais – servait – servions – serviez – servaient
rendais – rendais – rendait – rendions – rendiez – rendaient
entendais – entendais – entendait – entendions – entendiez – entendaient
recevais – recevais – recevait – recevions – receviez – recevaient
décevais – décevais – décevait – décevions – déceviez – décevaient
gémissais – gémissais – gémissait – gémissions – gémissiez – gémissaient
dormais – dormais – dormait – dormions – dormiez – dormaient
pâlissais – pâlissais – pâlissait – pâlissions – pâlissiez – pâlissaient
tarissais – tarissais – tarissait – tarissions – tarissiez – tarissaient

(b) Give the correct forms

1. Nous étions assis 2. Il s'asseyait – il semblait 3. Les uns retiraient – d'autres en touchaient le bord – d'autres enfin lui tendaient la main 4. le téléphone faisait entendre sa sonnerie 5. nous connaissions 6. Jean comprenait – ils disaient 7. Il teignait 8. Nous apercevions 9. Un courant d'air refroidissait 10. Elle partageait 11. nous réfléchissions 12. elles allaient – elles savaient

3

(a) Complete the table

chantai – chantas – chanta – chantâmes – chantâtes – chantèrent
rougis – rougis – rougit – rougîmes – rougîtes – rougirent
partis – partis – partit – partîmes – partîtes – partirent
répondis – répondis – répondit – répondîmes – répondîtes – répondirent
conçus – conçus – conçut – conçûmes – conçûtes – conçurent
reçus – reçus – reçut – reçûmes – reçûtes – reçurent
attendis – attendis – attendit – attendîmes – attendîtes – attendirent
dormis – dormis – dormit – dormîmes – dormîtes – dormirent
grossis – grossis – grossit – grossîmes – grossîtes – grossirent
planai – planas – plana – planâmes – planâtes – planèrent
entamai – entamas – entama – entamâmes – entamâtes – entamèrent
bâtis – bâtis – bâtit – bâtîmes – bâtîtes – bâtirent
descendis – descendis – descendit – descendîmes – descendîtes – descendirent
tondis – tondis – tondit – tondîmes – tondîtes – tondirent
vendis – vendis – vendit – vendîmes – vendîtes – vendirent
servis – servis – servit – servîmes – servîtes – servirent
sortis – sortis – sortit – sortîmes – sortîtes – sortirent
franchis – franchis – franchit – franchîmes – franchîtes – franchirent
poivrai – poivras – poivra – poivrâmes – poivrâtes – poivrèrent
défendis – défendis – défendit – défendîmes – défendîtes – défendirent

(b) Give the correct forms

1. Elle tendit 2. Nous nous retournâmes 3. On ne vit pas – on renifla 4. Elle sourit 5. Je longeai les trottoirs 6. Il s'éveilla – et s'aperçut 7. Elle lui fit boire du cognac 8. nous comprîmes 9. Ce fut – ils rentrèrent 10. Il rougit – ses genoux tremblèrent 11. se promirent-ils 12. J'appris

4 Complete the table

étudierai – étudieras – étudiera – étudierons – étudierez – étudieront
périrai – périras – périra – périrons – périrez – périront
servirai – serviras – servira – servirons – servirez – serviront
rendrai – rendras – rendra – rendrons – rendrez – rendront
vendrai – vendras – vendra – vendrons – vendrez – vendront
demanderai – demanderas – demandera – demanderons – demanderez – demanderont

grandirais – grandirais – grandirait – grandirions – grandiriez – grandiraient
mentirais – mentirais – mentirait – mentirions – mentiriez – mentiraient
tendrais – tendrais – tendrait – tendrions – tendriez – tendraient
dormirais – dormirais – dormirait – dormirions – dormiriez – dormiraient
finirais – finirais – finirait – finirions – finiriez – finiraient
flanquerais – flanquerais – flanquerait – flanquerions – flanqueriez – flanqueraient
changerais – changerais – changerait – changerions – changeriez – changeraient
maigrirais – maigrirais – maigrirait – maigririons – maigririez – maigriraient
perdrais – perdrais – perdrait – perdrions – perdriez – perdraient
sortirais – sortirais – sortirait – sortirions – sortiriez – sortiraient

5 Complete the table

monte – montes – monte – montions – montiez – montent
bâtisse – bâtisses – bâtisse – bâtissions – bâtissiez – bâtissent
serve – serves – serve – servions – serviez – servent
perde – perdes – perde – perdions – perdiez – perdent
aperçoive – aperçoives – aperçoive – apercevions – aperceviez – aperçoivent
entre – entres – entre – entrions – entriez – entrent
descende – descendes – descende – descendions – descendiez – descendent
périsse – périsses – périsse – périssions – périssiez – périssent
conçoive – conçoives – conçoive – concevions – conceviez – conçoivent
déçoive – déçoives – déçoive – décevions – déceviez – déçoivent
entende – entendes – entende – entendions – entendiez – entendent
parte – partes – parte – partions – partiez – partent
arrive – arrives – arrive – arrivions – arriviez – arrivent
coupe – coupes – coupe – coupions – coupiez – coupent
gémisse – gémisses – gémisse – gémissions – gémissiez – gémissent
sorte – sortes – sorte – sortions – sortiez – sortent
confonde – confondes – confonde – confondions – confondiez – confondent
finisse – finisses – finisse – finissions – finissiez – finissent
dorme – dormes – dorme – dormions – dormiez – dorment

6 Complete the table

portasse – portasses – portât – portassions – portassiez – portassent
finisse – finisses – finît – finissions – finissiez – finissent
servisse – servisses – servît – servissions – servissiez – servissent
perdisse – perdisses – perdît – perdissions – perdissiez – perdissent
aperçusse – aperçusses – aperçût – aperçussions – aperçussiez – aperçussent
reçusse – reçusses – reçût – reçussions – reçussiez – reçussent
arrivasse – arrivasses – arrivât – arrivassions – arrivassiez – arrivassent
franchisse – franchisses – franchît – franchissions – franchissiez – franchissent
sortisse – sortisses – sortît – sortissions – sortissiez – sortissent
chantasse – chantasses – chantât – chantassions – chantassiez – chantassent

entendisse – entendisses – entendît – entendissions – entendissiez – entendissent
répondisse – répondisses – répondît – répondissions – répondissiez – répondissent
conçusse – conçusses – conçût – conçussions – conçussiez – conçussent
grandisse – grandisses – grandît – grandissions – grandissiez – grandissent
partisse – partisses – partît – partissions – partissiez – partissent

7 Make the verbs imperatives

commence – commencez – commençons
sors – sortez – sortons
vends – vendez – vendons
sois – soyez – soyons
finis – finissez – finissons
nage – nagez – nageons
pars – partez – partons
dors – dormez – dormons
descends – descendez – descendons
va – allez – allons
aie – ayez – ayons
réponds – répondez – répondons
achète – achetez – achetons
reçois – recevez – recevons
sache – sachez – sachons
pense – pensez – pensons

8 Give the correct form

elle rejettera – ils rappelleront – il gèle – on martèle – vous achèteriez – qu'on cisèle – elles
nageaient – nous forçons – nous déçûmes – j'amènerai – tu parsèmes – nous corrigeons – qu'ils
espèrent – vous révèleriez – nous étudiions – elle emploiera – ils nettoieront – nous arrangions –
j'ai créé – vous sciiez

9

(a) Name the forms

1. simple past (past historic) 2. compound future (future perfect) 3. compound past (perfect)
4. imperfect 5. present subjunctive 6. imperfect subjunctive 7. simple past (past historic) 8. pluperfect 9. compound past (perfect) 10. present

(b) Choose the right verb form

1. vous eûtes 2. j'ai eu 3. tu aies 4. ils/elles auraient 5. nous avions eu

10

(a) Name the forms

1. imperfect subjunctive 2. simple past (past historic) 3. compound past (perfect) 4. simple past
(past historic) 5. imperfect 6. compound conditional (conditional perfect) 7. simple past (past
historic) 8. pluperfect 9. present 10. imperfect subjunctive

(b) Choose the right verb form

1. vous fûtes 2. j'ai été 3. tu sois 4. ils/elles seraient 5. nous avions été

11 Complete the table

boire – je bois – je boirai – je bus – je buvais – bu
vouloir – je veux – je voudrai – je voulus – je voulais – voulu
vaincre – je vaincs – je vaincrai – je vainquis – je vainquais – vaincu
tenir – je tiens – je tiendrai – je tins – je tenais – tenu
conduire – je conduis – je conduirai – je conduisis – je conduisais – conduit
connaître – je connais – je connaîtrai – je connus – je connaissais – connu
plaire – je plais – je plairai – je plus – je plaisais – plu
courir – je cours – je courrai – je courus – je courais – couru
apparaître – j'apparais – j'apparaîtrai – j'apparus – j'apparaissais – apparu
devoir – je dois – je devrai – je dus – je devais – dû
dire – je dis – je dirai – je dis – je disais – dit
faire – je fais – je ferai – je fis – je faisais – fait
joindre – je joins – je joindrai – je joignis – je joignais – joint
lire – je lis – je lirai – je lus – je lisais – lu
suivre – je suis – je suivrai – je suivis – je suivais – suivi
savoir – je sais – je saurai – je sus – je savais – su
rire – je ris – je rirai – je ris – je riais – ri
résoudre – je résous – je résoudrai – je résolus – je résolvais – résolu
prendre – je prends – je prendrai – je pris – je prenais – pris
mettre – je mets – je mettrai – je mis – je mettais – mis
mourir – je meurs – je mourrai – je mourus – je mourais – mort
naître – je nais – je naîtrai – je naquis – je naissais – né
offrir – j'offre – j'offrirai – j'offris – j'offrais – offert
pouvoir – je peux – je pourrai – je pus – je pouvais – pu
construire – je construis – je construirai – je construisis – je construisais – construit

8 Verb constructions

1 Fill in the blanks

1. Je suis né(e) 2. Mon père a travaillé 3. Il était venu 4. Il est mort 5. il avait vécu 6. Elle a ramassé 7. Je suis retourné(e) 8. Ils ont fumé 9. La neige était tombée 10. Le bureau a fermé 11. J'ai passé/Je suis resté(e) 12. Je suis descendu(e) 13. Je suis resté(e) 14. Je suis descendu(e) – Quand je suis remonté(e) 15. Elle avait disparu 16. Il a beaucoup changé 17. Il a commencé 18. J'ai sorti mon carnet de chèques 19. Il est sorti 20. elle a sorti la poubelle 21. Ils sont rentrés/Ils sont revenus 22. Nous avons déjà rentré les plantes 23. Il a retourné 24. Ils ont descendu le fleuve 25. J'ai monté le journal

2 Translation

Philippe avait toujours essayé d'obéir à ses parents et de plaire à son professeur. Mais il n'y est pas parvenu/il n'y est pas arrivé/il n'y a pas réussi. Le jour où il avait été recalé au baccalauréat, il s'est mis à commettre des délits. Il a attendu le train de St Malo – celui qui longe la côte – dans une petite gare côtière. Etant monté dans le train, il a ordonné au conducteur de continuer pendant quelques kilomètres et d'arrêter le train.

Il a téléphoné à la police, en se servant de son téléphone portable, pour exiger une rançon. Bien entendu, la police n'a pas cédé à sa demande. Les policiers se sont rendus sur les lieux, armés jusqu'aux dents. Les champs et les bois environnants grouillaient d'hommes en gilets pare-balles.

« Je ne peux pas résister à de telles forces », a dit Philippe . Par miracle, après la tombée de la nuit, il a réussi à leur échapper. Mais, par malheur, il a été pris deux heures plus tard, pendant qu'il buvait dans un bar.

« J'aurais dû renoncer à la boisson », a-t-il marmonné comme on l'embarquait. Il a été condamné à 20 ans de prison.

3 Translate the English phrases

1. versa à l'inconnu(e) un grand verre d'eau 2. avait dit des mensonges à sa mère 3. avait prêté sa stéréo à ma sœur 4. avais chargé un(e) collègue d'un cours de linguistique appliquée 5. offre aux touristes des collines verdoyantes 6. avaient appris aux Espagnols l'art de faire du cidre 7. porte toujours une tasse de café à sa femme 8. a rempli le seau d'eau (avec de l'eau *is also possible*) 9. exposa un projet/un plan à son équipe 10. a accordé deux jours de congé aux ouvriers

4

(a) Sentence manipulation

1. Dumas n'était pas beaucoup aimé.
2. Le premier épisode avait été diffusé en 2007.
3. Une bombe a été placée dans l'avion.
4. Le jour de son anniversaire, le docteur Richard est appelé chez un malade.
5. Jamila Hussein a été nommée Président-Directeur-Général.
6. L'histoire de la ville n'est connue qu'à partir du XVe siècle.
8. Le granit a été formé il y a des millions d'années dans la profondeur de l'écorce terrestre.

(b) More sentence manipulation

1. Joe a été accosté par un homme au cours d'une livraison de routine.
2. Elle a été attirée par l'offre de vente d'un château écossais.
3. Les droits du roman ont été achetés par un éditeur américain.
4. Feu Monsieur le Maire n'était pas aimé de tout le monde.
5. J'ai été persuadé par mon patron d'aller m'inscrire à une formation supplémentaire.
6. L'histoire de la ville avant le XVe siècle n'est connue de personne.
7. Le ciel était sillonné d'éclairs.
8. Les Diop n'ont pas été invités par eux.

(c) Recreate the original

- **Les usagers sont reçus** dans la limite des places disponibles.
- A l'arrivée il faut remettre sa carte d'adhérent au Directeur de l'Auberge. **Elle est rendue** (par celui-ci) à la fin du séjour, après paiement des frais correspondants.
- **Les usagers accompagnés d'enfants ne sont admis** que dans la limite des places disponibles et après accord du responsable à l'Auberge. **Les enfants de moins de 6 ans ne sont pas admis** à certaines périodes.
- La participation aux services d'entretien est d'usage dans la plupart des Auberges. Cependant, dans les grandes installations, **tout ou partie des services sont assurés** par du personnel spécialisé.
- **Il est demandé aux usagers** de cesser tout bruit à partir de 22 h. **Les chambres et les dortoirs sont fermés** le matin à partir de 10 h et jusqu'à 17 h.

(d) Translation and sentence manipulation

1. Un grand verre d'eau fut versé à l'inconnu(e).
2. Une stéréo avait été prêtée à mon frère.
3. Un(e) collègue avait été chargé(e) d'un cours de linguistique appliquée.
4. L'art de faire du cidre avait été enseigné aux Espagnols.
5. Le seau a été rempli d'eau.
6. Un projet/un plan fut présenté à l'équipe.
7. Deux jours de congé ont été accordés aux ouvriers.

(e) Avoiding the passive

1. Les gens ont été effrayés par la dernière alerte à la salmonelle.
1′. On a eu peur lors de la dernière alerte à la salmonelle. (Much less formal)
2. Un prix a été décerné à l'élève. (Seems rather odd)
2′. L'élève a reçu un prix.
3. Les voitures ont été vendues avec une décote.
3′. Les voitures se sont vendues avec une décote.
4. Les manifestations ont été interdites.
4′. Il était interdit de manifester. (Note: no one actually took the step of forbidding them.)
5. Les étudiants ont été autorisés à quitter la salle des examens.
5′. Il a été permis aux étudiants de quitter la salle des examens.
6. La machine avait été montée par des ouvriers en Chine.
6′. Le montage de la machine a eu lieu en Chine. (Difficult to include *les ouvriers*)
7. Beaucoup d'animaux ont été abattus pendant la période de la fièvre aphteuse.
7′. On a abattu beaucoup d'animaux pendant la période de la fièvre aphteuse. (Less formal)
8. Des produits de mauvaise qualité ont été vendus à Susan par le supermarché. (Laborious!)
8′. Le supermarché a vendu des produits de mauvaise qualité à Susan. (Note that the active sentence *Susan a acheté des produits de mauvaise qualité au supermarché* shifts the blame on to Susan.)
9. La voiture a été volée devant la gare.
9′. On a volé la voiture devant la gare.
10. Le club de football a été déclaré en faillite. (Possible in certain circumstances but unlikely)
10′. Le club de football a fait faillite.

5

(a) Classify the verbs

1. se défendre – reflexive 'to defend oneself' 2. s'allier – reflexive 'to ally oneself' 3. s'entourer – reflexive 'to surround oneself' 4. se succéder – has neither a reflexive nor reciprocal interpretation 'to follow in succession' 5. se marier – reciprocal 'to get married/marry each other' 6. se parler – reciprocal 'to talk to each other' 7. s'interdire le port de la jupe – either no reflexive or reciprocal interpretation ('to give up wearing skirts'), or possibly reflexive ('to stop oneself from wearing skirts') 8. Une explosion se produit – neither reflexive nor reciprocal 'There is an explosion' 9. se servir – neither reflexive nor reciprocal 'is served' 10. s'adapter – either no reflexive or reciprocal interpretation, or possibly reflexive if Honfleur is personalised 'to adapt (oneself)'

(b) Determine direct and indirect objects

1. direct object 2. direct object 3. direct object 4. indirect object 5. direct object 6. indirect object 7. not really classifiable, but behaves like a direct object for agreement 8. not really classifiable, but behaves like a direct object for agreement 9. direct object 10. direct object

(c) Make the appropriate agreements

1. ne s'est pas défendue 2. se sont alliés 3. s'est entouré 4. se sont succédé 5. se sont adoptées 6. ne se sont pas parlé 7. elle s'est refusée 8. s'est produite 9. se sont servi 10. s'est adaptée

6 Translate into English

1. From prehistoric times, France has been fashioned through the contributions of wave after wave of new peoples. 'has been fashioned': passive
2. The conference ended with a speech by the president. 'ended with': non-passive
3. At the beginning of the nineteenth century, cider was served in the homes of wealthy farmers. 'was served': passive
4. The suspicions of the police have turned to the victim's wife. 'have turned to': non-passive

5.   In this film the director clearly alludes to Hitchcock. 'alludes to': non-passive
6.   The historic centre of the town is called the 'Enclos'. 'is called': passive
7.   The same operation can be carried out today in a few hours. 'can be carried out': passive
8.   The work can be carried out in less than an hour. 'can be carried out': passive

7 Change the expressions

Le granit est extrait/Le granit s'extrait – une ligne de trous où de la poudre noire sera placée – une saignée qui sera élargie – on a commencé à utiliser un chalumeau – on verra de nombreux objets qui ont été fabriqués à la main – ce travail a été mécanisé/ce travail s'est mécanisé – on mettait deux à trois jours à scier – la même opération est maintenant effectuée/la même opération s'effectue maintenant – Des scies circulaires à pointes de diamant sont également utilisées/s'utilisent également – ces plaques seront polies – tous ces travaux sont réalisés/se réalisent – les blocs sont maniés – on parviendra ainsi à le polir

8 Use your knowledge

Here are some examples. You may have thought of different ones.

Exemple: Il désobéit à son père (père est complément d'objet indirect).
Ainsi tout le monde dira: « J'aide mon père ».
On doit dire « Il faut pallier ces difficultés », et non « Il faut pallier à ces difficultés »;
se rappeler ne doit jamais être employé avec la préposition **de**. On doit dire: « Je me rappelle ces beaux jours » et non « Je me rappelle de ces beaux jours »;
C'est la différence avec le verbe **se souvenir**, qui exige l'utilisation de la préposition **de**. On dira: « Je me souviens de ces beaux jours, Je m'en souviens ».

9 Fill in the blanks

1. Il existe/Il y a 2. Il vous faudra 3. Il est possible 4. Il ne suffit pas 5. Il est utile 6. Il est plus sage 7. De quoi s'agit-il? 8. Il s'agit de

10 How good is your memory?

1.   Je suis resté(e)/rentré(e)/retourné(e)/revenu(e) 2. J'ai passé vingt minutes 3. elle a sorti/rentré la poubelle 4. elle a versé 5. Elle m'a chargé(e) 6. est connue 7. Le granit s'est formé/a été formé 8. La carte d'adhérent est rendue 9. se sont succédé 10. se servait

9 Agreement

1 Fill in the blanks

1. Le gouvernement refusera 2. Pierre et Marthe sont 3. La plupart des oiseaux migrateurs partent 4. le quart des électeurs ont donné 5. ni toi ni ton frère ne viendrez 6. C'est eux qui vont 7. Le conseil municipal organisera 8. La majorité des téléspectateurs seront d'accord 9. Pierre et moi pensons 10. 25% des élèves ne veulent plus 11. La dame de compagnie et les valets de pied accompagneront 12. C'est Jean qui ira 13. le comité décidera 14. une vingtaine de personnes qui ont manifesté 15. C'est nous qui sommes 16. Vous et Thomas pourrez

2 Fill in the blanks

1. La reine est partie 2. qui avaient été perdus 3. les deux sœurs sont mortes 4. La porte principale a été abîmée 5. Certains joueurs de hockey sont mal vus 6. les assiettes qui avaient été cassées 7. La chatte s'est assise 8. Cette histoire a été racontée 9. Deux cars de police étaient tombés 10. les tableaux qui avaient été volés

3

(a) Identify direct and indirect object pronouns

1. **m**'a annoncé son départ – indirect object: annoncer qch **à qn** 2. **t**'a plu – indirect object: plaire **à qn** 3. **te** présenterai à ma mère – direct object: présenter **qn** à qn 4. **nous** informera – direct object: informer **qn** de qch 5. ne **me** convient pas – indirect object: convenir **à qn** 6. ne **m**'arrange jamais – direct object: arranger **qn** 7. **vous** ressemble – indirect object: ressembler **à qn** 8. **nous** opposer de résistance – indirect object: opposer une résistance **à qn** 9. **vous** retrouverons – direct object: retrouver **qn** 10. **me** refuser – indirect object: refuser qch **à qn** 11. **nous** téléphoner – indirect object: téléphoner **à qn** 12. **te** nuire – indirect object: nuire **à qn** 13. ne **nous** le dira pas – indirect object: dire qch **à qn** 14. **nous** en parlera – indirect object: parler **à qn** de qch 15. **nous** apporte – indirect object: apporter qch **à qn**

(b) Make the agreement

1. les ont rencontrées 2. les avons vus 3. ne l'ai pas vue 4. les avons aperçus 5. les avons signalés 6. ne l'ai jamais sue 7. les ai déjà oubliés 8. l'ont marquée 9. ne les ai pas oubliées 10. l'a passée

(c) Make the agreement if possible

1. rencontrées 2. accueillie 3. convenu (convenir à qn) 4. téléphoné (téléphoner à qn) 5. appelée 6. résisté (résister à qn) 7. ressemblé (ressembler à qn) 8. rejetés 9. gardés 10. remerciée ... plu (plaire à qn)

4

(a) Make the agreement

1. mentionnée 2. perdue 3. fondée 4. vendues 5. prêtées 6. terminées 7. écrites 8. données 9. rencontrés 10. créée

(b) Make the agreement if possible

1. connues 2. dit 3. basé 4. admirée 5. hérité (hériter de qch) 6. payé (*les soixante-dix euros* is an adverb, so no agreement) 7. eu (impersonal verb) 8. voté 9. faits 10. achetée

5

(a) Make the agreement

1. achetée 2. lus 3. cassées 4. emportées 5. préférée 6. ressenties 7. vendus 8. saisies 9. fournis 10. sélectionnés

(b) Make the agreement if possible

1. suivi (no preceding direct object: the *quelles*-phrase is the subject) 2. examinés 3. parlé (no preceding direct object: the *combien*-phrase is an adverb) 4. trouvée 5. traités 6. choisis 7. jugés 8. rencontré (the *quelle*-phrase is an adverb) 9. donné (no preceding direct object: the *quels*-phrase is the subject, *vous* is the indirect object)

6

(a) Make the agreement if possible

1. vues 2. emmenés 3. fait 4. envoyés 5. entendus 6. laissés 7. écoutés 8. fait 9. entendues

(b) Make the agreement if possible

1. amenés 2. voulu 3. choisi 4. envoyées 5. vus 6. entendues 7. laissé 8. fait 9. emmenés 10. aperçue

7

(a) Make the agreement

1. regardées 2. coupée 3. tués 4. attendues 5. rencontrés 6. tue 7. vus 8. entendus 9. disputés 10. battues

(b) Make the agreement if possible

1. coupé (couper le doigt à qn) 2. écrit (écrire à qn) 3. écrites (agrees with *lettres* not *se: elles ont écrit des lettres* (direct object) *l'une à l'autre* (indirect object) → ***les lettres*** *qu'elles se sont* ***écrites***) 4. interrompue ... approchée 5. caché (cacher la vérité à qn) 6. acheté (acheter des baskets à qn) 7. disputé (disputer l'héritage à qn) 8. privés 9. assis 10. réfugiés 11. déshabillée 12. vu (voir offrir le poste à qn) 13. trouvée 14. fait (no agreement in *faire* + infinitive constructions) ... avancées 15. servis

8

(a) Make the past participles agree

eu – vu – pensé – inquiétée – vus – eu – arrivé – dit – tué – voulu – habituée – fait

(b) Make the past participles agree

rêvassé – échangé – dit – reçue – emmenée – raconté – dansé – fait – été – semblé – fait – téléphoné – fait – oublié – venu – voulu – étonnée – appelée – accepté – dîné – faite – dit – trouvée – gâchée – remise – raconté – effleuré – sentie – embrassée – voulu

10 Tense

I

(a) Name the function

1. (a) est – state of affairs which exists at the time of speaking (b) mentionnent – past (c) donne – past (d) atteint – past
2. (a) est – timeless fact (b) concentre – timeless fact
3. (a) offre – state of affairs which exists at the time of speaking (b) conserve – state of affairs which exists at the time of speaking
4. (a) travaille – habitual (b) dort – habitual (c) ne mange pas – habitual (d) fume – habitual

(b) Write a film outline

Compare your own film outline with the following:

Dans un quartier chic de Lyon, un couple bourgeois sans histoires, Martine et Jacques Toubeau, s'apprêtent à recevoir des amis et proches à dîner. Soudain le téléphone sonne. C'est Lorenzo, un ami perdu de vue depuis plusieurs années, mais devenu une star médiatique, qui se décommande. Il est désolé, mais il doit absolument prendre l'avion pour Cannes le soir même, et propose d'envoyer Charlotte, sa femme, journaliste, dîner chez les Toubeau à sa place. Horrifiée, Martine ne peut qu'accepter, et pourtant elle sait que la sulfureuse Charlotte a eu une liaison avec chacun de ses trois autres invités, Fred, frère de Martine et criblé de dettes, Georges, ami de Jacques et écrivain raté, et, tout dernièrement, Marilyn, maîtresse de Fred et comédienne manquée. Les dons de Martine et Jacques en matière de diplomatie sont soumis à rude épreuve.

2

(a) Tense transposition

Il **avait** neuf ans. C'**était son** premier matin en Angleterre. **Il se demandait** si toutes les maisons anglaises **étaient** ainsi ...

Ils étaient arrivés dans la nuit, et **il** ne **se rappelait** que la porte d'entrée ... On **l'avait laissé** dormir tard, puis quelqu'un **était venu lui** apporter le petit déjeuner sur un plateau.

Maintenant **il était levé** et **il descendait** l'escalier que **dominait** un guerrier de bronze armé d'une lance. En bas, le hall **était** sombre, malgré le soleil qui **brillait** au-dehors. Les murs, au lieu de papier, **étaient tendus** de tissu brodé, et derrière les lourds rideaux il **lui semblait** que **se dissimulaient** des choses interdites. **Il hésita** à poursuivre.

(b) More tense transposition

le pasteur Craig Dunleavy ... a embarqué – Dunleavy et ses amis prétendaient – Harold Columbine ... qui avait déjà écrit un article – les accompagnait – Il avait embarqué – qui avait emporté – lorsque le navire ... s'est trouvé – Dunleavy s'est emparé – et a exigé – Il a menacé de faire exploser – s'il n'obtenait pas satisfaction

(c) Fill in the blanks

Waller répéta – Il était établi – c'était la première fois qu'on lui faisait pareille demande – Il regarda – Edward Carnaby fut vexé – Pour qui se prenait-il – ce n'était qu'un pharmacien – Les médecins ont (Rendell) or avaient le droit – ce qui ne les regarde pas – On leur achète (Rendell) or achetait – on paie (Rendell) or payait – un point c'est (Rendell) or c'était tout – voilà ce que c'est (Rendell) or c'était

Pour tuer des guêpes, dit-il – J'en ai – Puis-je savoir – Qu'est-ce que ça peut vous faire – Il vous faut – Waller ignora – Un homme de sa valeur est (Rendell) or était – Je me demande ce qui vous a donné l'idée

Le rideau ... se souleva – Linda Gaveston entra – Son arrivée irrita – il la trouvait poseuse et jugeait déplacé – les parents habitaient – travaille (Rendell) or travaillât comme préparatrice – Elle lui sourit

(d) Fill in the blanks

se développait – fonda – fut – institua – construisit – accueillit – fut – appartient – a entrepris

(e) Change the tense

Passé simple
fut – montèrent – fut serré – porta – eut – se plaignit – infligea – aperçut – se précipita – s'y assit – l'aperçus – se vêtit – se trouva – lui fit – fallut

Imparfait
était – montaient – était serré – portait – avait – se plaignait – infligeait – apercevait – se précipitait – s'y asseyait – l'apercevais – se vêtait – se trouvait – lui faisait – fallait

3 Fill in the blanks

There are a number of possibilities for filling in the blanks. Our suggestions are:

2. sera – apercevront – brillera – va se couvrir – se produiront – gagneront
3. continuera – va permettre – deviendront – sera – se produiront – se développeront – éclateront

4

(a) Tense transposition

Interrogé sur son mode de vie après qu'il aura gagné le gros lot à la loterie nationale, M. Dupont a répondu que l'argent qu'il gagnerait lui permettrait de vivre jusqu'à la fin de ses jours sans rien faire. Il essaierait pourtant de réaliser un de ses rêves: tourner des films. Dans ce but il achèterait une maison à Beverly Hills et se partagerait entre celle-ci et sa maison de Londres. Pour se distraire, M. Dupont ferait du ski en hiver, et du cheval et de la pêche en été. Il écrirait et s'occuperait de sa famille également. Quand on lui a demandé comment il dépenserait son argent, il a déclaré que, parce qu'il aime les belles voitures, il achèterait une Ferrari et une Mercedes, et il emmènerait sa femme faire un voyage aux Caraïbes.

(b) More tense transposition

Maurice serait un restaurateur français – Il s'éprendrait – attendrait un enfant – serait plus intéressé – il négligerait – Maurice n'aurait plus – il déciderait

5 Translate the English verbs

1. cachait 2. est 3. travaillait 4. a *or* a eu 5. suit 6. Je ne l'ai pas vu 7. il a écrit 8. Il est parti

6 Translate the English verbs

1. j'aurai 2. il avait 3. je dormirai *or* je me serai endormi(e) 4. il a arrêté de fumer 5. vous n'aurez pas 6. je serai vieux/vieille 7. je suis revenu(e) 8. nous aurons préparé 9. elle aurait su 10. je devrai

7 Translate the English verbs

1. j'eus fermé 2. nous avons déjeuné 3. fut-elle arrivée 4. il eut éteint 5. j'ai rencontré Juliette 6. il fut mort 7. il lui a eu téléphoné 8. ils eurent rentré 9. il a été sorti 10. il parlait

8 Fill in the blanks

1. si vous manquez/avez manqué 2. S'il était devenu 3. s'il ferait jour 4. si elle invite 5. Si tu prends 6. si elle sera heureuse 7. s'il était 8. Si quelque chose vous tracasse 9. Si j'avais su 10. si tu pourras 11. si vous aviez loué 12. Si j'avais pu

9 Putting it all together

Une sorte de chaleur arrivait – y brûlait encore – s'était tenu (Robbe-Grillet) *or* se tenait

il y avait – il hésita – pensait-il – le ramènerait directement au quai – il rentra – il n'y avait plus personne – Il s'en consola – ces marins-là n'auraient rien acheté (Robbe-Grillet) *or* n'achetaient rien – n'était probablement pas – Il ouvrit – et fut de nouveau

Il faisait – commençait à lui peser – c'était

il n'avait déjà perdu que trop de temps – il ne s'attarda pas – dominait la bande de vase – il venait de faire quelques pas – il revint

11 The subjunctive, modal verbs and exclamatives

1 Give the appropriate form

1. sûre qu'elle avait dit (*also possible is*: elle était sûre d'avoir dit) 2. préféré que son père ne fût/soit pas mêlé 3. n'aimerais pas que vous vous mépreniez 4. permettez que je prenne 5. a voulu qu'un appartement se soit libéré 6. désirez que je sois franc 7. persuadé que la question d'argent a joué son rôle 8. certains que vous leur en aviez parlé 9. Ce qui me surprend c'est qu'il ait pu 10. s'attendait à ce qu'elle parte 11. ne seriez pas fâché que ce soit elle qui l'ait fait 12. m'étonnerait qu'il vienne 13. surprenant que la propriétaire ait accepté

2 Give the appropriate form

1. prétend qu'ils n'ont touché à rien 2. ne pense pas qu'un musicien de rue soit en mesure de payer 3. suppose qu'elle l'attend/l'attendait 4. n'imaginait pas que les gens puissent être dehors 5. l'impression que vous connaissez (*could also be the imperfect*: connaissiez) cet homme 6. ne savez pas s'il l'a vue 7. dit qu'il n'était que huit heures 8. ne comprenait pas qu'on parle/parlât aussi tranquillement 9. dire qu'il n'a jamais été pauvre 10. ne me souviens pas qu'il ait pris 11. espère qu'il ne va pas choquer 12. ne pense pas qu'il ait jamais été

3 Translate the English verbs

1. Il faut que vous compreniez 2. Il me semble que nous nous connaissons 3. Il fallait que quelqu'un paie/payât 4. C'est une chance que le feu n'ait pas pris 5. Il arrivait qu'à midi elle s'habille/s'habillât 6. C'était rare qu'il y ait 7. Il est important que vous fassiez la part du feu 8. Il est probable que les douaniers ont fouillé 9. Il était peu probable que Jean dise/ait dit la vérité 10. Il semble qu'ils soient partis 11. Il était évident qu'il y avait 12. Il est douteux que cela lui fasse/fît/ait fait plaisir 13. Il est probable que nos amis seront ravis que vous puissiez 14. Il faut bien que je me plaigne 15. Comment se fait-il que vous soyez allé(s)

4 Translate the English verbs

1. Avant qu'elle soit partie 2. après que Jacques est/soit monté 3. pour que je n'aille pas 4. Bien que je sois son père 5. à deux conditions: que vous traitiez les informations reçues (c'est-à-dire que vous les assimiliez) et que vous sélectionniez les émissions 6. En attendant que j'aie fini 7. Autant qu'on puisse en juger 8. Avant que je (ne) te rejoigne 9. Dès qu'il eut/a eu le dos tourné 10. afin que tous les clients du bar comprennent/comprissent 11. sans qu'il fût/soit possible 12. Bien que son intention eût été/ait été 13. de façon que personne ne la voie/vît 14. de sorte qu'elle a raté son train 15. plutôt qu'il ne dort

5 Give the appropriate form

1. Le seul moyen qu'il connaisse 2. un des premiers films publicitaires qu'il a tourné 3. le seul cinéaste américain qui ne soit pas fasciné 4. la seule personne qui l'attendait 5. l'orchidée la plus extraordinaire que j'aie jamais vue 6. le sujet de dissertation le plus difficile qu'on puisse imaginer 7. tout ce que vous avez à faire 8. pas aussi impopulaire que certains médias veulent bien le laisser supposer 9. la connexion la plus rapide que vous puissiez vous offrir 10. la première fois qu'on lui faisait pareille demande

6 Give the appropriate form

1. Pas un client ... qui n'entrât/n'entre 2. qui que ce fût/soit 3. quelque chose que vous ayez envie de me dire 4. quelle qu'elle soit 5. qui que ce fût/soit 6. Que l'argent ait été volé 7. Qu'elle fasse de la planche à voile 8. Où que tu ailles 9. Quelque livre que vous choisissiez 10. Si ... et qu'elle eût/ait bien voulu 11. Si ... et que le loyer soit au-dessous de 500 euros par mois

7 Translate the English verbs

1. Les bagages ne doivent pas 2. il pouvait rester assis des heures 3. On devrait vous contacter 4. Il ne pouvait pas s'empêcher 5. Le bureau devait être surchauffé 6. il fallait qu'on fasse attention à ce qu'on dépensait 7. je devrais prendre une douche 8. ne doit pas s'attendre à gagner beaucoup d'argent 9. ils savaient d'avance 10. Chez qui pouvait-il être allé? 11. Chez qui pourrait-il aller? 12. Ma secrétaire a dû vous écrire 13. elle ne sut jamais qui c'était 14. Saviez-vous? 15. il a encore fallu essayer 16. un homme qui devait avoir 25 ans 17. il devait y avoir une carafe d'eau quelque part 18. Vous n'auriez pas dû vous donner autant de peine 19. La nouvelle avait dû arriver trop tard 20. il dut marcher 21. Tu aurais dû me le dire 22. Son livre devrait sortir 23. Vous pourrez/pouvez partir

8 Translation

1.   Comme/Qu'ils sont paresseux!
2.   Comme/Qu'on dort bien quand on est à la campagne!
3.   Que de problèmes on doit affronter!
4.   Avec quelle énergie elle entreprend tout ce qu'elle fait!
5.   Qu'il attende dans mon bureau.
6.   Qu'on me commande un taxi/Que quelqu'un m'appelle un taxi.
7.   Quel beau temps il a fait/on a eu cette année.

9 How good is your memory?

Quand la **police** l'a **interrogée,** elle a **prétendu** que personne n'**avait** touché à **rien**.

– Il me semble **que** nous nous **connaissons**, a dit l'inspecteur.

– Je ne me souviens pas que **nous** nous **soyons** jamais rencontrés, a-t-elle **répondu**.

– Y a-t-il **quelque** chose que **vous ayez** envie de **me** dire? a demandé l'inspecteur. Nous **cherchons** la personne qui **a cambriolé** la maison du curé. Je suis persuadé qu'il n'**est** pas question d'argent, **mais** que le **voleur cherchait** plutôt des documents **concernant** les **activités** financières du **curé**. Où **étiez**-vous entre huit heures et **minuit** hier soir?

– Chez mon père.

Elle aurait **préféré** que son père **ne soit** pas mêlé à cette **histoire**, mais c'**était** la seule personne qui **pouvait** confirmer son alibi.

– J'**aurai** besoin de le contacter, a dit l'inspecteur. Vous ne **pouvez** pas partir avant que je **revienne.** Il est revenu quelques instants plus tard.

– C'est exact. Il n'y a donc aucune **raison** pour que vous **restiez** ici.

12 Infinitives

I

(a) Fill in the blanks

1. Il semblait vouloir écraser 2. le téléphone faisait entendre 3. ne pouvait s'empêcher de se retourner 4. Il ne parvenait pas à se débarrasser 5. avaient fini par dessiner 6. Il se contentait de toucher 7. Jules était allé s'asseoir 8. Il était arrivé à joindre 9. Il n'osa refuser de s'occuper 10. Il mit près d'une demi-heure à trouver 11. on entendait une auto s'arrêter 12. s'était-il évertué à l'empêcher 13 devriez peut-être envoyer quelqu'un le voir 14. avait vaguement vu une grosse voiture s'arrêter 15. me faisait penser à une sauterelle 16. Vous rêvez de passer un week-end à bronzer sur la plage de Nice ou de manger une bouillabaisse 17. Elle commence à (*or less likely* d') apprécier 18. n'a pas essayé de lier 19. il se décidera bientôt à payer et à s'en aller 20. on a cessé de s'occuper 21. ne lui interdit de rester 22. Il est préférable d'éviter de téléphoner ... d'arriver avant l'heure ... et de se décommander

(b) Fill in the blanks

aider le demandeur d'emploi à décrocher – Je vois débarquer – Une biologiste décide d'ouvrir – Un cadre commercial rêve de monter – on cherche par tous les moyens à prouver – vous risquez de perdre un temps précieux – Cessez de fantasmer

vous finissez par vous persuader – les stages se proposent de vous aider à surmonter – ce que l'on veut faire et ce que l'on peut offrir

(c) Translate and fill in the blanks

1. Elle est montée/Elle monta chercher 2. Demandez à votre sœur d'amener son ami nous voir 3. l'ont persuadée/la persuadèrent de ne plus y aller 4. l'a envoyé/l'envoya à Rome régler l'affaire 5. Voulez-vous bien confirmer avoir reçu 6. Nous les avions convaincus de prendre 7. Je n'oserais jamais critiquer 8. leur a conseillé/leur conseilla de le tenir au courant 9. était allé/était parti examiner 10. l'amènerait à signer 11. estime pouvoir/estime être capable d'achever le projet 12. a obligé/obligea l'usine à embaucher vingt ouvriers

(d) Translate and fill in the blanks

1. Je pensais avoir perdu 2. Elle m'a remercié/me remercia d'avoir lu 3. Il se souvient d'avoir laissé/Il se rappelle avoir laissé 4. J'en ai assez de/marre de travailler 5. Elle a aperçu/Elle aperçut quelqu'un rôder 6. On lui avait enseigné/appris à rejeter 7. La police a décidé/décida de ne pas utiliser 8. Marie était habituée à dîner 9. lui avait appris à redoubler de prudence 10. Il a choisi/Il choisit de poursuivre 11. les avait décidés à demander 12. a mis/mit trois mois à trouver

2 Fill in the blanks

1. extraordinaire de le retrouver 2. plus simple que jamais de construire 3. plus difficile à obtenir 4. difficile de déceler 5. difficile à reconnaître 6. merveilleuse à voir 7. trop lourde à soulever 8. difficile de poursuivre 9. difficile à chauffer 10. Impossible de traiter 11. disposée à tout remettre 12. libres de desservir

3 Translate the English expressions

1. une poêle à frire 2. un repas à emporter 3. une pomme à cuire 4. Défense de marcher sur la pelouse 5. Vous n'avez pas besoin de vous déranger 6. assez de mal à vous retrouver 7. Il avait envie de pleurer 8. un exemple à ne pas suivre 9. quelqu'un à voir 10. du travail à faire 11. l'occasion de découvrir 12. certaines façons de faire ont tendance à être internationales 13. une bonne manière d'apprendre la langue 14. la chance d'être logé 15. La façon de se nourrir/de manger

4

(a) Find the infinitive

1. Réfléchir/Penser avant d'agir 2. Etablir un plan d'action 4. Lire efficacement 5. Perfectionner son art d'écrire 6. Exercer son intellect 7. Maîtriser les épreuves écrites 8. Affronter les épreuves orales 9. Etre soi-même

(b) Jumbled infinitives

- Mélanger dans un saladier
- Faire une fontaine ... mettre le beurre mou
- Amalgamer rapidement ... pour obtenir une pâte homogène
- Laisser reposer au frais ... étaler la pâte
- En garnir un moule ... piquer finement ... et faire cuire à blanc
- Laisser refroidir
- Préparer la crème: travailler l'œuf
- Ajouter la crème liquide et faire épaissir
- Ecraser finement ... Les ajouter hors du feu à la crème
- Laisser refroidir
- Etaler la crème froide
- Laver et sécher les abricots, les dénoyauter, les couper en deux, puis recouper

- Les disposer verticalement ... Saupoudrer abondamment
- Enfourner 10 min
- Servir tiède ou froid

5 How good is your memory?

Le téléphone sonna/fit entendre sa sonnerie. Marilyn décrocha, et Hugo ne put s'empêcher de se retourner curieusement vers elle.
– Allo, oui?
– C'est bien Marilyn?
– C'est moi-même.
– Dieu merci, je suis arrivée enfin à te joindre (par téléphone). C'est Millie.
– Millie! C'est vraiment toi? Ta voix est difficile à reconnaître.
– C'est ce rhume. Je ne parviens pas à m'en débarrasser. Je téléphone pour te remercier d'avoir lu le manuscrit de mon roman. Tu avais dû mettre longtemps à le faire.
– Je t'en prie, ça m'a fait vraiment plaisir. J'y ai passé quatre ou cinq heures. Je te conseille de l'envoyer tout de suite à ton éditeur; c'est formidable.
– Merci, je m'en occupe à l'instant.
– N'oublie pas de me tenir au courant de ce qui se passe. A bientôt.

13 Prepositions

I

(a) Fill in the blanks

1. en France 2. dans la France 3. Au Japon 4. en Chine 5. en France ... à Madagascar 6. Aux Antilles 7. dans le sud 8. aux USA 9. en Lorraine 10. En Sardaigne 11. aux Philippines 12. à Chypre 13. à la Martinique 14. à Guernesey 15. en Crète 16. à New York 17. ... rencontrés rue de Varennes ... dans la rue 18. en Normandie 19. Dans le Yorkshire 20. de Londres à Paris et à Bruxelles

(b) Fill in the blanks

1. à trois heures (at three) *or* dans trois heures (in three hours) 2. à 15 heures précises 3. de midi à 14 heures 4. en dix minutes (within ten minutes) *or* dans dix minutes (in ten minutes' time) 5. dans la semaine qui vient 6. Dans trois semaines (in three weeks' time) *or* En trois semaines (within three weeks) 7. dans la journée 8. à l'aube 9. dans les années soixante 10. au petit matin 11. à l'heure 12. au printemps 13. en automne *or* à l'automne 14. en janvier 15. au 21e siècle 16. en 1957 17. en si peu de temps 18. dans quinze jours 19. à quinze heures (at three) *or* dans quinze heures (in fifteen hours)

(c) Fill in the blanks

1. à la page 234 2. dans le journal 3. dans les papiers 4. dans la poche 5. de réputation 6. la chambre à air 7. âgé de 13 ans 8. en allemand 9. dans les années soixante 10. dans la misère 11. lundi en huit 12. gentil à vous ... à ce moment-là 13. en la circonstance 14. une montre en argent 15. à la porte 16. un verre de vin (a glass of wine) *or* un verre à vin (a wine glass) depending on context 17. plus de 2 000 euros 18. en *or* de vert 19. une maison en *or* de bois 20. 200 kilomètres à l'heure 21. forte en langues 22. un verre à vin 23. une journée de libre 24. le plus haut bâtiment d'Europe 25. Une belle promenade en mer 26. en soldat 27. à pied ... en vélo (*or* à vélo) 28. moins de deux jours 29. voyager en train 30. à demi fermés

2

(a) Fill in the blanks

1. devant 2. par 3. grâce à 4. malgré 5. par 6. pour cause de 7. dès 8. en dehors de 9. Sauf 10. le long de la route … du haut du car

(b) Fill in the blanks

1. entre 2. parmi 3. par suite de 4. en travers de 5. au bout du 6. envers 7. hors 8. lors de 9. depuis 10. jusqu'à

3 Fill in the blanks

(a) 1. en travers de 2. par 3. Depuis 4. au-dessus de 5. après 6. derrière

(b) 1. parmi 2. entre 3. d'entre 4. dans les trois millions; environ trois millions 5. vers

(c) 1. en clown 2. en cadeau 3. En tant que représentant 4. En réalité 5. comme ami

(d) 1. à sept heures 2. à chaque obstacle 3. en même temps 4. Par moments 5. en français

(e) 1. à minuit 2. un par un 3. de vue 4. à sa voix 5. de François Mauriac

(f) 1. A partir de maintenant 2. d'après votre description 3. depuis le début 4. dans le tiroir 5. Lundi en quinze 6. à la bouteille

(g) 1. au dix-neuvième siècle 2. en hôtel 3. au lit 4. au Japon 5. à Jersey 6. au printemps 7. dans le jardin 8. en été 9. au restaurant

(h) 1. un tiers des électeurs 2. aimable à vous 3. Un sur dix 4. Chacun d'entre eux 5. une tasse de thé

(i) 1. au sommet 2. à la télévision 3. à la page 127 4. à cheval 5. en route

(j) 1. Cinq personnes sur dix 2. hors de question 3. en dehors de la ville 4. grâce à une annonce 5. à travers les labours

(k) 1. A droite 2. au Danemark 3. en Bretagne 4. de la valeur de 30 000 euros 5. sous la main

(l) 1. dans ces circonstances 2. selon la loi française 3. moins de cinquante euros 4. au maillot rose 5. de colère

4 Fill in the blanks

la fille de Ducrau (Simenon) *or* des Ducrau – en civil – dans un complet sobre – dans sa poche

sur le seuil

dans la maison – sans envergure

sous la plaque verte (Simenon) *or* devant la plaque verte – de l'arrêt des tramways (Simenon) *or* à l'arrêt … – faire signe à celui qui passait – plein de pensées – c'était en lui – comme un léger déséquilibre – du bistrot – L'un d'eux (Simenon) *or* L'un d'entre eux – à la mine – dans la direction de Maigret

14 Questions

I Turn the sentences into questions

1. Est-ce qu'il va louer une voiture à sa descente d'avion?/Va-t-il louer une voiture … ?
2. Est-ce que nous devons y aller?/Devons-nous y aller?
3. Est-ce que c'était bien l'homme qui avait disparu 15 ans plus tôt?/Etait-ce bien l'homme … ?
4. Est-ce que leurs parents se souvenaient de cette histoire?/Leurs parents se souvenaient-ils de cette histoire?
5. Est-ce qu'elle lui avait menti de peur qu'il ne se moque d'elle?/Lui avait-elle menti de peur … ?
6. Est-ce que son mari ignorait le véritable motif de son déplacement?/Son mari ignorait-il le véritable objet … ?
7. Est-ce que l'hôtel se trouve tout près de la mer?/L'hôtel se trouve-t-il tout près … ?
8. Est-ce que j'étais en avance?/Etais-je en avance?
9. Est-ce qu'on accepte les cartes de crédit?/Accepte-t-on les cartes de crédit?
10. Est-ce que je peux vous aider?/Puis-je vous aider?
11. Est-ce que tu vas faire un tour dans le jardin?/Vas-tu faire un tour … ?
12. En s'installant au volant, est-ce qu'il fut assailli de doutes?/En s'installant au volant, fut-il assailli de doutes?
13. Est-ce que l'eau était tiède?/L'eau était-elle tiède?
14. Est-ce que sa mère était fière de lui?/Sa mère était-elle fière de lui?
15. Est-ce que Corentin habite toujours rue Charles III?/Corentin habite-t-il toujours … ?

2 Give the correct response

1. Si, j'en ai. 2. Merci or Merci, non or Non, merci. 3. Oui, je l'ai. 4. Non, pas du tout/Bien sûr que non. 5. Je regrette, non. 6. Oui, volontiers/S'il vous plaît. 7. Si, je veux bien/Si, volontiers/Si, s'il vous plaît. 8. Si, un policier/un agent (de police) au coin de la rue.

3

(a) Sentence manipulation

1. Pourquoi est-ce qu'elle lui avait menti?/Pourquoi lui avait-elle menti?
2. Où est-ce que l'hôtel se trouve?/Où l'hôtel se trouve-t-il?
3. A qui est-ce que Robert a téléphoné?/A qui Robert a-t-il téléphoné?
4. Comment est-ce que Manu nage?/Comment Manu nage-t-elle?
5. A cause de quoi est-ce qu'il dort mal?/A cause de quoi dort-il mal?
6. Combien de fois est-ce que ton frère a revu le film?/Combien de fois ton frère a-t-il revu le film?
7. Pour quelle raison est-ce qu'il avait choisi ce café?/Pour quelle raison avait-il choisi ce café?
8. A quelle heure est-ce que la voiture est repassée?/A quelle heure la voiture est-elle repassée?
9. Comment est-ce que j'aurais pu le deviner?/Comment aurais-je pu le deviner?
10. Quand est-ce que la jeune femme a téléphoné?/Quand la jeune femme a-t-elle téléphoné?

(b) More sentence manipulation

1. Où est-ce que l'hôtel se trouve?/Où l'hôtel se trouve-t-il?
2. Combien de mois est-ce que tu as travaillé à Orléans?/Combien de mois as-tu travaillé à Orléans?
3. Combien de souvenirs est-ce que les voyageurs ont ramenés?/Combien de souvenirs les voyageurs ont-ils ramenés?
4. A qui est-ce que tu as téléphoné?/A qui as-tu téléphoné?
5. Comment est-ce qu'elle nage?/Comment nage-t-elle?
6. A cause de quoi est-ce qu'il dort mal?/A cause de quoi dort-il mal?

4 Turn the sentences into questions

1. Qu'est-ce qui était comme je l'imaginais?
2. Qui se souvenaient de cette histoire?/Qui est-ce qui se souvenaient de cette histoire?
3. Qu'est-ce qu'il s'est rappelé?/Que s'est-il rappelé?
4. Qui a-t-elle conduit chez le médecin?/Qui est-ce qu'elle a conduit chez le médecin?
5. Qui ignorait le véritable motif de son déplacement?/Qui est-ce qui ignorait le véritable ... ?
6. Qu'est-ce qui était tiède?
7. Qu'est-ce que Julien a oublié?
8. Qui habite rue Pasteur?/Qui est-ce qui habite rue Pasteur?
9. Qu'est-ce que Philippe a acheté dans une boulangerie?
10. Qu'est-ce qui brûlait dans un cendrier?
11. Qui Juliette a-t-elle observé depuis le coin de la rue?/Qui est-ce que Juliette a observé depuis le coin de la rue?
12. Qu'est-ce qui menait vers les bois?

5 Grammaticality judgement

1. Où habite le professeur? – OK
2. *Pourquoi se taisaient les deux femmes? (OK: Pourquoi le deux femmes se taisaient-elles?)
3. A qui s'est adressé M. Auger? – OK
4. Que contient ce tiroir? – OK
5. *Qu'a porté Eva en cachette? (OK: Qu'est-ce qu'Eva a porté en cachette?)
6. *Depuis quand utilise la dentiste son mari comme réceptionniste? (OK: Depuis quand la dentiste utilise-t-elle son mari comme réceptionniste?)
7. Sur quoi compte Raoul? – OK
8. Comment est arrivé l'accident? – OK

6 Turn the sentences into questions

1. Pour quelle raison cela vous surprend-il?
2. Quelle impression de cette affaire retire-t-on à la lecture des journaux?
3. Quelle a été votre réaction quand vous avez appris la nouvelle?
4. Quel chirurgien va vous opérer?
5. Quel genre de roman préférez-vous?
6. Dans quel restaurant ont-ils dîné ce soir-là?
7. Quelle est la profession de M. Lognon?
8. Quelle importance cela a-t-il?
9. Quels étaient les sentiments qu'elle avait à votre égard?
10. Lesquels des locataires sont entrés entre 20 heures et 21 heures hier?
11. Lequel des deux frères s'est marié le premier?
12. Lequel avait le plus peur?

7 Translation

1. Pourquoi voulez-vous/veux-tu lui poser des questions?
2. Quand est-il revenu?
3. Comment le savez-vous?/savez-vous cela?/le sais-tu?/sais-tu cela?
4. Où est votre/ton fils?
5. Combien me devez-vous/me dois-tu?
6. Combien en a-t-elle achetés?
7. Pourquoi Alain sourit-il?
8. Comment savez-vous/sais-tu que la police est à ses trousses?
9. Combien en avez-vous/en as-tu encore?/Combien vous en reste-t-il/t'en reste-t-il?
10. Quand êtes-vous/es-tu venu ici pour la dernière fois?
11. Où l'avez-vous trouvé/l'as-tu trouvé?

8 Combine the sentences

1. J'ignore où il déjeune.
2. Je ne sais pas s'il va louer une voiture à sa descente d'avion.
3. Je me demande si vous prenez les cartes bancaires.
4. Il saurait bien si elle lui avait menti.
5. Expliquez-moi pourquoi vous avez désiré me parler.
6. Il m'a demandé s'il me restait beaucoup de travail à faire.
7. Je ne sais pas si c'était à cause de cela que j'ai ri.
8. Vous ignorez de quel homme il s'agit.
9. Elle a décrit en détail ce qui l'avait amenée ici.
10. Je ne devine pas ce que Philippe a pu faire pendant ce temps.
11. Je ne vous ai pas encore appris ce qu'on m'a dit.
12. Je me suis demandé ce qu'elle me conseillera de faire.

9 Putting it all together

M: Je suis le commissaire Maigret, de la Police Judiciaire.
O: Oui, Inspecteur, je vous avais reconnu.
M: Est-ce que vous passez souvent la soirée avec votre sœur?
O: Rarement.
M: Cela veut dire combien de fois?
O: Peut-être une fois l'an.
M: Aviez-vous pris rendez-vous avec elle hier soir?
O: On ne prend pas rendez-vous avec sa sœur.
M: Est-ce que vous avez le téléphone dans votre appartement?
O: Oui.
M: N'avez-vous pas appelé votre sœur/téléphoné à votre sœur?
O: C'est elle qui m'a appelée.
M: Elle vous a appelée/téléphoné pour vous demander où était l'argent?
O: Ce n'est pas si précis. Elle m'a parlé de choses et d'autres.
M: Lesquelles?/Quelles choses?
O: Surtout de la famille. Elle écrit peu. Je suis davantage en rapport avec nos autres frères et sœurs.
M: Votre sœur vous a-t-elle dit qu'elle aimerait vous voir?
O: A peu près. Elle m'a demandé si j'étais libre.
M: Quelle heure était-il?/Elle vous a téléphoné à quelle heure?
O: Environ six heures et demie. Je venais de rentrer et je préparais le repas du soir.
M: Cela ne vous a-t-il pas surpris?/Cela ne vous a pas surprise?
O: Non.

15 Relative clauses

1 Classifying relative clauses by function

1. **Les automobiles** – subject of *roulaient.*
2. **la photo** – direct object of *tendais.*
3. **un petit bureau** – object of the preposition *de* in *j'ai refermé la porte d'un petit bureau.*
4. **La consultation** – object of the preposition *de* in *j'ai profité de la consultation.*
5. **la pièce** – object of the preposition *dans* in the phrase *avais travaillé dans la pièce* – *dans la pièce* functions as a place adverb, so the relative pronoun is *où.*
6. **Les deux fauteuils** – object of the preposition *sur* in the phrase *nous nous assîmes sur les deux fauteuils.*

7. **La femme** – object of the preposition *avec* in the phrase *s'entretenait avec la femme*.
8. **un rocher abrupt** direct object of *couronnent: les ruines importantes de son antique château couronnent un rocher abrupt.*

2

(a) Fill in the blanks

1. une enveloppe que j'ouvris 2. le briquet qu'il dut actionner 3. un square qui paraissait abandonné 4. Les événements qui précédèrent notre départ 5. quelque chose qu'elle n'a pas trouvé 6. La petite, qui portait un manteau rouge 7. La voiture qu'elle sortait du garage 8. des voyageurs qui se dirigeaient vers l'avion ... un des pilotes qui allait et venait 9. les pôles d'attraction que sont l'admirable forêt domaniale de Saint-Sever ... 10. une question que se posent ceux qui oublient qu'ils ont un corps qui est fait pour servir

(b) Sentence combining

1. La ville est riche en monuments que les siècles y ont édifiés.
2. Honfleur est une ville ancienne que les documents mentionnent dès le XIe siècle.
3. On trouve dans la ville des musées qui reflètent un passé historique maritime.
4. On trouve dans la ville des musées qu'il est vivement conseillé de visiter.
5. La pièce présente des scènes tour à tour brutales ou colorées qui jaillissent du néant sous vos yeux.
6. Profitez de la chance qui vous est offerte de faire la connaissance de l'être qui vous rendra heureux(se).
7. La joie du cycliste est un contentement profond qu'il a en commun avec le marcheur.
8. La tour renferme un escalier qui conduit au premier étage.
9. Un couple qui sortait s'est arrêté près de ma table.

3 Fill in the blanks

1. la page d'agenda sur laquelle ils avaient griffonné 2. Le garage dans lequel je ferai réviser 3. dérailleurs, pédalier et roue libre appropriés grâce auxquels vous pourrez grimper 4. Ceux à qui les côtes font peur 5. de nombreux artistes ... parmi lesquels Jongkind et le poète Charles Baudelaire 6. un bouchon avec lequel boucher cette bouteille 7. Le tiroir dans lequel il avait mis la lettre 8. un roi pour qui il n'éprouvait ... 9. Les candidats entre lesquels nous devions choisir 10. les visiteurs, parmi lesquels il y avait plusieurs scientifiques 11. la raison pour laquelle je t'écris 12. beaucoup de clients, parmi lesquels des Américains ...

4

(a) Fill in the blanks

1. des arbres dont on n'avait pas taillé les branches
2. à la machine près de laquelle on avait posé le café
3. Le parking dont je suis sorti
4. Des voitures sur le toit desquelles étaient fixés des skis
5. La personne de la part de laquelle/de qui j'étais venu
6. une ville active et jeune dont 45% de la population ... et dont la vie culturelle est renommée
7. ce merveilleux sentiment physique dont nous parlions plus haut
8. la distance à partir de laquelle la fatigue commence à se faire sentir
9. un homme dont l'influence a été déterminante
10. L'avion, dont l'un des moteurs était en panne

(b) Sentence combining

1. Bruce appartient à une équipe de baseball dont Henri est l'indiscutable vedette.
2. Sur le bureau, autour duquel plusieurs personnes conversaient, traînaient des croquis et des morceaux de tissu.
3. La proposition du grand réalisateur italien lui a permis d'échapper aux petits rôles dont il était trop souvent l'interprète ...
4. L'esplanade, le long de laquelle on avait suspendu des lampions, grouillait de monde.
5. Elle se passionne de longue date pour son personnage, dont elle s'efforce dans ce livre de faire ressortir la complexité.
6. La manière dont elle parlait était convaincante.
7. Le « fil à couper », à l'aide duquel on scie le granit, entraîne un abrasif.
8. L'outil dont j'avais besoin n'était pas à sa place.
9. J'ai ramassé la carte au dos de laquelle l'adresse était notée.
10. J'ai reçu le livre dont on m'avait parlé.

5 Combine the sentences

1. La minuterie s'éteignit au moment où nous commencions à monter l'escalier.
2. J'ai traversé la pièce principale où j'ai vu une quinzaine de personnes.
3. Je n'aimais pas l'endroit où je devais laisser la voiture.
4. Le patron est venu voir où j'en étais de la réparation.
5. La pièce où elle me reçut n'était pas meublée.
6. Le jour où il est mort, tout le monde a pleuré.
7. Au moment où nous sommes sortis du restaurant, je lui ai rendu son porte-monnaie.
8. Un jour que je tondais le gazon, il y eut quelqu'un qui sonna.
9. La porte par où nous passions autrefois était maintenant fermée à clef.
10. Un jour que je me suis réveillé tôt, je me suis aperçu que le bruit infernal des bulldozers avait cessé.

6 Fill in the blanks

1. tout ce qu'elle avait écrit
2. Je ne savais plus ce que j'étais entré chercher
3. pour voir ce qui fumait dans le moteur
4. Pense à ce que tu fais
5. Tout ce qui n'est pas étiqueté ...
6. Avec ce que j'avais dans mon porte-monnaie
7. Elle notait ce qu'on lui disait
8. J'ai brûlé ce sur quoi ils avaient écrit
9. Je ne me rappelle pas ce dans quoi j'avais mis le chèque.
10. Ceux entre lesquels nous devions choisir
11. Revenons à ce dont/ceux dont nous parlions plus tôt
12. Ce dont je suis sûr ...
13. pour voir ce qui passait au cinéma
14. Je ne savais plus ce que j'avais fait de ma valise
15. Ce sur quoi on peut compter ...

7 Fill in the blanks

1. Les automobilistes roulaient vite ..., ce qui était normal
2. La minuterie s'éteignit ..., ce que je n'avais pas prévu
3. La sortie d'autoroute que je devais emprunter
4. On m'avait offert un poste ..., ce à quoi j'avais un mois pour réfléchir
5. des bus et des automobiles qui roulaient vite

6. La minuterie, que j'allumai en entrant
7. J'ai doublé un camion à l'embranchement, ce qui explique
8. Je ne mangeais jamais à ma faim ..., ce dont je ne me souviens que trop bien
9. Le poste dont je rêvais
10. J'ai de l'asthme, ce qui m'empêche parfois de respirer

8 Translate the English expressions

1. Quoi que vous cherchiez/tu cherches (*or* Quoi que ce soit que vous cherchiez/ tu cherches) ... 2. Où que tu mettes/vous mettiez ... 3. Quel que soit le travail ... 4. Qui que ce fût (*or* Quelle que fût la personne) ... 5. Quoi que nous emportions (avec nous) ... 6. Qui que ce fût (*or* Quelle que fût la personne) qui m'a envoyé le paquet ... 7. Quelque décision qu'on prenne ... 8. Si fatigués que nous soyons ...

9 Putting it all together

Invitation à trouver une personne à aimer

... celui ou celle dont vous rêvez? Quel que soit votre âge, qui que vous soyez, ... la chance qui vous est offerte ... l'être qui vous rendra heureux(se) ... un simple questionnaire que nous avons formulé ... un dossier dans lequel vous trouverez une description ... aucun engagement de quelque nature/genre/type que ce soit ... les quelques minutes qu'il faut pour compléter le questionnaire en valent la peine.

16 Negation

1 *ne ... pas* as a sentence negator

1. Il n'a pas ouvert les portes du café ...
2. Elle ne portait pas de chapeau de paille.
3. On ne l'imagine pas en complet ...
4. Peut-être ne le reconnaîtrait-on pas dans la rue.
5. Elle ne s'est pas fait construire de maison à la campagne.
6. Je ne l'ai pas vu entrer.
7. Cela n'a pas d'importance pour lui.
8. Vous n'avez pas de croissants?
9. L'homme n'a pas tiré de journal de sa poche.
10. Cela ne vous dérangerait pas de m'en donner un?
11. Nous n'en avons pas.
12. Il n'a pas trouvé de place pour se garer devant l'église.

2 *ne ... pas* negating infinitives

1.   Le client s'est décidé à ne pas payer.
2.   Il est sûr de ne pas l'avoir vu.
3.   Il a de bonnes raisons de ne pas refuser.
4.   Elle m'a remercié de ne pas avoir lu sa lettre.
5.   J'en ai marre de ne pas travailler.
6.   On lui avait recommandé de ne pas se préoccuper des détails.
7.   J'ai été bien content de ne pas m'être trompé.
8.   Impossible de ne pas ressentir de la sympathie pour elle.

3 *pas* negating words and phrases

1.   Pas un de mes amis ne fume.
2.   Je peux vous rejoindre, mais pas avant huit heures.

3. J'ai attaché la remorque, pas sans difficulté.
4. Pas un bruit ne se faisait entendre dehors.
5. Elle a refait son appartement, avec plaisir, et pas pour la première fois d'ailleurs.
6. Il reste à Paris, mais pas par obligation.

4 ne ... que

1. Je n'ai travaillé que quelques mois au Mans.
2. Je ne gagne actuellement que 2 000 euros par mois.
3. Elle n'écrit des romans que très lentement.
4. Je n'emportais dans mon sac à main que ma chemise de nuit et ma brosse à dents.
5. On ne peut acheter ce genre de chose que dans une quincaillerie.
6. Ce n'est que moi qui sais conduire cette voiture (*or* Il n'y a que moi qui sache conduire cette voiture).

5 ne ... aucun

1. Elle ne fait aucun effort.
2. Il n'y a aucune raison de croire qu'elle ne viendra pas.
3. Je ne vois aucun inconvénient à ce qu'on partage l'héritage.
4. Il n'a ramené aucun souvenir de son voyage.
5. Aucune salle n'était libre à l'heure de la réunion.
6. Je n'ai pris aucun plaisir à l'informer.
7. Aucun règlement n'interdit de stationner ici.
8. Aucune image n'est nette dans mon souvenir de ce matin-là.

6 ne ... jamais

1. Je n'aime jamais être dehors en hiver.
2. Elle n'est jamais revenue dans sa ville natale.
3. Ils ne se sont jamais intéressés à la protection de l'environnement.
4. Jamais il n'aurait pris de décision sans elle.
5. Nos plages n'ont jamais souffert de la pollution.
6. Pour saluer, on ne serre jamais la main.
7. Il n'empruntait jamais les petites rues mal éclairées la nuit.
8. Je n'achète jamais de chocolat dans les magasins hors taxes.

7 ne ... plus and ne ... guère

1. Cet été-là, ce n'était plus la mode de s'habiller court.
2. Le paysage rural n'évolue plus depuis vingt ans.
3. Il n'a plus perdu de temps.
4. On ne connaît guère l'histoire du village avant le XIVe siècle.
5. L'école primaire n'a guère conservé ses activités traditionnelles.
6. Les enfants ne sont plus admis à partir du début juin.
7. Il n'y a guère de personnes qualifiées dans ce domaine.
8. Voilà trente ans qu'elle ne fume plus de cigares.

8 ne ... rien, ne ... personne and ne ... ni ... ni

1. Je ne me suis encombré de rien de trop lourd.
2. Ne gardez rien qui ne sera/ne soit utile.
3. Je ne connais personne de qualifié dans ce domaine.
4. Sa voix ne trahissait ni surprise ni frayeur.
5. Personne ne sous-estime la difficulté de l'épreuve.
6. Vous ne devez rien relire deux fois.

7. Personne n'est arrivé.
8. La télévision n'est ni la meilleure ni la pire des choses.
9. Pourquoi n'avez-vous rien dit au début?
10. Je ne suis sûr de personne.
11. Personne ne l'empêchait de sortir.
12. Je préfère ne voir personne aujourd'hui.

9 Combining negators

1. Ne gardez jamais rien qui ne sera utile.
2. Cela ne dépend de rien ni de personne.
3. Il ne m'a jamais rien dit à ce sujet.
4. Vous ne serez jamais plus obligé de garder des copies papier.
5. Je ne connais plus personne de qualifié dans ce domaine.
6. Personne ne sous-estime plus la difficulté de l'épreuve.
7. Il n'y avait plus rien dans le placard.
8. Je suis monté m'assurer qu'il n'avait besoin de rien ni de personne.

10 How good is your memory?

1. Ne faites pas de classement par ordre alphabétique.
2. Vous n'avez pas de croissants?/N'avez-vous pas de croissants?
3. On lui avait recommandé de ne pas se préoccuper des détails.
4. Pas un de mes amis ne fume.
5. On ne peut acheter ce genre de chose que dans une quincaillerie.
6. Je ne vois aucun inconvénient à partager l'héritage.
7. Jamais il n'aurait pris de décision sans elle.
8. Il n'a plus perdu de temps/Il ne perdit plus de temps.
9. Personne ne sous-estime la difficulté de l'épreuve.
10. Pourquoi n'avez-vous rien dit à personne?

17 Conjunctions and other linking constructions

1 Fill in the blanks

1. mais 2. et 3. ou 4. ou ... ou 5. puis 6. Or 7. car 8. soit ... soit 9. mais 10. car

2 Fill in the blanks

1. dès que 2. chaque fois qu' 3. après qu' 4. maintenant que 5. pendant qu' 6. dès qu' 7. aussitôt que 8. une fois que 9. Chaque fois qu' 10. depuis qu' 11. aussi longtemps qu' 12. Tant qu' 13. Depuis que 14. dès lors que 15. Depuis qu'

3

(a) Choose the right tense

1. sera arrivée *or* arrivera 2. avait épousé 3. vivrai ... serai 4. était arrivée 5. était passé *or* avait passé 6. aura 7. avait quitté 8. avait été sélectionné 9. est né

(b) Choose the right tense

1. est 2. travaille 3. attendait 4. attend 5. occupons 6. êtes 7. sont

4 Fill in the blanks

1. au fur et à mesure qu' 2. vu que 3. Comme 4. puisque 5. sauf que 6. Selon que 7. Surtout qu' 8. attendu que 9. ainsi 10. alors qu' 11. comme s' 12. de même qu' 13. excepté que 14. plutôt que 15. Pour autant que 16. Outre qu' 17. Tandis que 18. étant donné que 19. parce que 20. suivant que

5 Fill in the blanks

1. avait réfléchi 2. *indirect question:* voulez *or* voudriez 3. ne l'avais pas invité 4. continues 5. peut 6. étais 7. as menti 8. *indirect question:* reviendras 9. disais 10. essaies

6

(a) Fill in the blanks

1. jusqu'à ce qu'... revienne 2. en attendant que ... veuille 3. Bien qu'... soit 4. pour que ... puisse 5. afin que ... puissiez 6. encore qu'... ait 7. avant que ... (ne) revienne 8. bien que ... soit revenu 9. Pour que ... soit

(b) Fill in the blanks

1. de façon qu'... soient 2. si bien qu'... soit 3. tel qu'... puisse 4. pour peu que ... veuille 5. de manière qu'... comprenne 6. Pourvu que ... soit 7. de sorte qu'... ait 8. à moins qu' ... (ne) soit 9. A condition que ... ayez 10. si peu que ... soit

(c) Fill in the blanks

1. A supposer que ... soit 2. En admettant que ... ait 3. Ce n'est pas que ... soit 4. sans que ... aie 5. de peur que ... (ne) grondiez 6. A supposer qu'... faille 7. En supposant que ... soit 8. de crainte que ... (n') aille 9. Non qu'... cherche 10. sans que ... demande

7 Fill in the blanks

(a) 1. depuis que 2. Puisque 3. comme *or* puisque
(b) 1. Puisque *or* Pendant que *or* Tant que 2. pendant que *or* tandis que/alors que 3. tant que 4. alors que *or* tandis que
(c) 1. comme 2. comme 3. à mesure que
(d) 1. quand 2. alors que 3. Quand

8 Fill in the blanks

1. afin de 2. Avant de 3. à condition d' 4. de peur d' 5. sans 6. de manière à 7. jusqu'à 8. pour 9. à moins de 10. avant d'

9 Fill in the blanks

1. après avoir acheté 2. après avoir vécu 3. Après s'être rendu compte 4. après avoir trouvé 5. Après être monté 6. après s'être retrouvés 7. Après avoir bu 8. après avoir appris 9. après avoir souffert 10. après avoir bu

10 Fill in the blanks

1. assis 2. Arrivé 3. Montée 4. posé 5. Penché 6. Située 7. Rentré 8. Accablée 9. perché 10. intimidé

11 Fill in the blanks

1. roulant 2. roulante 3. Bouillant 4. bouillante 5. passionnante 6. vieillissants 7. tremblante 8. Imaginant 9. Tremblant 10. Vieillissant

12 Fill in the blanks

1. En évitant 2. évitant 3. se moquant 4. en se moquant 5. en sachant 6. Sachant 7. Ignorant 8. en ignorant 9. en suivant 10. suivant

Glossary of grammatical terms

adjective – A class of words which describe somebody or something and thereby modify nouns. Adjectives appear adjacent to nouns or separated from them by verbs like *être, devenir, rester*: e.g. *un PETIT problème* 'a small problem'; *une boîte CARRÉE* 'a square box'; *Cette robe est CHÈRE* 'This dress is expensive'. Adjectives are commonly inflected to **agree** with nouns.

adverb – A class of words which give extra meaning to or modify verbs, adjectives, another adverb, phrases and whole sentences: e.g. *Je cours VITE* 'I can run quickly'; *Tout est SI clair* 'Everything is so clear'; *Le train roulait TELLEMENT vite qu'elle n'a pas pu en descendre.* 'The train was going so fast she couldn't get off'; *JUSTE avant le départ du train* 'Just before the train leaves'; *SOUDAIN, j'ai entendu un bruit* 'Suddenly I heard a noise'.

adverbial – A word, phrase or clause that functions as an adverb, e.g. *parler BAS* 'to talk quietly' (*bas* – an adjective); *Je lui rends visite DE TEMPS EN TEMPS* 'I visit her from time to time' (*de temps en temps* – a prepositional phrase); *Elle travaille LE MATIN* 'She works in the mornings' (*le matin* – a noun phrase); Le concert m'a beaucoup plu *PARCE QUE J'AIME CE TYPE DE MUSIQUE.* (*parce que j'aime ce type de musique* – a subordinate clause).

agreement – The way the form of a word changes to align with other words to which it is related. Thus, the verb must change its form to be compatible with a given subject: e.g. *Nous mangeONS* 'We're eating'/*Vous mangEZ* 'You're eating'. A determiner and an adjective must change their form to be compatible with a given noun: eg *UN BON REPAS* 'A good meal'/*UNE BONNE BIÈRE* 'A good beer'. A past participle must change its form to be compatible with a preceding direct object: e.g. *Le coffre? Je L'ai OUVERT* 'The car-boot? I've opened it'/*La porte? Je L'ai OUVERTE* 'The door? I've opened it'; and so on.

article, definite – definite articles (*le, la, les*) indicate that the entity/concept referred to by the noun is uniquely identifiable by both speaker and hearer. If you say *Passe-moi la fourchette* 'Pass me the fork', both speaker and hearer know that there is a unique, identifiable 'fork' in the context in which the conversation is taking place.

article, indefinite – indefinite articles (*un, une, des*) are used with count nouns (*bouteille* 'bottle', *billet* 'ticket') and indicate that the entity/concept referred to by the noun is not sufficiently 'known about' or 'specified' to justify the definite article. If you say *Passe-moi une fourchette* 'Pass me a fork', this implies there is no uniquely identifiable 'fork' in the context of the conversation (perhaps because there are several of them).

article, partitive – partitive articles (*du, de la, des*) serve the same function as indefinite articles, but are used with mass and abstract nouns: *J'ai acheté du lait* 'I bought (some) milk', *Il faut avoir de la patience* 'You must have (some) patience'. The plural partitive article *des* is used with nouns that are mass or abstract by virtue of their meaning, but happen to be grammatically plural: *des tripes* (f pl) 'tripe', *des cheveux* (m pl) 'hair' *des renseignements* (m pl) 'information'.

clause – A string of words which contains just one verb phrase and a subject (whether overt or implied): e.g. ELLE PART 'She's leaving' – one clause; DEPUIS JANVIER LES PRIX ONT AUGMENTÉ 'Since January, prices have gone up' – one clause; IL EST HEUREUX/PARCE QU'IL EST RICHE 'He is happy because he is rich' – two clauses; ELLE EST PRÊTE/À PARTIR 'She is ready to leave' – two clauses (in *à partir* the subject is implied: She is ready, and she will leave); LES CIRCONSTANCES AIDANT/LE PARTI GAGNERA CES ÉLECTIONS 'If the conditions are right, the party will win this election' – two clauses; IL DIT/QU'ON CROIT/QU'ELLE VA PARTIR 'He says that they think that she will leave'- three clauses. Also see coordinate clause, main clause, relative clause, subordinate clause.

comparative – A way of modifying adjectives and adverbs to draw a comparison between one entity and another: *Il veut acheter une PLUS grande/une MOINS grande/une AUSSI grande voiture* 'He wants to buy a bigger car/a car which is not as big/a car which is just as big'; *Cette voiture-ci roule PLUS vite/MOINS vite/AUSSI vite que l'autre* 'This car goes faster/slower/as quickly as the other one'.

complement – Any phrase which follows a noun, verb, adjective, adverb, to form an expression with a cohesive meaning: e.g. *un appartement À LOUER* 'a flat to let'; *Ils se réunissent LE DIMANCHE AU STADE* 'They meet on Sundays at the stadium' ; *Alice est devenue PROFESSEUR* 'Alice has become a teacher'; *Pierre est difficile À VIVRE* 'Pierre is difficult to live with.'

coordinate clause – A clause linked to another by *et, ou, mais*: e.g. *Il viendra demain et il nous apportera des gâteaux.* 'He'll come tomorrow and he'll bring us some cakes'. These clauses are both main clauses.

demonstrative – Demonstratives 'point to' items in a way which is more specific than the definite articles. Demonstrative determiner = *ce, cette, ces* e.g. *ce bus, cette chatte, ces oignons* 'This bus, This female cat, These onions'. Demonstrative pronoun = *celui, celle, ceux, celles*. 'This one' (m. and f.) and 'Those ones' (m. and f.)

determiner – Words which modify nouns in specific ways to indicate definiteness and possession. Articles (*un,une/le,la,les/des*, etc), demonstrative determiners (*ce, cette*, etc) or possessive determiners (*mon,ma/ton,ta*, etc) which modify a noun. All determiners have singular and plural forms, and in the singular have different forms depending on whether the noun is masculine or feminine.

determiner, demonstrative – demonstrative determiners are the forms *ce/cet, cette, ces* 'this/these, that/those'. They indicate that the noun is seen as 'known about' or 'specified' largely in contrast to another noun: *Passe-moi cette fourchette* 'Pass me that fork (and not some other fork that might also be visible)'.

determiner, possessive – possessive determiners are forms like *mon, son, votre* 'my, his/her, your' that indicate that the noun is seen as belonging to someone.

gender – A division of nouns into two classes: masculine and feminine. The distinction shows up mainly in determiners (*le* versus *la, ce* versus *cette, mon* versus *ma*, etc), in pronouns (*il* versus *elle*) and in the agreement of adjectives with nouns (*beau* versus *belle*). Gender distinctions are grammatical and need not correspond to sex distinctions in the real world (although they mostly do): e.g. *médecin* 'doctor' is masculine, but can refer to men or women; *personne* 'person' is feminine but can refer to men or women.

imperative – A form of the verb used to give orders, express encouragement or give advice: eg *Asseyez-vous!* 'Sit down!'; *Allez!* 'Come on!'; *Fais attention!* 'Watch out!'

impersonal – Refers to a pronoun (usually a subject pronoun) which does not refer to any person, place, thing, idea etc. *il, ce, cela, ça* can be impersonal pronouns in French: e.g. *IL est temps de partir* 'It's time to leave'; *ÇA me fait peur d'y aller la nuit* 'It scares me to go there at night'.

infinitive – A 'base' form of the verb which ends in *-er, -ir, -re, -oir*, and corresponds to English 'to': *aimer* 'to like', *finir* 'to finish', *vendre* 'to sell', *recevoir* 'to receive'.

main clause – A main clause is complete on its own and can form a complete sentence *e.g. Il pleuvait hier vers trois heures.*

negator – One of the elements *aucun, jamais, ni, nul, pas, personne, plus, rien* which can make expressions negative.

noun – A class of words which refers to people, places, things, ideas, and so on; it is usually preceded by a determiner. Sub-classes of nouns are: abstract : *le bonheur* ; concrete : *un livre* ; collective : *la foule* ; count : *un ami*; mass : *du beurre* ; proper : *la France, Marie Paule* .

number – A grammatical distinction between nouns or pronouns which are singular and those which are plural. Number distinctions need not correspond to real singular and plural distinctions in the world, and can differ between English and French (although mostly the grammatical and real-world distinctions coincide): e.g. 'hair' (singular) versus *cheveux* (plural); 'trousers' (plural) versus *pantalon* (singular).

number, cardinal – A number in the series *un* (1), *deux* (2), *trois* (3), etc.

number, ordinal – A number in the series *premier* (1er), *deuxième* (2e), *troisième* (3e), etc.

object – A direct object is the noun phrase, pronoun or **clause** affected directly by the action described by the verb: eg *Il a pris* LE TRAIN 'He took the train'/*Il* L'*a pris* 'He took it', *Je crois* CE QU'IL A DIT 'I believe what he said'. An indirect object is the noun phrase or pronoun affected indirectly by the action described by the verb. In French, indirect object noun phrases are always introduced by *à*: e.g. *Il a envoyé un cadeau* À SA MÈRE 'He sent a present to his mother'. An object of a preposition is any noun phrase which follows a preposition: e.g. *dans le hall* 'in the hall', *à côté du restaurant* 'beside the restaurant'. See also preceding direct object.

person – The three categories into which noun phrases or pronouns can be divided depending on whether they refer to the person(s) speaking (*je, me, moi, nous* – first person), the person(s) being spoken to (*tu, te, toi, vous* – second person), or the person(s) or thing(s) being talked about (*il, elle, lui, ils,* etc – third person). Pronouns take different forms in the first, second and third person, and finite verbs change their form to agree with the person of the subject (eg *je parle, nous parlons, vous parlez*, etc).

participle – Past participles are forms of the verb which occur with *avoir* or *être*: eg *J'ai* MANGÉ 'I've eaten'; *Elle est* PARTIE 'She has left'. Present participles end in *-ant* and correspond to English verbs ending in -ing: eg *disparaissant* 'disappearing', *attendant* 'waiting'. Gerunds are present participles preceded by *en*: *en disparaissant* 'while disappearing; by disappearing', *en attendant* 'while waiting; by waiting'.

passive – A form of a normally transitive verb where the direct object becomes the subject and the verb is turned into an *être* + past participle construction: e.g. *Il a réparé le vélo* 'He repaired the bike'/*Le vélo a été réparé* 'The bike has been repaired'.

possessive – Possessive determiner = *mon, ma, ton, votre*, etc; possessive pronoun = *le mien, la mienne, le tien, le vôtre*, etc.

preceding direct object – When a verb is conjugated with *avoir* the past participle agrees with the preceding direct object. This is usually a preceding unstressed pronoun: *Je les ai vus*; the head of a relative clause: *La lettre que j'ai écrite* or, in questions, the interrogative form at the beginning of the question: *Quelle lettre a-t-il écrite?*

preposition – Words like *à, de, dans, en, sur*, etc, which are followed by **noun phrases** and indicate the direction, location, orientation, etc, of an entity.

pronoun – A form which is used in place of a noun phrase when that phrase is already known from the context: eg *je, tu, nous, le, la, leur*, etc. Pronouns have different forms depending on whether they are subjects, direct objects, indirect objects or objects of a preposition.

personal pronoun – A first person, second person or third person pronoun which stands for a noun phrase mentioned or implied elsewhere in a text or discourse. Personal pronouns contrast with impersonal pronouns which do not refer to other noun phrases. Personal pronouns are pronouns like *je, me ,moi, nous; tu, te, toi, vous; il, elle, lui, les* etc. They take their name from the fact that they can be classified as first, second or third person, and do not necessarily refer to people; e.g. *elle* is a personal pronoun, but it refers to the inanimate *émission* in: *elle est intéressante, cette émission* `That programme's interesting'.

question(direct versus indirect) – A direct question is addressed directly to the hearer or reader: eg *Viens-tu?* 'Are you coming?'. An indirect question reports the asking of a question: eg *Il a demandé si tu venais* 'He asked if you were coming'.).

relative clause – A clause which modifies a noun phrase or a pronoun: eg *Il y avait deux hommes QUI SORTAIENT DU BAR* 'There were two men who were coming out of the bar'; *C'est lui QUI ME L'A DONNÉ* 'He is the one who gave it to me'.

subject – The noun phrase or pronoun in a clause about which the verb and its complement say something. Subjects usually appear in front of the verb: eg *LE DÎNER est servi* 'Dinner is served'; *SA FEMME parle lentement* 'His wife speaks slowly'; *DELPHINE a été battue* 'Delphine was beaten'. It can appear after the verb in some constructions. See subject-verb inversion.

subject-verb inversion – Subjects normally precede finite verbs in French. But in questions, and after certain adverbs, the subject and the finite verb

may change places: eg: *Aime-t-il le roquefort?* 'Does he like roquefort cheese?;
A peine s'est-il assis qu'on lui a demandé de se déplacer 'Hardly had he sat down
when someone asked him to move'.

subordinate clause – A clause which is part of a larger sentence, and whose
meaning is secondary to that of the main clause. It is useful to distinguish
two kinds of subordinate clauses: Those which serve as adverbials: PARCE
QU'IL EST RICHE, *Pierre est heureux* 'Because he is rich, Pierre is happy' – *parce
qu'il est riche* is subordinate to *Pierre est heureux* and serves as an adverbial.
Those which serve as subjects and objects; CE QU'ELLE A FAIT CE JOUR-LA *me
restera toujours dans l'esprit*' – *Ce qu'elle a fait* is subordinate to *me restera dans
l'esprit* and functions as the subject of the sentence. *Je ne vois pas* CE QUE JE PEUX
FAIRE '*I dont see what I can do*' *Ce que je peux faire* is subordinate to *Je ne vois pas*
and functions as the object of the sentence. For **relative clauses** see above

superlative – A way of modifying adjectives and adverbs to single out an
entity as the best or the worst of its kind: eg *C'est la route LA PLUS dangereuse/LA
MOINS dangereuse de la région* 'It's the most dangerous road/least dangerous
road in the region'; *Cette voiture-là roule LA PLUS vite/LA MOINS vite* 'That car
goes fastest/the least fast'.

tense – A form of the of which indicates the time at which an event took
place relative to other events being talked about: e.g. *Je prends* [present
tense] *la route par où nous sommes venus* [compound past tense] 'I'm taking
the road along which we came'. Tenses have names like present, future,
simple past. compound past, etc – see Chapter 7 of *French Grammar and
Usage* for the forms of verbs in different tenses, and Chapter 10 for their
uses.

verb – A class of words which refers to actions, states, events, accomplish-
ments, and so on, and has different forms to indicate tense and agreement: eg
Elle parle 'She is speaking'; *L'eau scintillait* 'The water was sparkling'.

verb, intransitive – A verb which has no direct object: e.g. *La neige tombait*
'Snow was falling'.

verb, transitive – A verb which has a direct object: eg *Elle mange une pomme*
'She is eating an apple'.

verb, indirectly transitive – a verb which has a prepositional complement
(e.g. *Il parle de ses parents* 'He is talking of his parents'),

verb, ditransitive – a verb which has two complements consisting of a direct
object and a prepositional object (eg *J'ai envoyé la lettre à mon frère* 'I sent the
letter to my brother').

Verb, pronominal – Pronominal verbs are accompanied by an unstressed pronoun which agrees with the subject, and is one of *me, te se, nous, vous.* The unstressed pronoun may be a direct object (*je **me** lave*) or an indirect object (*je **me** lave le visage*)